U0593647

Management Insights

管理新视野

INFLUENCE ON GOVERNANCE OF AUDIT QUALITY FROM AUDITOR REPUTATION AND GOVERNMENT REGULATION: A COUPLING RESEARCH

审计师声誉与政府监管

对审计质量的耦合治理研究

乔鹏程 著

厦门大学出版社 国家一级出版社
XIAMEN UNIVERSITY PRESS 全国百佳图书出版单位

图书在版编目（CIP）数据

审计师声誉与政府监管对审计质量的耦合治理研究 /
乔鹏程著. -- 厦门：厦门大学出版社，2023.8
（管理新视野）
ISBN 978-7-5615-8700-3

Ⅰ．①审… Ⅱ．①乔… Ⅲ．①审计质量-研究 Ⅳ．
①F239.2

中国版本图书馆CIP数据核字(2022)第141093号

出 版 人　郑文礼
责任编辑　施建岚
责任校对　英　瑛
美术编辑　李嘉彬
技术编辑　朱　楷

出版发行　厦门大学出版社
社　　　址　厦门市软件园二期望海路 39 号
邮政编码　361008
总　　　机　0592-2181111　0592-2181406(传真)
营销中心　0592-2184458　0592-2181365
网　　　址　http://www.xmupress.com
邮　　　箱　xmup@xmupress.com
印　　　刷　厦门市明亮彩印有限公司

开本　720 mm×1 000 mm　1/16
印张　14.75
插页　2
字数　265 千字
版次　2023 年 8 月第 1 版
印次　2023 年 8 月第 1 次印刷
定价　66.00 元

本书如有印装质量问题请直接寄承印厂调换

厦门大学出版社
微信二维码

厦门大学出版社
微博二维码

前　言

　　审计质量是资本市场对会计师事务所审计服务的评价结果,但是虚拟的审计服务质量难以衡量。根据审计需求理论,股东和公司管理者对高审计质量的共同需求,源于降低委托代理成本。所以高审计师声誉和高审计质量受到资本市场的追捧,并获得审计费用溢价的现实回报。

　　维护高审计师声誉是会计师事务所不断提高审计质量的内在驱动力,会计师事务所为了维护声誉将激发内在驱动力去提高审计质量,形成审计师声誉与审计质量的良性互动。审计市场失灵在各方长期博弈中难以避免,审计失败会导致审计师声誉崩塌与审计质量下降,政府监管是纠正审计市场失灵的直接外部压力。审计师声誉对审计质量的内部驱动力,政府监管对审计质量的外部压力,共同构成了审计质量的内外部治理。审计质量内外部治理平衡和审计市场健康发展,依赖于审计师声誉和政府监管对审计质量的两个基础作用力的耦合作用。

　　基于审计质量内外部治理的两个基础作用力,现有文献的研究不够充分或深度不足,所以学术方面亟须研究几个问题:审计师声誉与审计质量的关系是什么?近年来随着中国资本市场完善,中国审计师声誉与国际声誉效应有什么波动?审计师声誉在不同审计情景下的作用机理是什么?政府监管与审计质量的关系是什么?政府监管对审计质量短期与长期效应是否存在差异?政府监管与审计师声誉对审计质量是否存在耦合作用?耦合作用的机理是什么?

　　本书梳理了审计质量研究脉络,以审计需求为起点,构建了“审计需求与审计质量的内外部治理概念框架”“审计师声誉对审计质量内部驱动理论分析框架""政府监管与审计质量的外部压力分析框架""政府监管、审计师声誉与审计质量理论分析框架"。具体实证检验分为三部分：审计师声誉对审计质量的内部驱动力实证检验、政府监管对审计质量的外部压力实证检验、政府监管与审计师声誉对审计质量的耦合效应实证检验。

实证部分，通过修正 Jones 模型可操纵性应计利润、审计费用、审计意见类型三种方法系统化测量了审计质量，并进行比较分析。应用最新数据验证中国审计师声誉的崛起，比较具有国际"四大"和全国会计师事务所排名"前十"两类审计师声誉对审计质量的内在驱动力差异。应用 PSM"倾向值评分匹配法"通过行政处罚虚拟变量测量政府监管对审计质量的短期效应，行政处罚前后虚拟变量测量政府监管对审计质量的长期影响。对审计师声誉和政府监管对审计质量耦合作用进行回归分析。此外，进一步从会计师事务所视角的审计行业专长、上市公司视角的所有权性质和股权集中度、不同时段样本等方面分组检验及通过 Chow 检验进行组间系数差异性检验，检验审计师声誉与政府监管对审计质量在不同情景下的具体作用机理。

本书的研究结论包括：首先，审计师声誉与审计质量具有显著正相关关系。具有国际"四大"和全国事务所排名"前十"审计师声誉可以显著抑制上市公司可操纵性应计利润，都有显著的审计收费声誉溢价效应。但是国际"四大"审计师声誉的可操纵性应计利润抑制作用和审计收费声誉溢价都更加显著。高审计行业专长组和国有产权组的上市公司对国际"四大"审计师声誉都有更强的审计需求，愿意为高审计师声誉和高审计质量支付超额审计费用。其次，政府监管与审计质量存在正相关的关系。在政府监管短期作用方面，受到政府监管处罚后，会计师事务所审计收费议价能力会马上明显下降，受处罚的会计师事务所会在短期内更加谨慎地出具审计意见。无论高或低审计行业专长组，政府监管处罚都会导致审计收费议价能力显著下降，审计行业专长高组的审计收费议价能力下降更加剧烈。政府监管形成了强大审计质量外部监督压力，使会计师事务所对低审计行业专长领域的审计意见更加谨慎。长期作用方面，受到政府监管处罚后，审计收费议价能力会长期呈下降趋势，抑制可操纵性应计利润的效果和低审计行业专长组中发表审计意见的谨慎性会慢慢淡化。最后，政府监管与审计师声誉耦合作用于审计质量，在政府监管与审计师声誉耦合作用下，审计收费议价能力下降在加速，在审计行业专长低组比高组更明显，国有比非国有上市公司客户组更明显。总之，具有高审计师声誉受到政府监管处罚将产生剧烈的市场下降反应，审计质量会有明显波动。

　　该研究结论有助于强化审计质量内外部治理平衡，不断激发审计师声誉的内在驱动力，实现审计师声誉对审计质量促进的良性互动。重视政府监管对审计质量的短期与长期效应差异，在更好地处理政府监管与审计师声誉的耦合作用等审计市场问题中具有重要参考价值。最终有助于解决资本市场中审计市场失灵的问题，从而提高审计质量，实现资本市场健康平稳发展。

目　录

第一章　中国审计质量的内外部治理

第一节　审计质量的内外部治理背景

2020 年 10 月《国务院关于进一步提高上市公司质量的意见》（国发〔2020〕14 号）指出，"规范公司治理和提升信息披露质量"是提高中国上市公司质量、推动资本市场健康发展的内在要求，是新时代加快中国特色社会主义市场经济体制完善的重要内容。高质量审计报告一直被视为资本市场会计信息制度设计和公司治理系统的核心安排。近年来国务院提出"简政放权、放管结合、优化服务"的政府职能改革理念，2018 年 3 月财政部发布《关于加强注册会计师行业监管有关事项的通知》（财会〔2018〕8 号）指出，审计市场需要进一步激发审计质量的内部驱动力。2020 年 3 月《中华人民共和国证券法》（以下简称《证券法》）施行后取消了会计师事务所承接证券业务必须经财政部和证监会"双审批"规定，依据法律精神，中国任何一家会计师事务所都可以从事证券服务业务。《证券法》改变了审计市场的政府监管方式。随着新时代下国家层面对上市公司的高度重视、审计对资本市场的重要性凸显、政府监管导向的转变、审计市场竞争的愈加激烈，显然，在中国特色社会主义进入新时代、经济发展转向高质量发展阶段，审计质量的内外部治理受到了理论与实务界前所未有的重视，所以，本书的研究适逢其时。

会计师事务所在资本市场中能否高质量地发挥会计信息"看门人"角色（Deangelo，1981），评价标准是其提供审计服务的质量（Becker，1998），所以审计质量的测量与影响因素研究始终是审计领域的核心议题之一（Srikant，1991）。

审计服务作为虚拟产品具有客观质量难以衡量性（Herrbach and Olivie，2001），资本市场对审计质量判断具有主观性，审计研究者也较难直接观测到审计质量的内含品质。所以，资本市场只能间接依据审计师声誉（Douglas，

2012)作为审计质量参照值,审计师声誉是资本市场对会计师事务所保护会计信息使用者利益、维护审计职业道德、规范审计行为的整体认知与综合评价。

审计师声誉是会计师事务所的生命线,对提高审计质量具有内在驱动力。审计师声誉是维系审计市场有序运作的基础机制之一。会计师事务所维护审计师声誉的内在驱动力会驱使其增加审计投入、恪守独立性和职业谨慎性,最终持续提高审计质量。维护高审计师声誉也会给会计师事务所带来审计费用溢价回报。Barton(2005)实证发现在资本市场上更具知名度和媒体关注度的上市公司常倾向于聘请审计师声誉卓著的会计师事务所,支持超高审计费用,试图借此进一步维护公司财务报告声誉。审计费用溢价的直接收益更加激发了会计师事务所对高审计师声誉的追求,"审计师声誉—审计质量—审计费用溢价"形成一个提升审计服务的良性循环。学者们对审计师声誉开展持续研究,房巧玲(2006)实证发现审计市场中审计质量受到了审计师声誉、需求传递机制和审计质量显示机制有效性水平的不同组合方式影响。刘骏(2016)实证发现审计师声誉与审计质量之间存在重要关系(王兵,2009)。但是也存在相左的研究结论,张川、罗文波、樊宏涛(2020)实证发现国际"四大"[①]审计师声誉与审计质量在统计水平上并非显著正相关,吴昊旻(2010)研究也认为会计师事务所规模体现的声誉并不是审计质量的决定性因素。所以,审计师声誉与审计质量之间的关系值得再次进行审视与深入研究,本书将实证检验审计师声誉与审计质量的关系及其作用机理。另外,近年来中国本土会计师事务所的审计师声誉逐渐得到资本市场认识,需要应用最新数据对中国审计师声誉与国际审计师声誉进行声誉效应的比较研究,验证中国审计师声誉是否得到提升。此外,进一步从审计行业专长和上市公司控制人属性和股权集中度等方面,展开具体情景下的详细研究。

审计市场健康发展离不开外部有效的政府监管。审计质量是会计师事务所、上市公司、政府监管等多方资本市场参与主体共同互动的结果(Zimbelman and Waller,1999)(见图1.1)。杜英(2010)研究发现中国审计市场是高度分散和高度依赖市场自发调节的,截至2019年年末统计数据,中国境内执业的41家从事证券业务的会计师事务所共分布在11个省市[②],分别

---

① "四大"指世界上著名的四个会计师事务所:普华永道(PwC)、德勤(DTT)、毕马威(KPMG)、安永(EY)。

② 数据来源:《2019年度证券审计市场分析报告》,中国证监会网站,http://www.csrc.gov.cn/pub/newsite/kjb/gzdt/202008/t20200820_381950.html。

是北京（22 家）、上海（5 家）、江苏（3 家）、天津（2 家）、浙江（2 家）、福建（1 家）、广东（1 家）、湖北（1 家）、四川（1 家）、山东（1 家）和陕西（1 家）。但是，程文莉（2019）实证表明会计师事务所面临的审计市场竞争与审计质量负相关，因为审计市场运行中存在不完全契约、代理理论、信息不对称理论所解释的那些经济现象，会计师事务所和上市公司之间会产生市场失灵、审计失败、审计合谋和审计职业谨慎性丧失等现象都需要政府监管强有力的外部压力解决。

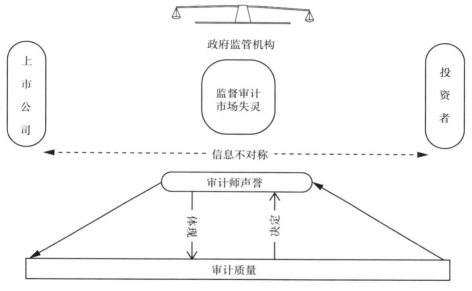

图 1.1　会计师事务所与资本市场

资料来源：作者整理。

资本市场和审计质量的不完善，需要有为的政府宏观监管，政府监管的作用方式，一方面是加强违法违规惩戒，直接外部压力作用于审计质量；另一方面是与审计师声誉内在驱动力相互耦合，探索审计市场平衡治理之路，共同提高审计质量（见图 1.2）。近年来国务院提出"简政放权、放管结合、优化服务"的政府改革理念，学者们对政府监管与审计质量的作用展开了研究。现有结论存在一些争议，刘笑霞（2013）实证表明会计师事务所受证监会处罚后会增加其审计投入以提高审计质量和重塑审计师声誉。刘文军（2019）实证发现注册会计师行业近年来政府监管效果具有重要审计质量提升意义。不同观点认为，王兵（2011）应用 2001—2009 年受到证监会处罚的档案数据发现，受处罚后其审计质量并没有明显变化。丁红燕（2013）应用 2006—2010 年数据实证发现上市公司财务舞弊并不必然导致会计师事务所审计失败受到行政处罚，即政府监管无法及时发现并做出有效监管。基于这些研究争论，政府监管对审计质量是有效还是无效的，政府监管与审计质量的关系是什么，具体作用机理是什么，都值得用最新数据进行实证检验。

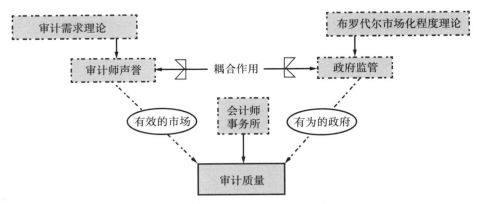

图 1.2 政府监管与审计师声誉的耦合效应逻辑关系

资料来源：作者整理。

另外，政府监管外部压力与审计师声誉内在驱动对审计质量的作用力是否存在反向抵消或同向加速，政府监管与审计师声誉是否存在耦合关系，能否有效在审计市场实现审计师声誉与政府监管的审计质量平衡治理之路，两者耦合作用对审计质量的作用机理是什么，都值得进一步研究。

事实上，导致双方争论的核心问题是审计质量的测量指标差异（Francis，2004）和数据采集的不同时段，由于审计质量测量研究的难点和黑箱，尚德尔（Schandl，1978）认为在最近一个半世纪中，几乎没有什么划时代的审计质量理论研究成果，没有一个学术领域像审计研究领域这样沉寂[①]（冯均科，2003）。审计质量可以用哪些指标测量，将现有不同测量方法进行体系化应用，相互比较会得到哪些差异性结论需要细节研究。另外用最新审计数据，重新验证以上争论性结论，得出最新证据与结论同样值得尝试。

基于以上研究背景与亟待解决的问题，本书对审计质量等核心概念进行界定后，对国内外研究结论与观点争议进行聚类和述评，通过梳理基础理论去构建审计师声誉和政府监管的概念框架。应用可操纵性应计利润、审计费用、审计意见三个方法系统化测量审计质量，基于最新资本市场的面板数据，对审

---

① C. W. 尚德尔. 审计理论[M]. 汤云为，吴云飞，译. 北京：中国财政经济出版社，1992.

计师声誉与审计质量关系、政府监管与审计质量的关系、政府监管与审计师声誉对审计质量的耦合关系进行实证检验。进一步从会计师事务所视角的审计行业专长、上市公司视角的控制人属性与公司治理视角的股权集中度对不同情景下的作用机理进行研究。基于实证结果,从宏观与微观两个层面探讨提升审计质量的对策建议。

第二节 审计质量、审计师声誉与政府监管

一、审计质量

质量指对产品或工作评价的优劣程度,在社会学领域,质量是事物的客观性价值和主体产生感受的现量。ISO9000:2000 将"质量"定义为事物的一组固有特性,所能满足要求的程度。显然,质量是客观的存在和主观所感觉的综合体。

本书所指的审计质量主要从"质量是客观的存在"进行概念界定。审计质量的客观存在是审计报告客观上具有较高的投资者决策参考价值。审计质量的"主观所感觉"是信息使用者对虚拟性审计服务的主观性价值评价(Deangelo,1981)。但是,信息使用者主观评价具有不确定性和难以观测性,所以本书所指的审计质量主要从"质量是客观的存在"进行概念界定。结合研究者对于客观审计质量内涵的两种观点:一种认为审计质量是审计报告结论的质量,也可以说是会计师事务所提供审计工作结果的好坏程度,即审计报告结果达到审计目的(对财务报告的公允性提供合理保证)有效程度(Craswell et al.,1995)。另一种观点认为,审计质量是审计执业行为的质量,审计执业作为一个系统的、多人参与和多环节有机组成的风险测试过程(Francis,2004;孙宝厚,2008),审计质量应该指整个审计过程中执行审计测度程序的好坏程度,即审计团队执业过程中有能力发现并且有意愿在审计报告中予以披露被审计单位的错报、舞弊行为、盈余管理程度的联合概率(Francis and Yu,2009)。审计职能是提供资本市场会计信息监督服务的"准公共产品",审计的作用体现为给予上市公司出具恰当的审计意见(Chi et al.,2016)。随着审计准则的规范化和国际全面趋同,通过对比准则并计算可操纵性应计利润,评价被发现的程度可以去测量审计质量,显然第二种观点对审计执业行为的观测,

比第一种观点更具可测量性和可评价性①,本书对审计质量的概念测量思路倾向于第二种观点。

本书的审计质量(audit quality)概念界定:注册会计师在保持客观独立性的基础上,其审计执业的过程、审计报告结果与真实会计信息的财报情况、审计揭示可操纵性应计利润的程度,审计质量代表了审计市场对会计师事务所整体审计过程的好坏程度评价。本书对审计质量的概念界定两个重要属性:审计师职业胜任能力和独立性,并以"审计市场评估的联合概率"为基础,强调审计质量重要的"信任品"特性,即审计内在的真实质量和被审计市场所感知的质量,两个特性从客观质量和主观质量角度形成了审计质量完整定义。其中,审计质量关键强调审计执业过程的独立性和审计职业胜任能力和审计行业专长,即承担的道德风险,能够发现财务报告存在的错漏报,可操纵性应计利润能力的执行力程度。当然,由于投资者对审计质量的主观评价具有不确定性和难以观测性,本书所指的审计质量主要从第一方面的"事物的客观性的价值"进行概念界定。

基于概念界定"注册会计师在保持客观独立性的基础上,审计执业过程,对审计报告结果与真实会计信息的财报情况,审计揭示可操纵性应计利润的程度,审计质量代表了审计市场对会计师事务所整体审计过程的好坏程度评价",本书后面章节的实证部分,对"审计质量的"概念进行指标测量时,设计使用了3个系统化的"修正Jones模型可操纵性应计利润""审计收费""审计意见"指标进行测量与比较分析。

其中,"修正Jones模型可操纵性应计利润"可以测量会计师事务所在审计过程中,通过勤勉尽职和增加审计投入,促进被审计上市公司降低通过盈余管理,操纵应计利润的金额与程度,体现了概念界定中审计过程的审计投入与审计过程效果。

"审计收费"根据经典市场供求理论,高审计师声誉是审计市场竞争胜出的结果,应当得到审计费用溢价回报,可以间接测量会计师事务所审计质量被资本市场认可的程度,以及审计过程中与上市公司谈判沟通的力量大小和沟

---

① 2020年1月21日中国注册会计师协会发布了审计业务审计质量有关的《会计师事务所质量管理准则第5101号——业务质量管理(征求意见稿)》、与会计师事务所管理的审计质量有关的《会计师事务所质量管理准则第5102号——项目质量复核(征求意见稿)》、财务报告审计质量相关的《中国注册会计师审计准则第1121号——对财务报表审计实施的质量管理(征求意见稿)》,进一步明确了审计质量要求,增加了审计执业过程的审计质量的可测量性。

通质量高低。实质上审计过程中的审计前与董事会沟通、审计中与管理层沟通、审计结束时与实际控制人沟通都是双方实力对比的过程,强势的会计师事务所能收取更高的审计费用,也就具有审计过程中更强的沟通与谈判能力。

"审计意见"可以测量会计师事务所在审计过程结束时,会计师事务所根据审计证据发表审计意见的原则性、勇敢度和客观公正性,敢于依据审计证据发表非标审计意见,对审计过程最后一步质量的关键把控。

此外,会计师事务所的业务范围包括审计业务与非审计服务,由于审计业务是体现审计质量和政府监管的重点,所以本书研究范围是审计业务,不包括非审计服务。

二、审计师声誉

"声誉"依据《辞海》指名誉、名望、声望,最早出自西汉司马迁《史记·三王世家》中的记载"臣不作福者,勿使行财币,无厚赏赐,以立声誉,为四方能所归也",意为树立良好的名誉使周围的人们都来归附。所以根据关于目的哲学理论,声誉的"立"需要主体有目的地做出行为去树立与长期维护,并且声誉可以产生比"财币、赏赐"更有价值的回报。声誉被资本市场作为组织层面的明显特点表征,并在长时期内具有稳定性。

审计师声誉这一评价机制,使资本市场可以有效识别高水平的会计师事务所。审计师声誉是会计师事务所通过恪守审计独立性原则、遵循审计职业道德、有效保护投资者利益、确认公司数据信息真实公允而获得的审计服务的正面评价。许钊、张立民(2016)研究认为审计师声誉是资本市场的所有利益相关者对会计师事务所的整体认知与公开评价,审计师声誉是评价审计质量的重要工具。Barton(2005)实证发现在资本市场声名卓著的上市公司,更倾向于聘请高审计师声誉的会计师事务所,期望建立和维护公司一贯的良好商业信誉和财务报告声誉。高审计师声誉成为高审计质量的代名词。张学勇、何姣、陶醉(2014)实证表明,上市公司聘请高审计师声誉的会计师事务所可以有效缓解上市公司与投资者之间的会计信息不对称。

基于此,本书将审计师声誉的概念定义为:审计师声誉(auditor reputation)是会计师事务所从事审计相关工作多年积累的品牌和名望,是资本市场对从事审计工作的组织整体的审计职业能力和审计行为效果表现的积极肯定评价,这一评价是长期积累后客观存在的,并可以单独识别和计量的。

为了更加明确,本书统一使用"审计师声誉"的概念表述。近年来随着研究的深入,有"会计师事务所声誉""审计声誉""审计品牌声誉""审计师声誉""审计师个人声誉""注册会计师声誉"等多种表述并存。本书认为在声誉建立的早期,审计师声誉的评价主要是以会计师事务所整体作为审计师声誉的承载主体的。近年随着中国审计报告特有的签字注册会计师制度和注册会计师个体职业特长的进一步展现,会计师事务所内部管理和审计业务承接越来越强调注册会计师个体职业声誉。随着会计师事务所组织形式改革,合伙制事务所转制完成,即未来审计师声誉将明显体现为多个体注册会计师个人声誉的集合。但是,依据2009年中国注册会计师协会制定发布的《中国注册会计师职业道德守则》及《中国注册会计师协会非执业会员职业道德守则》(2010年7月起施行),注册会计师不能以个人名义承接审计业务。审计活动也是以项目组的团队方式集体开展,并且审计报告的出具责任主体是会计师事务所,所以本书审计师声誉概念界定指会计师事务所整体声誉,而不是注册会计师个体声誉。

另外,特别说明的是审计师声誉并不等同于会计师事务所规模,规模大并不能代表具有高审计师声誉,这是两个不同的自变量指标。国际"四大"或中国"十大"[①]也并不是胜在会计师事务所规模,而是长期积累的专业能力和严格监控的稳定水平所体现的声誉。

审计师声誉好评的建立需要长期过程,并与审计市场和政府监管导向有关。王帆、张龙平(2012)梳理文献发现审计师声誉研究源于2001年美国安然事件后才逐渐受到学者关注。回顾中国审计师声誉形成需要长期过程:1978年改革开放后,经国务院批准由财政部牵头恢复重建了中国的注册会计师制度。早期重新设立了会计师事务所作为财政机构的一部分或挂靠组织,审计市场竞争中,会计师事务所无须考虑市场服务竞争的问题,对审计风险、审计质量、会计师事务所管理、审计师声誉创立、客户维护等问题的重视程度和管理专业化程度相对较低,导致审计质量及独立性长期处于低水平,会计师事务所建立自己审计师声誉的动力和行为无从谈起。随着市场经济深化,1998—1999年年底会计师事务所全面完成了脱钩,真正成为"自我发起、自主经营、自担风险"的社会独立审计专业服务机构。自此,中国审计市场进入高速发展的新阶段。查道林、费娟英(2004)研究认为审计师声誉是在长期审计业务过

---

① "十大"指普华永道中天会计师事务所、安永华明会计师事务所、德勤华永会计师事务所、毕马威华振会计师事务所、天健会计师事务所、立信会计师事务所、信永中和会计师事务所、大华会计师事务所、天职国际会计师事务所、致同会计师事务所。

程中,审计质量、审计业务专长、审计业务综合管理能力和适度的会计师事务所规模的共同结果。2010 年后中国注册会计师协会提出了注册会计师行业人才培养、审计准则国际趋同、会计师事务所做强做大、审计新业务拓展、审计行业管理与审计业务信息化等五大战略的审计行业发展战略体系后,中国会计师事务所迎来了合并、整合、业务升级、国际化战略的新的发展机遇,此后审计师声誉建设也获得了突破性进展。

随着,近年来随着中国资本市场完善,中国会计师事务所在快速崛起,国际"四大"的市场占有率不断下降,另外,中国上市公司逐渐对国内本土会计师事务所的审计师声誉有了更多认可。所以有必要应用最新数据对当前国际"四大"审计师声誉进行重新验证。

根据习近平新时代中国特色社会主义思想,会计师事务所需要谋求高质量发展,2018 年国内审计业务竞争更加激烈,伴随着"一带一路"倡议与审计业务国际化,参考国际"四大"审计师声誉建立中国的审计师声誉的重要性受到广泛重视,这也是本书研究的重要意义所在。

三、政府监管

监管的汉语意义是指监管、维持秩序、监视管理、监督管理、监视看管等。资本市场上政府监管主要指执行资本市场监督管理的有关法律、法规、规章、政策和标准的组织实施,规范和维护市场秩序、营造诚实守信、公平竞争的审计市场环境(Lamoreaux and Phillip,2016;Krishnan et al.,2017)(见图 1.3)。

学者对审计市场政府监管进行了广泛研究(黄世忠、杜兴强、张胜芳,2002;吴伟荣、李晶晶、包晓岚,2017)。基于政府监管实践与文献观点,本书将政府监管概念界定为:政府监管(government regulation)指行政机关对会计师事务所的执业质量、底稿控制质量、内部管理质量等,依据各类法律与管理办法进行的审计市场和资本市场秩序的维护、检查、处罚等行政行为。

本书界定政府监管范围为中国证监会对会计师事务所的监管与处罚。审计市场的政府管理主体较多,包括立法与制度设定、审批与行业准入、监管处罚、业务管理、舆论监督、行业自律等,涉及的政府监管机关与组织分别是全国人大、国务院、财政部、证监会、银保监会、上海与深圳证券交易所、中国注册会计师协会、财经媒体等(宋衍蘅、肖星,2012;程娟、程琳,2017)。进一步结合国情,"立法与制度设定、审批与行业准入"属于审计业务的前置管辖,一般由"全国人大、国务院、财政部"负责。另外,"舆论监督"一般由各类财经媒体主导,

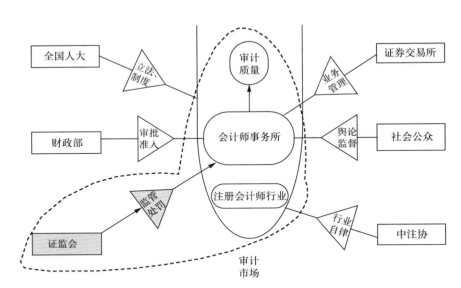

图 1.3　政府监管概念的范围界定

资料来源：作者整理。

属于事后社会舆论监督，媒体具有采访权和报道权，不具有强制处罚、监管决定和执法权。"行业自律"由中国注册会计师协会负责，但是协会没有政府监管的执法权。

"监管处罚、业务管理"属于审计业务进行中的监管与处罚，一般由财政部、证监会、银保监会主管。进一步分析，财政部对会计师事务所的监管主要包括：证券服务业务会计师事务所备案（2020 年《证券法》实施后）、制定会计师事务所审计执业管理和提高审计质量实施意见、国际化会计师事务所审计人才培养、规范会计师事务所函证数字化指导意见、会计师事务所分级分类管理方案制定、责令暂停承接新证券业务并限期整改、印发各类审计准则等。综上所知，财政部直接针对会计师事务所具体审计业务的执业质量处罚较少，难以量化。鉴于本书选择的研究方法是计量与实证研究，所以本书"政府监管"将不针对"财政部"对会计师事务所的这些政府监管行为进行研究。

证监会对资本市场有直接管理权，在资本市场的业务管理中能直接地涉及和感知到会计师事务所的审计质量水平与问题，所以每年都有很多关于会计师事务所审计业务的具体处罚意见和详细决定。这些处罚充分地体现出政府监管会计师事务的作用、政府治理审计有效性、审计市场规范化等作用。

所以，本书的政府监管概念，界定为属于狭义的审计市场管理，即限定在对资本市场各项法规的执行层面。基于此,本书对政府监管的变量测定是手工统计中国证监会网站的会计师事务所处罚公告数据。另外,证监会的监管处罚的形式有多种,本书不进行具体区分,只是以是否受到处罚来计量。

政府监管审计市场的依据有:2014 年 9 月 1 日修订《中华人民共和国注册会计师法》、2018 年 3 月《关于加强注册会计师行业监管有关事项的通知》(财会〔2018〕8 号)、2017 年 10 月起施行的《会计师事务所执业许可和监督管理办法》、《中华人民共和国证券法》(2005 年修订)、《中国注册会计师鉴证业务基本准则》、《中国注册会计师审计准则》等。

第三节　审计质量的治理研究思路

一、审计质量的内外部治理研究方法

会计理论的研究方法主要有归纳演绎法、伦理逻辑法、社会学研究法、经济学理论法、行为研究法、事项研究法、档案事实法、实证研究法等[①]。会计理论研究方法经历了从逻辑实证主义(归纳法和演绎法)发展到证伪主义再发展到精致证伪主义的过程。实证会计研究是通过间接资料对会计理论进行实践验证的一种重要方法[②]。

本书以实证会计方法研究为基础。根据研究内容选取具体计量方法,全书立足于审计师声誉对审计质量内在驱动力与政府监管对审计质量外部压力,以及两种力的耦合作用为研究中心,实证检验了审计师声誉、政府监管与

---

① 艾哈迈德·R.贝克奥伊.会计理论[M].上海:上海财经大学出版社,2004:79.认为会计研究需要研究方法将真理引向彼岸,会计研究方法各有优劣,但是传统研究方法需要改良,增加会计研究的有力验证过程,以增加会计研究的科学性。

② 孙青霞.中国会计与财务实证方法研究[M].大连:东北财经大学出版社,2011:5-19.认为会计学术研究需要多种方法共同作用,单独偏重于某一种方法是不利于会计科学研究进步的,所以本书采用了多种研究方法,孙青霞认为一个完整的会计理论体系的构建,是会计研究对象和会计研究方法的有机统一,所以要根据不同的会计研究对象选择合适的会计研究方法。

审计质量三者之间相关关系的显著性。并进一步研究其中的作用机理、内生性检验和稳健性检验。为了实现这些研究目标,揭示内在规律,本书采用了相应研究方法。

1.归纳和演绎方法

前人的研究观点相互矛盾并多有分歧,用于解释审计质量的基础理论,源于多个学科与流派,并交错纠缠,需要重新梳理。本书应用归纳方法基于现有文献分析及字典上的概念内容进行系统演绎,得到本书核心概念界定。由于现有审计师声誉、政府监管与审计质量研究的理论基础较为庞杂,随着审计实践变化和简政放权后政府监管环境的变化,旧的理论需要针对新审计实践进行重新理论构建。本书应用归纳法进行实证假设的理论建构,应用演绎法根据研究结论对资本市场核心参与主体从不同层面进行政策建议的演绎。

2.Logit 和 Probit 回归

本书 OLS 混合面板数据涉及连续变量与非连续变量,应用回归分析法进行理论假设实证检验。主要采用回归对审计师声誉、政府监管与审计质量三个核心变量之间的相关关系进行检验。并对政府监管与审计师声誉的耦合效应进行深入数据分析。此外,进一步分组和通过 Chow 检验进行组间系数差异性检验,研究审计行业专长、审计客户控制人属性、审计客户股权集中度等不同审计情景异质性下的作用机理。

3.PSM 倾向值评分匹配法

审计事实发展不可逆,需要应用倾向值评分匹配法(propensity score matching,简称 PSM)用于"反事实推断模型"的研究。PSM 适用于计量中非实验数据或观测数据进行有条件人工假定事实改变干预后对比其效应分析的一类统计计量方法。在观察数据的研究中,不可避免出现数据偏差(bias)和混杂变量(confounding variable)的情况,PSM 方法可以减少偏差和混杂变量影响,在数量上实现了对实验组和对照组进行更合理的比较研究。PSM 方法的理论基础"反事实推断模型",即假定任何因果研究对象都有两种条件下的结果:计量数据可观测到的和计量数据未被观测到的结果。在审计师声誉与审计质量、政府监管与审计质量、政府监管与审计师声誉耦合作用于审计质量的相关关系研究中,通过 PSM 方法形成计量对照组与事实观测组进行对比研究,判断如果没有 A 变量影响因素后,那么 B 变量的结果将会怎样,然后与事实中的实际结果进行比较,即如果没有审计师声誉或政府监管的影响,审计质量结果会如何。

二、审计质量的内外部治理研究内容

基于"审计质量、审计师声誉、政府监管"相关理论分析，本书对核心概念界定后，应用文献归纳法对研究现状进行聚类与整理，构建审计师声誉、政府监管和审计质量的理论分析框架及研究假设。利用最新面板数据进行实证检验，在研究结论基础上从不同层面提出了政策建议与应对措施。本书主要研究内容分为以下六个方面。

1.国内外研究现状述评

归纳发现当前亟待根据审计市场发展新形势和政策变迁，从审计质量内在驱动与外部压力双视角进行研究。文献观点梳理现有研究中，审计师声誉与审计质量进行国际与国内声誉、政府监管的长期与短期效应差异分析、政府监管与审计师声誉对审计质量耦合效应等研究的脉络与观点的矛盾之处。应用各类分层框架进行叙述与评价，引出下文的研究设计。

2.审计质量概念逻辑与理论基础建构

从"审计需求理论—审计师声誉的内在驱动—政府监管的外部压力—双视角耦合作用审计质量的理论"对现有相关基础理论进行梳理，对审计师声誉、政府监管与审计质量进行基础理论分析框架的建构。一方面，有助于对基础理论进一步拓展，为下文的研究假设与实证检查提供理论基础。另一方面，有助于研究结论为中国审计行业高质量发展提出具有理论与实践价值的政策建议。

3.审计师声誉对审计质量的内在驱动力实证检验

审计师声誉对审计质量提升具有内在驱动作用，可以形成审计师声誉越高与审计质量越高的良性循环。本书区分国际"四大"审计师声誉和中国排名"前十"审计师声誉，利用审计市场最新数据采用回归分析法检验两种审计师声誉与审计质量正相关的显著性差异。进一步结合不同的审计行业专长和上市公司股权属性与股权集中度的异质性，考察审计师声誉的作用机理，最后对模型进行内生性和稳健性检验。

4.政府监管对审计质量的外部压力实证检验

政府监管对审计质量具有外部压力，可以解决审计市场失灵。本书意图验证政府监管对审计质量短期效应与长期效应的差异。用最新审计市场的面板数据，采用回归分析法及 PSM 等对政府监管与审计质量的正相关关系进行验证，并进一步结合不同上市公司股权集中度、所有权属性、不同样本期间与审计行业专长的异性性,通过 Chow 检验进行组间系数差异性检验,分组考察政府监管与审计质量关系的作用机理。

5.政府监管与审计师声誉对审计质量耦合效应实证检验(见图1.4)

内在驱动与外部压力共同作用于审计质量可以产生同方向的加速促进,也可能产生反方向的结果消解。本书应用交乘项基于资本市场的档案面板数据,采用回归分析法对政府监管与审计师声誉对审计质量的耦合效应进行验证,并进一步结合不同审计情景进行异性性考察。

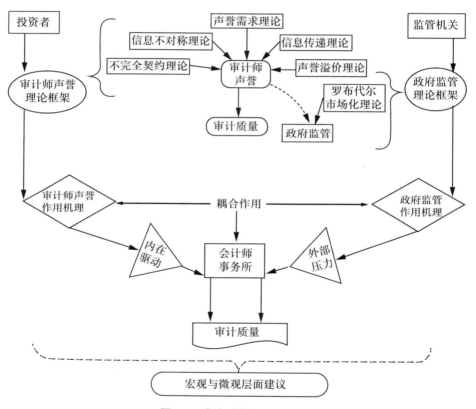

图1.4　内容结构与关系逻辑

6.研究结论与政策建议

基于前文理论分析与实证检验得到的研究结论。结合调研材料从宏观与微观两个层面,对资本市场的核心参与者:政府监管机关、上市公司、投资者、会计师事务所等分别提出政策建议与应对措施。

三、审计质量的内外部治理研究思路

为了研究中国情景下的审计质量的内部驱动与外部压力两个基础作用力，研究思路（见图 1.5）分明暗两方面开展。

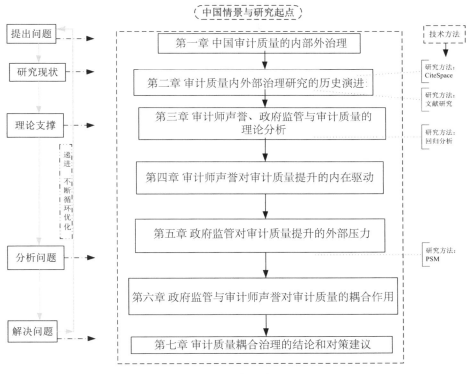

图 1.5 研究思路图

一条沿着理论分析—假设提出—实证检验—研究结论的明线研究思路进行，另一条则从审计师声誉内在驱动—政府监管外部压力—审计师声誉与政府监管耦合作用对审计质量平衡治理之路的暗线研究思路进行。为了达到研究目标，采用了 Logit、Probit、PSM 等多种适用性的研究方法。

第四节　审计质量研究的目的与价值

一、研究目的

审计是资本市场会计信息制度设计中的重要一环,审计质量决定着审计职能发挥和会计信息保障。本书总体研究目标是希望解决审计质量难测量的问题,探索审计质量提升的内在驱动力与外部压力来源,分析审计师声誉和政府监管的耦合作用机理。为了达到这个总体研究期望,将总体目标模块化为以下几个细分目标。

1.溯源核心概念,解决文献中概念不统一的问题

本研究意图通过文献梳理和追根溯源将核心概念厘清。基于概念的汉语源头和现有研究的不同观点归纳,发现涉及本书的核心概念与变量概念界定,众说纷纭,并存在一定程度的相互矛盾。本书期望通过文献梳理和追根溯源,对概念与理论的不同观点进行对比分析,从名词原文、内涵、属性、解义等方面进一步统一核心概念与变量的概念界定,为下文的分析框架构建、理论梳理、假设提出和实证检验等奠定研究基础。

2.分层构建审计质量理论框架

本研究意图构建审计质量理论框架。用于解释审计质量的基础理论交错重叠,当前基础理论之间存在重合与适用范围混乱,一些理论可以解释部分现象,但多个理论混杂一起则出现混乱。本书试图从审计需求理论出发,对现有审计质量的各种基础理论,分层分级构建一个体系明晰的审计质量理论分析框架,用于指导审计质量关系研究的假设提出与实证检验。

3.探索审计质量影响的内外不同作用力

本研究意图检验审计质量最基础的内在与外部作用力来源。审计质量的影响因素现有研究视角众多,变量层次也盘根错节。但对于资本市场参与者各方,审计质量的决策最重要的是抓住最基本的作用力变量。根据马克思主义的内外因辩证原理,探索审计质量影响的内外不同作用力是首要目标。本书通过审计师声誉与审计质量的实证检验、政府监管与审计质量的实证检验,期望探索影响审计质量的内外不同作用力。

4.寻找适应中国情景的审计质量内外作用力耦合下的平衡治理

本研究意图找到中国资本市场审计质量提升内外作用力耦合的平衡治理之路。审计师声誉可以内在驱动会计师事务所提高审计质量,但审计市场失灵现象不断发生。政府监管主导中国审计市场治理多年,但培育资本市场内在高质量审计需求的结果不佳,审计市场未能形成良性循环。本书考察政府监管与审计师声誉对审计质量的耦合效应,期望寻求平衡治理之路。

二、研究意义

1.研究的理论意义

(1)本书通过核心概念界定,归纳统一现有研究中关于审计师声誉、政府监管及审计质量的观点差异与矛盾,为核心概念及实证研究中重要变量在形式、称谓、属性、释义等方面的歧义进行了重新梳理与溯源辨析,这些核心概念的重新界定对中国审计质量理论研究具有一定的理论推进意义。

(2)本书将现有审计质量理论进行了梳理,从审计需求理论出发,归纳出审计师声誉内在驱动理论与政府监管外部压力理论。并进一步建构的审计师声誉、政府监管与审计质量的分析框架,对审计理论推演具有增量贡献。

(3)通过实证验证了审计师声誉与审计质量、政府监管与审计质量、政府监管与审计师声誉对审计质量的耦合效应显著性。丰富了中国情景下提升审计质量内在驱动与外部压力的相关关系研究结论,并理论上探索了改府监管与审计师声誉对审计质量的耦合平衡治理之路。

(4)通过各类异质性分组检验,通过 Chow 检验进行组间系数差异性检验,实证了不同异质性会计师事务所与上市公司的组合情景中,审计师声誉和政府监管对审计质量的作用机理,深化了资本市场审计信息治理制度的理论演进。

2.研究的实践意义

(1)对于政府监管机构,本书实证发现政府监管对审计质量具有正向影响,另外政府监管与审计师声誉对审计质量治理具有耦合作用。另外,政府监管对审计质量作用在短期效应与长期效应存在明显差异。研究结论有助于政府监管机构在《证券法》实施背景下创新监管方式,规避个别情景下存在的不恰当监管问题。进一步地加强政府监管与审计失败的处罚力度,服务于审计师声誉的建构,最终提高全行业的审计质量。

(2)对于会计师事务所,本书证明审计师声誉对审计质量具有内在驱动作用,并且国际"四大"与中国排"前十"审计师声誉对审计质量的影响程度不同。研究结论有助于会计师事务所通过多方举措(提升审计行业专长、识别客户所有权属性差异、重视可操纵应计利润抑制、利用好审计费用溢价、谨慎审计意见类型、分析客户股权集度的审计影响等)构建审计师声誉。最终带动中国的审计质量整体提高,向国际"四大"审计质量靠近。

(3)对上市公司,本书研究结论更加明确了高审计师声誉将代表高审计质量的关系,上市公司利用好审计师声誉的信号传递理论,将财务报告真实公允性信号更有效地传递给理性信息使用者,有助于缓解信息不对称、不完全契约关系,解决上市公司的代理成本,激发审计需求。另外,研究结论有助于上市公司正确对待政府监管对审计市场的促进作用,响应政府监管的倡导。

(4)对于理性信息使用者,本书研究结论有助于对审计师声誉与审计质量进行判断与识别,依据研究结论将审计师声誉作为一种考量审计报告可信度的依据,正确理解政府监管向审计市场传递的监管信号。

(5)对于审计行业整体,本书认为审计师声誉内在驱动力与政府监管外在压力之间的耦合作用具有重要实践指导意义。会计师事务所的审计竞争实力来自审计质量的内在提升。遵守政府监管,同时要在审计业务承接中爱惜审计师声誉的羽毛。

第五节　审计质量的治理研究前沿

本书从审计师声誉的内部驱动和政府监管的外部压力双视角,以及审计质量内外部平衡治理耦合作用进行创新性地研究,希望在以下几点对现有研究产生增量贡献。

1.构建新的理论分析框架

现有研究庞杂而散乱,本书通过梳理、概念溯源和理论重构,创新性地构建了层次递进的理论框架,具有一定创新价值。将零散的理论进行体系化和框架化为"审计需求与审计质量的内外部治理概念框架""审计师声誉对审计质量内部驱动理论分析框架""政府监管与审计质量的外部压力分析框架""政府监管、审计师声誉与审计质量理论分析框架",对审计实践现象进行解释。

2.内在驱动和外部压力的双视角审计质量研究具有角度创新性

不同于以往的单一视角出现,本书应用上市公司与会计师事务所的档案数据实证检验了审计师声誉与审计质量的正相关关系显著性、政府监管与审计质量的相关关系、政府监管与审计师声誉对审计质量的耦合作用等基础关系及作用机理,对审计质量理论研究可能具有研究视角创新增量贡献。

3.变量测量方法和经验数据结论具有创新性

系统化的审计质量测定具有一定创新价值。不同于前人测量审计质量缺乏整体性,本书通过计算非操纵性应计利润、审计费用、审计意见三个不同方法,系统化地测量审计质量,比较不同测量方法下审计师声誉和政府监管对具体审计质量的作用差异。

应用最新数据,创新地进行国际与中国不同审计师声誉区分,验证了中国本地审计师声誉的崛起。近年来随着中国国力增强和资本市场完善,中国会计师事务所在快速崛起,国际"四大"的市场占有率不断下降。中国上市公司逐渐对本土会计师事务所审计师声誉有了更多认可,有必要应用最新数据对当前国际"四大"审计师声誉进行重新检验,并验证中国本地审计师声誉的崛起。

对政府监管的长期与短期效应进行对比,得到了一些与以往不同的新研究结论。

4.得到了许多不同情景下差异化的经验数据研究结论

从会计师事务所的审计行业专长视角(代表不同审计职业经验和审计市场集中度差异)和上市公司控制人属性(代表不同审计需求动机)和股权集中度(代表不同公司治理模式差异)情景对两种作用力进行机理研究。这些研究结论部分解决了现有研究中结论争议与矛盾观点,丰富了现有研究结论。

第二章　审计质量内外部治理研究的历史演进

第一节　基于 CiteSpace 计量的国内外文献宏观层面聚类

一、国内外文献计量的数据来源与统计性描述

CiteSpace 科学知识图谱分析是对文献资料中潜在知识通过将科学计量（scientometric）和数字信息可视化（data and information visualization）相结合，将科学文献的分布现状、知识结构和演进规律挖掘出来的一种文献可视化研究方法（Chen，2014；李杰、陈超美，2019）。

截至 2020 年 8 月，CiteSpace 已被广泛应用于 76 个不同学科领域，经济和管理学领域占 17.08％（李杰、陈超美，2020）。对 2006—2017 年多种可以绘制图谱的研究方法形成的 CNKI 的 1879 篇文献计量后发现除其他学科外，CiteSpace 在经济学领域应用增长最快，管理学领域应用正在不断加速（苏云清、胡议尹，2020）。

国际审计质量文献计量方面，2020 年 8 月 31 日对 Scopus 数据库检索"Audit Quality"，共获得 28872 条记录。文献类别设置为"Business，Management and Accounting"和"Economics，Econometric and Finance"，文献期设定 2013—2020 年，获得 4523 条记录。

计量全球 Audit Quality 研究的来源国家与地区，Scopus 数据库显示，中国以 386 篇文献居全球第二位，但与第一的美国（1227 篇）相差较大。进一步通过知识图谱进行可视化计量。

国内审计质量文献方面（见图 2.1），2020 年 8 月 31 日对 CNKI 数据库的

以主题关键词"审计质量"进行精确检索,共检索到23336篇文献,进一步只提取"全国中文核心和CSSCI"文献并手工逐一清除新闻、通知和专题等非学术文献内容,共获得3884条全样本记录。

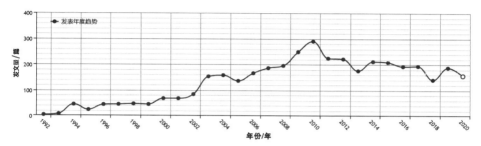

图 2.1　CNKI 数据库审计质量研究文献历年发文量年度趋势

资料来源:作者根据知网数据绘制整理。

应用 CiteSpace 对 CNKI 数据库 1992 年 3 月至 2020 年 8 月 31 日文献进行计量。研究学者历年发文数量及趋势,关键词共现聚类的节点频次与中心性、文献空间分析和学术关注点演化的关键路径和时区变化、研究机构和作者聚类、研究成果载体聚类。希望从文献计量中挖掘出审计质量研究的主题分类、研究热点、研究演进、研究主体、成果载体等规律,对审计质量提供研究综述性参考。

CNKI 数据库显示,审计质量研究历年发文(全国中文核心和 CSSCI)量在 2008—2010 年达到峰值,300 篇/年,逐渐下降并趋于稳定在 150 篇/年,普通刊物文章未统计。

对 CNKI 数据库的文献进行简单描述性统计,发现研究中心词主要涉及会计师事务所(514 篇)、审计费用(349 篇)、上市公司(332 篇)、注册会计师(256 篇)、审计风险(251 篇)、审计师(249 篇)、审计意见(222 篇)、审计师声誉(199 篇)、实证研究方法(191 篇)、政府监管(142 篇)等。

二、研究主题聚类和研究演进

CiteSpace 软件 2016 年后功能已基本完善并进入应用普及的提升期(刘光阳,2017),知识图谱分析是通过计算主题聚类、关系连线强度、网络密度、中心性和频次等方法实现的。关系强度(Links)提供了 Cosine、Dice 和 Jaccard 三种算法,本书采用了 Cosine 算法:

$$\text{Cosine}(C_{lk}, T_l, T_k) = \frac{C_{lk}}{\sqrt{T_l, T_k}} \tag{2.1}$$

其中，C_{lk} 代表着 T_l 和 T_k 的共现次数的统计量，T_l 代表 l 出现的频次统计数，T_k 代表 k 出现的频次统计数。

中心性（Centrality）的算法本书采用了（Freeman，1977）中介中心性方法：

$$\text{BC}_i = \sum_{k \neq i \neq t} \frac{m_{kt}^i}{l_{kt}} \tag{2.2}$$

其中，l_{kt} 代表从 k 节点到 t 节点的最短路径数目的统计量，m_{kt}^i 为从 k 节点到 t 节点的 l_{kt} 条最短路径中经过第 i 节点的最短路径数目的统计量。

根据 Whittaker 共现词分析理论，应用 CiteSpace 关键词共现（Keyword）功能，CNKI 数据库时间设定为 1992—2020 年（Scopus 数据库期间为 2013—2020 年），时间切片为 3，Top 50，N 10%，不使用任何网络裁剪，CNKI 组关系强度线较多，应用了"Pruning Sliced Networks 和 Minimum Spanning Tree"功能。人工剔除相似词汇、重复、近义、无关词汇。

国际研究主题方面，Scopus 数据库 Audit Quality 研究可提到 3000 多个主题关键词，研究内容较为丰富，共现频次 23 以上的共有 32 个词，排在前四位的是 Audit Quality、Corporate Governance、Audit Fee、Earnings Management（见表 2.1）。

表 2.1　Scopus 数据库 Audit Quality 研究主题词、频次、中心性、突现值统计

Keyword	Freq	Centrality	Burst	Keyword	Freq	Centrality	Burst
audit quality	556	0.23		quality control	33	0.14	
corporate governance	357	0.13		real earnings management	31	0.01	4.7
audit fee	225	0.16		ownership structure	30	0.02	
earnings management	189	0.1		sustainable development	30	0.05	
audit committee	143	0.1		independence	29	0.08	
financial reporting quality	98	0.06		total quality management	28	0.07	5.88
internal audit	67	0.06		voluntary disclosure	28	0.01	
internal control	65	0.07		auditor reputation	27	0	2.51
discretionary accrual	61	0.08		firm value	27	0.01	5.31
auditor independence	58	0.05		financial crisis	26	0.01	

续表

Keyword	Freq	Centrality	Burst	Keyword	Freq	Centrality	Burst
financial reporting	49	0.05		government regulation	26	0.02	
corporate social responsibility	45	0	6.78	corruption	25	0	4.91
firm performance	40	0	7.89	restatement	24	0.04	
information asymmetry	38	0.01	3.28	audit opinion	24	0.02	
emerging market	37	0.01	3.79	tax avoidance	24	0	4.71
agency theory	34	0.01	4.59	family firm	23	0.01	3.12

资料来源：作者应用 CiteSpace 软件计量后整理。

国际研究方面，进一步对研究频率最高的三个主题词 Audit Quality、Corporate Governance、Audit Fee，知识图谱可视化分析（见图 2.2、图 2.3、图 2.4）。

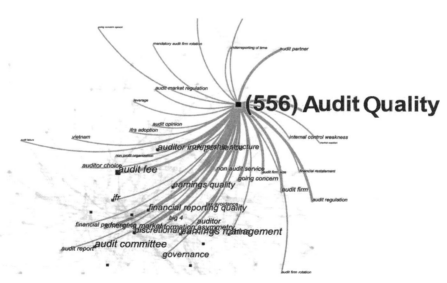

图 2.2 Scopus 数据库以 Audit Quality 为中心词的研究主题聚类

资料来源：作者应用 CiteSpace 软件绘制整理。

图 2.3　Scopus 数据库以 Corporate Governance 为中心词的研究主题聚类

资料来源：作者应用 CiteSpace 软件绘制整理。

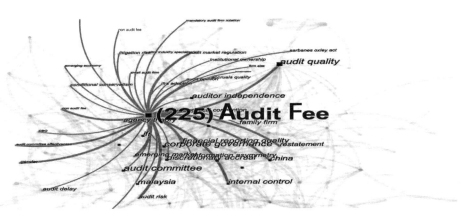

图 2.4　Scopus 数据库以 Audit Fee 为中心词的研究主题聚类

资料来源：作者应用 CiteSpace 软件绘制整理。

　　国内研究方面，由 CNKI 数据库主题词统计表可知，主题词频在 30 以上的共 34 个词（见表 2.2）。

表 2.2　CNKI 数据库审计质量研究主题词、频次、中心性、突现值统计

主题词	频次	中心性	突现值	主题词	频次	中心性	突现值
审计质量	1601	0.23		审计师选择	62	0.02	4.12
审计意见	361	0.1	31.44	审计监督	58	0.04	6.39
会计师事务所	315	0.22		独立性	58	0.02	9.4
审计费用	285	0.05	34.3	审计质量管理	52	0.03	6.68
盈余管理	252	0.06	23.95	上市公司	52	0.02	
审计风险	248	0.19	8.94	会计信息质量	48	0.03	6.82
审计收费	154	0.08	10.89	审计委员会	47	0.01	7.57
注册会计师	127	0.09	10.18	审计结论	43	0.01	11.17
公司治理	100	0.05	5.14	事务所规模	41	0.01	10.26
审计师行业专长	93	0.01	19.46	政府监管	38	0.01	10.46
审计质量控制	88	0.03	12.12	控制人属性	33	0.02	10.12
审计独立性	81	0.06	5.12	审计市场	33	0	4.94
审计准则	80	0.07	5.95	审计程序	33	0.02	3.79
审计报告	73	0.09	5.45	质量控制	33	0.01	8.41
审计工作底稿	70	0.05	10.04	审计组	32	0.01	6.63
审计证据	63	0.03	7.58	审计师声誉	30	0.11	4.34

资料来源：作者应用 CiteSpace 软件计量后整理。

围绕"审计质量"比较集中的相关细分领域是审计意见、会计师事务所、审计费用、盈余管理、审计风险、审计收费、注册会计师、公司治理、审计师行业专长、审计质量控制、审计师声誉等（见图 2.5）。

进一步以审计质量、审计准则、会计师事务所为中心提取与之相关的研究聚类（见图 2.6、图 2.7）。CiteSpace 知识图谱计量中的节点背景圈大小反映文献的被引频次，节点间连线体现共现或共引关系，线的粗细表示关系强度，节点的色彩反映文献引用时区，实现分时区、多元化、实时动态的文本挖掘。

CiteSpace 关键词时区图谱（Time zone）将相同时间内的节点聚合关键词放入相同的时区，反映关键词首次出现的时间段位及研究热点的演进过程。计量 CNKI 数据库研究主题随着时间推移的演进情况，以 5 年为一个分段，提取以审计质量为研究中心的相关主题词的变化情况（见图 2.8）。

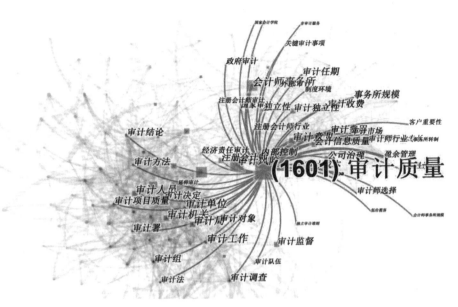

图 2.5　CNKI 数据库以审计质量为中心词的研究主题聚类

资料来源：作者应用 CiteSpace 软件绘制整理。

图 2.6　CNKI 数据库以审计准则为中心词的研究主题聚类

资料来源：作者应用 CiteSpace 软件绘制整理。

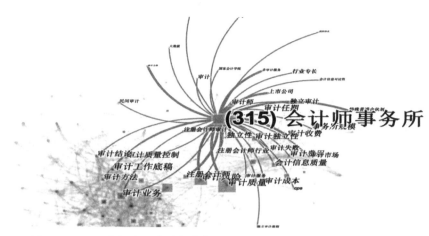

图 2.7　CNKI 数据库以会计师事务所为中心词的研究主题聚类

资料来源：作者应用 CiteSpace 软件绘制整理。

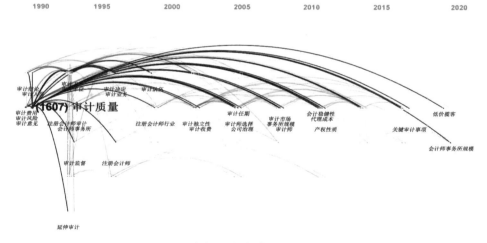

图 2.8　CNKI 数据库审计质量研究主题时序演进

资料来源：作者应用 CiteSpace 软件绘制整理。

研究 CNKI 数据库主题时序演进图中可以判断，每 5 年的研究热点都在不断变化，近年来出现审计独立性（2000 年）、审计任期与审计师选择（2005年）、会计稳健性（2010 年）、关键审计事项（2015 年）、低价揽客与会计师事务所规模（2020 年）等。

三、审计质量研究学者与合作关系聚类

CiteSpace 学者聚类知识图谱和发文频次可以识别出核心研究学者与合作关系。核心期刊研究成果在 8 篇以上的作者有 24 人(见表 2.3)。

表 2.3　CNKI 数据库审计质量研究学者、文章频次、影响力时间统计

作者名称	发文频次	突现值	影响力时间
张立民	37	3.43	1994
张龙平	20		1994
周兰	17	4.12	2008
郑石桥	17	4.18	2011
李明辉	14		2006
蒋品洪	13	5.69	2009
谢盛纹	13	3.5	2010
王兵	13	4.84	2010
陈波	13		2011
宋衍蘅	11		2005
张继勋	11	4.93	2006
张俊民	11	4.1	2014
余玉苗	10		2000
王芳	10		2003
陈汉文	10		2006
刘成立	10	4.47	2006
吴伟荣	10	4.02	2014
王善平	9		2003
刘星	9		2006
叶陈刚	9	3.5	2009
雷光勇	8	4.22	2006
温国山	8	4.06	2008
孙永军	8	3.49	2009
唐衍军	8		2019

资料来源:作者应用 CiteSpace 软件计量后整理。

统计 CNKI 数据库发现（见图 2.9），审计质量研究成果最丰富的前两位作者是张立民、张龙平。他们都是从 1994 年开始做审计质量研究，是这个研究领域国内研究的开创者。另外，近 5 年来的研究新秀是唐衍军。

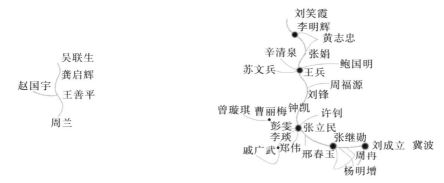

图 2.9　CNKI 数据库审计质量研究学者聚类

资料来源：作者应用 CiteSpace 软件绘制整理。

四、审计质量研究机构与合作关系聚类

机构合作网络图谱和机构发文频次统计可以识别主要科研力量、核心机构和机构合作情况（见表 2.4）。

表 2.4　CNKI 数据库审计质量研究机构、频次、中心性、影响力时间统计

审计质量研究机构名称	文章数量	突现值	中心性	影响力时间
中南财经政法大学会计学院	84		0.06	2003
西南财经大学会计学院	70	11.62	0.02	2005
江西财经大学会计学院	55		0.01	2005
湖南大学	51	5.2	0.01	2003
重庆大学经济与工商管理学院	48		0.02	2005
中央财经大学会计学院	43	3.56	0.03	2009
武汉大学经济与管理学院	41	4.45	0.02	2007
厦门大学管理学院	34		0.06	2009
中山大学管理学院	33	4.01	0.03	2002
中国人民大学商学院	32		0.05	2005

续表

审计质量研究机构名称	文章数量	突现值	中心性	影响力时间
北京交通大学经济管理学院	31	3.77	0.03	2008
北京大学光华管理学院	29		0.01	2006
暨南大学管理学院	28		0	2007
对外经济贸易大学国际商学院	28		0.03	2008
南京大学商学院	27		0.03	2008
天津财经大学商学院	26	7.42	0	2010
东南大学经济管理学院	24		0	2005
西安交通大学管理学院	22	5.37	0	2006
东北财经大学会计学院	21		0.02	2009
上海财经大学会计学院	19		0	2005
山东财经大学会计学院	18		0.02	2012
南开大学商学院	16	3.49	0.02	2006
复旦大学管理学院	16	4.58	0.02	2009
清华大学经济管理学院	13		0.01	2005
南京审计学院	12		0.01	2004
审计署办公厅	11	5.28	0	2008
新疆财经大学会计学院	10		0	2009
内蒙古大学经济管理学院	10		0	2010
九江学院会计学院	10		0	2011

资料来源：作者应用 CiteSpace 软件计量后整理。

计量 CNKI 数据库发现中国审计质量研究核心机构或重要基地是中南财经政法大学会计学院、西南财经大学会计学院、江西财经大学会计学院、湖南大学等（见图 2.10）。

CNKI 数据库通过 CiteSpace 计量审计质量研究机构间的合作关系图谱可知，中南财经政法大学和西南财经大学是两个重要的学术研究中心，与国内外其他大学与研究机构存在开放度较高的广泛合作关系。而与外界合作较少，相对存在研究合作孤岛情况的是湖南大学、江西财经大学、东北财经大学等。

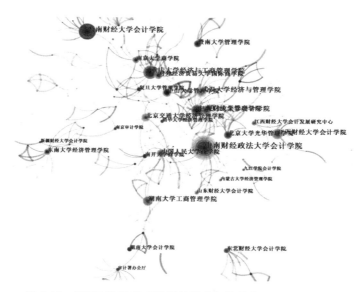

图 2.10　CNKI 数据库审计质量研究机构聚类

资料来源：作者应用 CiteSpace 软件绘制整理。

第二节　学者对审计质量影响因素多角度探索

一、审计质量研究出现

审计质量研究是会计研究的核心问题之一，审计质量是会计师事务所提供服务价值的核心评价（Sinha and Hunt，2013；刘凤君、郭丽虹，2020），也是会计师事务所在审计市场的竞争基础，更是政府监管审计服务的重要依据（Anthony and Paul，1999；Carcello et al.，2006）。审计质量研究受到了广泛的关注，DeAngelo（1981）提出了最早被广泛承认的审计质量内涵，认为审计质量是注册会计师在审计中发现上市公司财报信息存在违规现象，并且注册会计师勇于向外界报告这种会计信息违规现象的联合概率。但是根据博弈论，这种联合概率是多种资本市场参与主体利润博弈的结果（Palmrose et al.，1986；卢宁文，2012；毛丽娟、陶蕾，2013）。尚德尔（Schandl，1978）认为在最近一个半世纪中,几乎没有什么划时代的审计理论成果,没有一个学术领域像审计质量研究领域这样沉寂①。根据前述 CiteSpace 研究文献计量可知,多年来围绕审计质量研究不断演进,视角与解释变量在不断细分,需要系统性地对重点文献观点逻辑归纳。

二、审计质量的影响因素探索

根据博弈论思路和资本市场的核心参与主体视角,按照审计质量形成过程中参与主体对审计质量研究进行分类(见图 2.11)。

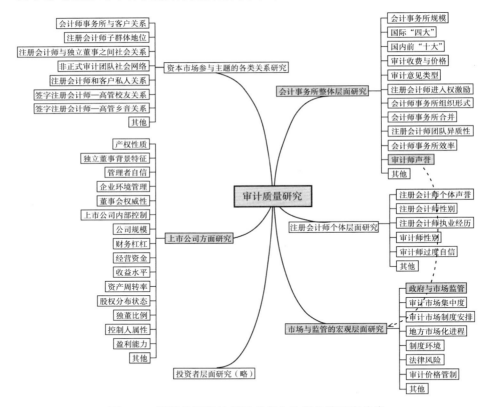

图 2.11 博弈论下审计质量参与主体视角的研究分类

资料来源:作者整理绘制。

① C. W.尚德尔.审计理论[M].汤云为,吴云飞,译.北京:中国财政经济出版社,1992.

1.会计师事务所整体层面的审计质量研究

（1）审计师声誉视角。国际"四大"的审计质量明显区别于其他事务所被学者们最早关注到,李青原、周汝卓（2016）实证发现具有国际"四大"审计师声誉的会计师事务所会有更高审计质量（王咏梅、王鹏,2006;刘峰、周福源,2007;Francis and Yu,2009）。随后,吴水澎、李奇凤（2006）认为中国"前十"审计师声誉也具有明显的审计质量区分度（Lawrence et al.,2011）。国际"四大"与中国"前十"的不同审计师声誉区分提供了研究新思路,但是,少有研究者对国际"四大"与中国"前十"两种审计师声誉对审计质量的作用机理差异进行比较研究。本书将尝试比较两个声誉对审计质量的区分度、体现力和不同内部驱动力差异。另外,本书创新性对审计师声誉促进审计质量的作用机理从审计行业专长、客户控制人属性、客户股权集中度进行分组回归,通过 Chow 检验进行组间系数差异性检验。另外,特别说明的是审计师声誉并不等同于会计师事务所规模,规模大并不能代表具有高审计师声誉,是两个不同的自变量指标。

（2）会计师事务所规模视角。会计师事务所规模越大审计质量越高,这种说法存在争议,DeAngelo（1981）关注到事务所规模和与审计质量之间的关系（Davidson and Neu,1993）。曹书军、刘星、杨晋渝（2012）实证表明会计师事务所规模、行业专长和审计质量存在关系。Lennox（2010）实证表明规模较大的会计师事务所比规模较小的更关注审计师声誉的塑造,更会增加审计投入去提高审计质量。叶凡、方卉、于东等（2017）研究发现会计师事务所规模大小影响着审计师声誉受损后审计质量的改变,即规模越大的会计师事务所对受政府监管处罚导致声誉受损的市场反应越迟缓（Clive and Lennox,1999;Douglas et al.,2012）。但是相反的研究观点认为:会计师事务所规模并不是审计质量的主要决定因素,张川、罗文波、樊宏涛（2020）研究发现国际"四大"会计师事务的规模与审计质量之间并无统计上的显著正相关。另外,吴昊旻、王华（2010）研究也认为会计师事务所规模并不是审计质量的决定性因素。本书认为,会计师事务所规模与审计质量研究非常充分,但是会计师事务所规模只是审计质量的外在表象指示,故本书将不再涉及探讨。之所以现有研究结论矛盾是因为,中国会计师事务所规模是行政推动合并短期膨胀的结果,合并后执业质量融合滞后。所以规模"大"并不代表审计质量"高",只在规模做"大"的同时,审计质量也会变"高",或在先做"大"再做"高"的长期过程中,导致了不同实证的结论差异性。

（3）审计行业专长视角。审计行业专长对提高审计质量的影响效应较大。蔡春、鲜文铎（2007）最早注意到审计行业专长对审计质量的影响（郁刚,

2008),Hogan、Jeter(1999)认为审计行业专长聚焦会促使会计师事务所不断强化审计技术、员工专业知识、行业特色业务开发,有助于培养行业专家型的审计师,进一步增加其对行业内特定经济活动行为和会计业务的了解,最终有助于审计质量的提高。袁春生、汪涛武、唐松莲(2011)认为会计师事务所规模较大时,规模扩大有助于强化审计行业专长(刘文军,2010;李思飞、刘恋、王化成,2014)。乔贵涛、高平、赵洪宝(2014)进一步对审计行业专长与审计质量的作用机理研究发现,规模较大的会计师事务所更有能力和实力去强化审计行业专长。最新研究中,闫焕民(2020)实证发现审计行业专长存在一定门槛效应,审计行业专长水平越高,组织支持力度越大。综上,审计行业专长体现了审计市场占有率和行业熟悉程度,本书将审计行业专长纳入控制变量进行检验。

(4)审计收费与价格视角。虽然审计费用与审计质量之间关系被文献不断验证(Bills et al.,2015),但是现有文献很少直接将二者关系进行理论厘清与数据检验。高雷、张杰(2011)实证发现审计费用与审计质量正相关,在一定程度上反映了审计质量(漆江娜、陈慧霖、张阳,2004;宋衍蘅、肖星,2012)。审计质量最终影响审计收费、审计溢价、谈判能力与资本市场影响力等(宋衍蘅、殷德全,2005;董小红、戴德明、李哲,2016;李明辉、沈真真,2016)。所以,高增量、张俊瑞(2019)研究发现审计收费、价格溢出是审计质量的一种体现(Monika et al.,2014;余玉苗、范亚欣、周楷唐,2020)。所以,本书将审计费用作为审计质量测量的替代指标。

(5)会计师事务所组织形式视角。最近几年这个议题基本达成共识,关注学者在减少。会计师事务所组织形式是过去十几年审计质量研究的一个重要分支,逯颖(2008)研究认为政府主导合伙制组织形式改革的演变有助于审计质量提高。原红旗、李海建(2003)实证发现合伙制组织形式比有限责任制更能提供高审计质量和审计服务(何琳洁、贺辰衍、李吟月,2017;蒋尧明、唐衍军,2017;谢雅璐,2018),后续有众多相关研究一直持续很久。近年来学者们普遍达成共识,合伙制组织形式是会计师事务所组织形式变革的正确方向,因为已有定论,本书不涉及这个部分。

(6)审计意见类型视角。原红旗、李海建(2003)认为审计质量越高审计意见越谨慎,更易出现非标审计意见类型(方军雄,2011)。大部分研究结论认为,审计师声誉有助于抑制会计师事务所出售审计意见(安广实、丁娜娜,2018;刘文军、刘婷、李秀珠,2019),最终提高和保持了高审计质量。(张川、罗文波、樊宏涛,2020;曹书军、刘星、杨晋渝,2012;孔亚平,2020)。本书认为审计意见是审计的结果,也是审计质量的重要载体,所以本书将审计意见作为审计质量的替代测量指标。

(7)可操纵性应计利润视角。可操纵性应计利润近年来被普遍应用于测量审计质量,可操纵性应计利润体现了公司盈余管理程度(Jones,1991;Kothari,2005),对会计信息的准确性、客观性、真实性等有负面作用,会计师事务所需要及时发现并抑制可操纵性应计利润(Dechow and Sloan,1995;Dechow and Dichev,2002)。Krishnan(2003)研究发现审计质量体现为会计师事务所对上市公司客户可以显著降低可操纵性盈余程度(Balsam,2003)。朱晓文、王兵(2017)实证发现政府监管能够显著改善注册会计师审计质量,上市公司的操纵性应计利润会降低(Ball and Shivakumar,2006;原红旗、韩维芳,2012),Rana、Ali(2011)数据分析发现,公司的操纵性应计利润对审计质量存在负面影响(刘文军,2016;刘文军、刘婷、李秀珠,2019)。所以本书将可操纵性应计利润作为审计质量的测量方法,去验证其测量审计质量的有效性。

(8)其他视角。还有学者从注册会计师进入权激励(唐衍军、蒋煦涵,2020)、会计师事务所合并(曾亚敏、张俊生,2010)、会计师事务所效率(杨世信、刘运国、蔡祥,2018)、内部控制、审计任期(许浩然、张雯、杨宜玮,2016)等其他视角进行审计质量研究。本书期望研究影响审计质量的内部驱动与外部压力两个基本作用力,所以对这些影响变量没有涉足。

综上所述,从会计师事务所整体层面研究是审计质量研究的主要方向。因为审计质量控制的直接责任主体是会计师事务所,所以会计师事务所层面的各类变量与审计质量都有直接的关系,影响作用的关联度较高,依据实证结论制定的对策更具可操作性。所以本书章研究将定位于这个层面展开。学者们自从1981年开始审计质量研究以来,直观可测变量的相关研究已得到充分关注,主要变量关系也基本取得了研究者的共识。所以本书将研究重心投向审计师声誉这一并不易直接观测的变量,并结合中国资本市场政府监管变革进行研究。

2.注册会计师个体角度

注册会计师个人特征与审计质量研究,得益于中国注册会计师协会的特色数据库与中国特色的审计报告签字注册会计师制度。本研究分支的主体学者在中国境内,自2008年兴起后,研究不断推动,外延不断扩大。

根据马克思主义哲学之人的自然属性(自然属性是物理属性)和社会属性(社会属性是人的本质属性)分类,将现有文献分为注册会计师自然属性与审计质量的关系研究、注册会计师社会属性与审计质量的关系研究两大类(见图

2.12）。另外根据社会属性与审计质量概念界定进一步将注册会计师社会属性分为注册会计师从事审计业务之前已具备的社会属性特征和注册会计师从事审计业务后产生的社会属性特征。

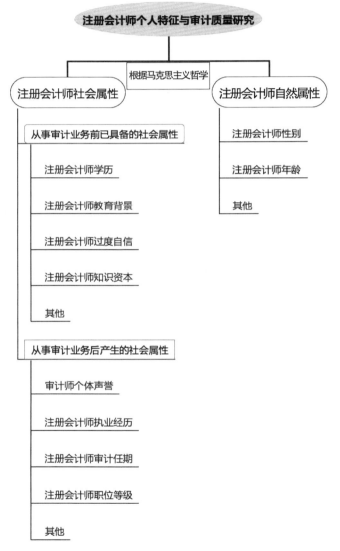

图 2.12　根据马克思主义哲学的注册会计师与审计质量研究分类

资料来源：作者整理绘制。

　　(1)注册会计师自然属性与审计质量的关系方面:王少飞、唐松、李增泉等(2010)研究表明客户资源控制权归注册会计师个人,而非会计师事务所组织所有,证明注册会计师的自然属性个体特征对审计质量具有影响。代表性的视角有两个,第一为注册会计师性别视角(李艳青,2013;张兆国、吴伟荣、陈雪芩,2016;黄宏斌、尚文华,2019);第二为注册会计师年龄视角(张兆国、吴伟荣、陈雪芩,2016)等。

　　(2)注册会计师从事审计业务之前已具备的社会属性特征与审计质量的关系方面:刘笑霞、李明辉(2012)实证发现注册会计师社会属性的个体特征对审计质量具有重要的意义。代表性的有注册会计师学历视角(李艳青,2013;闫焕民,2016;李明月、卢宁文,2019)、注册会计师教育背景视角(刘钊,2016;闫焕民,2016)、注册会计师知识资本视角(张兆国、吴伟荣、陈雪芩,2016;唐衍军、蒋煦涵,2020)、注册会计师过度自信视角(吴伟荣、李晶晶、包晓岚,2017)等。

　　(3)注册会计师从事审计业务后产生的社会属性特征与审计质量的关系方面:谢雅璐(2018)从注册会计师的个人特征层面出发,实证研究了注册会计师审计投入关注度与审计质量的关系。代表性的有注册会计师个体声誉视角(刘钊,2016;傅绍正,2017)、注册会计师执业经历视角,Herrbach、Olivier(2001)认为审计质量是审计市场生存的基础,审计质量很难衡量,主要受到注册会计师审计行为影响。张兆国、吴伟荣、陈雪芩(2016)发现国际"四大"的注册会计师专业能力和职业素养都比较高(闫焕民,2016;张健、魏春燕,2016;王清,2019)。此外还有注册会计师审计任期视角(潘临、张龙平,2019)和注册会计师职位等级视角(闫焕民,2016;李明月、卢宁文,2019)等。

　　综上所述,注册会计师个体特征与审计质量的研究是近年来一个新兴的审计质量研究视角,将组织层面细化到个体层面。随着研究主体的细化和对注册会计师个体特征不断外延化,从自然人特征、审计职业特征、个体关系特征、社会文化地理等外延也不断泛化。本书认为由于注册会计师不能以个人名义承接审计相关业务,审计报告与审计质量控制都是以团队形式开展的,会计师事务所在不断强化团队协调配合,统一不同团队之间及分所总所的审计质量标准化控制。另外注册会计师自然属性不可改变,根据《中华人民共和国劳动法》,过度强调对注册会计师性别和年龄的选择可能涉及职业歧视。过度强调注册会计师入职审计工作前的社会属性,如学历、教育背景、过度自信等特征对于注册会计师人才开发有"宿命论"误解,也不利于会计师事务所员工的来源多元化和职业潜力的激发。诚然,注册会计师个体及个人特色作用当然值得肯定,但是对审计质量的影响还是审计团队力量大于单一个体力量。所以本书拟不将注册会计师个体特征与审计质量作为研究视角。

3.审计市场角度

审计市场是多方力量作用下的共同体。中国审计市场改革的道路是,找准政府监管外部压力和审计师声誉内部驱动及耦合对审计质量的作用,即协调"有效的市场"和"有为的政府"的结合点。基于党中央十八届三中全会引领,学者们对审计市场与审计质量开展了持久的研究。根据"有效的市场"和"有为的政府"两个角度,本书将这一类研究分为三大类。

(1)审计市场制度安排与竞争对审计质量起决定作用。审计师声誉就是审计市场中孕育的内在驱动力,本书将沿这一脉络进行审计质量研究。部分学者认为审计市场是以市场自发调节为主(Lamoreaux and Phillip,2016),证监会政府监管处罚对审计服务市场竞争的负面效应的抑制会随着政府处罚次数、行政处罚等级和处罚金额的增加而增强(程娟、程琳,2017)。学者们发现中国不同时段审计市场制度对审计质量的影响在不断变化(喻小明、聂新军、刘华,2008)。代表性视角是以审计市场集中度(即审计行业专长)(刘明辉、李黎、张羽,2003;刘骏、冯倩,2016;程璐、董沛武、于海瀛,2019)的研究。从审计市场制度安排视角看,程璐、董沛武、于海瀛(2019)认为区域审计市场供求不平衡时,市场会自发调节通过增加区域内审计服务供给增加(刘峰、张立民、雷科罗,2002;刘桂良、牟谦,2008),有效降低会计师事务所出具非标准审计意见的可能性,审计质量会下降(Lennox and Wu,2014)。审计市场的法律风险视角(Clive and Lennox,1999;张健、魏春燕,2016),Kelly(2016)对不同司法管辖的亚洲会计师事务所研究发现,审计质量受到法律和市场环境的影响(蒋尧明、唐衍军,2017)。Castillo、Merino(2020)认为倘若没有按照法律法规的要求执业造成审计师声誉降低,那么损失可能不局限于经济层面,还可能彻底从审计市场消失。

(2)政府监管对审计市场形成管理主导,现有研究对政府监管审计市场效率存在争论,所以本书将基于此对政府监管作用进行详细研究。部分学者认为审计市场以政府监管为主可以促进审计市场竞争(黄世忠、杜兴强、张胜芳,2002;逯颖,2008)。程文莉、张银花、谢依梦(2019)实证表明审计市场竞争程度与审计质量负相关,所以,需要政府监管为主导,但是政府监管过度也会产生副作用,李凯(2011)通过比较会计师事务所合并的原动力(行政机关推动与市场自发形成)来源发现审计质量提升结果不同。比如在审计市场价格的政府监管的恰当管制下,严文龙、陈宋生、田至立(2020)实证表明政府监管对审计费用价格的上下限行政限制有助于建设新时代审计市场交易规则,培育基于审计师声誉的自发良性交易的未来审计市场(谌嘉席、伍利娜、王立彦,2016)。

(3)审计师声誉内在驱动与政府外部监管相互平衡的审计市场研究。庄飞鹏(2019)认为审计市场需要成长与培育,动力来自市场内部自发动力和政府监管的有意为之(步丹璐、屠长文,2018)。有学者认为是政府监管与市场驱动相协同耦合的结果导致了审计质量变化(Krishnan and Krishnan,2017),中国政府与市场共同参与审计市场管理时,政府监管、审计师声誉对审计质量存在耦合作用(吴伟荣、李晶晶、包晓岚,2017),现有中国审计市场政府与审计市场的关系研究,为审计市场更好地发展提供了一定的经验证据和理论解释,但有待进一步深入。

综上所述,审计师声誉内在驱动与政府监管都对审计市场发展具有基础作用,本书将沿这一基本研究思路设计审计师声誉与政府监管对审计质量的作用研究。部分现有文献观点具有阶段性,早期研究认为中国资本市场审计服务是一个政府监管主导的市场,并且2010年以前的实证表明,政府监管对会计师事务所各类处罚效力都十分有限。近年研究结论肯定了政府监管的作用,并更加关注审计市场供求关系和政府监管为培育自发良性审计市场的努力。本书认为随着国家简政放权和不断改革,"有效的市场"将发挥内在驱动作用,而"有为的政府"也能做好外部压力处罚,进一步形成耦合作用。总之,本书研究重点将立足于这些文献基础,探讨影响审计质量的内外两个最基本作用力。

4.审计客户上市公司角度

会计师事务所审计质量所体现的职能发挥和审计报告基础,是上市公司财务报告和对审计报告使用与解读的方式,所以本书研究必须将上市公司特征纳入模型中。原红旗、李海建(2003)实证发现上市公司特征对审计质量具有基础性影响。现在研究普遍将这些特征作为控制变量使用,代表性特征有:公司规模方面,漆江娜、陈慧霖、张阳(2004)实证发现规模较大的上市公司更愿意(曹书军、刘星、杨晋渝,2012)为高审计师声誉支付溢价(王静、郝东洋、张天西,2013;谢获宝、刘芬芬、惠丽丽,2018;张潇然、刘晟、朱莉,2018)。财务杠杆方面,Autore和Billingsley等(2010)认为高财务杠杆的公司希望聘请高审计质量的会计师事务所。Mclennan和Park等(2016)认为高质量的审计有利于增强高财务杠杆公司的偿债信用。控制人属性方面,刘骏、冯倩(2016)实证发现公司控制人属性会导致审计质量差异(Alastair et al.,2021;刘凤君、郭丽虹,2020)。公司环境管理方面,王江寒(2020)实证发现上市公司管理环境战略与审计质量显著正相关(Piot,2001)。董事会权威性和上市公司内部控制(周泽将、汪帅,2019)、经营资金(Barton,2005;Martinez et al.,2018)等也与审计质量有关。收益水平方面(Autore et al.,2010),邓小洋、章莹莹(2005)实证发现上市公司有目的盈余管理动机是其更换事务所的主要动机,并影响最终审计质量(李小军、李夏,2017)。此外还有成长性(管考磊,2014;Martine et al.,2018;李建红、周婷媛,2019)、资产周转率(Kanagaretnam et al.,2009)、股权分布状态(Jinn et al.,2010;陈晓、邱昱芳、徐永新,2010;Krishnamurthy et al.,2010;李元丽,2018;安广实、丁娜娜,2018)、独董比例(Carcello et al.,2002;刘文军、刘婷、李秀珠,2019;高凤莲、董必荣、王杰,2020)、审计客户影响力(封华、田高良、齐保垒,2018)等方面。综上所述,上市公司多种特征都与审计质量产生联系。本书研究过程遵循现在研究范式,将上市公司的各类特征纳入实证模型,列为控制变量,其中最重要的几个进行单独的分组检验。

5.投资者角度的审计质量研究(本书对这一主题的研究综述略过)

资本市场理性信息使用者是审计报告的使用者,对审计质量具有评价作用。原红旗、张楚君、孔德松等(2020)实证发现资本市场成熟的投资者对审计师声誉与审计质量有敏感反应。但是根据审计业务链条,投资者主体处于审计报告完成后的参与者,由于没有参与审计过程,所以对审计质量影响较微弱,所以,本书研究设计没有过多涉及。

6.资本市场参与主体的各类关系与审计质量(本书将不把资本市场参与主体的各类关系纳入研究范畴)

基于中国人情社会背景,资本市场参与主体间的各类"关系"研究在近几年来不断涌现,"关系"研究主要集中在会计师事务、注册会计师与公司客户高管之间的各类人与人之间的"私人关系",审计团队内部注册会计师与注册会计师间的"私人关系",其中第一类"私人关系"的研究比重最大。关系研究中代表性研究有:Herrbach、Olivier(2001)认为"私人关系"之间的利益关系会影响现场审计人员的工作动机和行为(收集证据有效性),最终影响审计质量。刘继红(2011)发现上市高管与审计师个体关系对审计质量存在影响(Chi et al.,2016;董沛武、程璐、乔凯,2018;蒋尧明、张雷云,2019)。王崇锋、柳润泽(2019)研究认为注册会计师与上市公司客户的私人关系对审计质量有影响。Svanberg(2015)发现瑞典非国际"四大"的注册会计师与审计客户关系越好,越会影响审计质量。此外还有签字注册会计师-高管校友关系(吴伟荣、李晶晶,2018)、签字注册会计师-高管乡音关系(袁德利、许为宾,2018)、注册会计师子群体地位(曹强、胡南薇,2019)、非正式审计团队社会网络(廖义刚、黄伟晨,2019)等。综上所述,在中国"关系"型人文社会管理情景中,资本市场参与主体的各类关系难以杜绝,确实值得开展相关研究。但是,从资本市场管理角度,"私人关系"间的利益输送难以认定和查实,对资本市场的审计质量影响存在量化困难和影响路径的难以测定性。所以,本书将不把资本市场参与主体的各类关系纳入研究范畴。

综合本节审计质量的全部研究,现有研究对审计质量概念与审计质量的影响因素已有体系化的研究。本书承袭了一部分相关体系,但也排除一部分,试图将研究中心聚焦于影响审计质量的内外两个最基本作用力上。但是,现有文献对审计师声誉、政府监管、审计师声誉与政府监管的耦合作用这三方面对审计质量作用机理缺乏细分领域的系统研究。另外在研究细节上,现有研究对审计质量测度存在碎片化,不同文章中出现了各类测量方式,但缺乏核心测量方法的体系化比较。本书将通过"非操纵性应计利润、审计费用、审计意见"三种测量方法同步使用,增加审计质量测度的有效对比,这将丰富审计质量作用机理研究的边际贡献。

第三节　审计师声誉与审计质量正向与负向关系之辩

一、审计师声誉研究的三个层次

根据前述 CiteSpace 文献计量与前文的声誉概念界定,审计师声誉是会计师事务所从事审计相关工作多年积累的品牌和名望(陈辉发,2012;庄飞鹏,2019)。声誉是经济管理活动中经过重复博弈,为了取得交易对方信任与认可,希望长期合作获得稳定交易利益,双方自觉遵守交易规则严规范自身诚信行为(Kreps and Wilson,1982;原红旗,2020)后,得到对方的综合好评。声誉作用机理不同于法律外部强制性,声誉主要通过双方的自我内在动力规范其行为,主动缓解双方信息不对称导致的代理问题(Bedendo,2018)。

审计师声誉按照拥有声誉的主体不同,从微观—中观—宏观逐层递进可分为注册会计师个人声誉、审计师声誉和审计行业声誉三个层次,本书研究聚集在中观层面,以审计师声誉为研究中心。由于审计服务质量难以直接观测和度量,投资者和上市公司一般通过审计师声誉对审计质量间接判断(Kanagaretnam,2010;Magnis and Iatridis,2017;庄飞鹏,2019)。通过重复博弈获得投资者和上市公司对审计质量认同而树立起审计师声誉,审计师声誉可以解决会计师事务所(王兵 等,2013)与股东间的信息不对称。方军雄(2011)实证表明审计师声誉在当前新兴与竞争激烈的审计市场中具有重要市场治理价值。

审计师声誉对审计质量促进的进一步循环,使资本市场中具有高审计质量的会计师事务所不断塑造审计师声誉,并释放高审计师声誉代表高审计质量的信号(Puri,1999;Autore,2009;原红旗,2020)。为了维持高审计师声誉,不断加大审计投入,高审计师声誉的会计师事务所将长期保持更谨慎的职业态度,降低可操纵性应计利润,降低审计错报概率和审计失败风险,进一步推高了审计质量(陈辉发,2012;原红旗,2020)。因此,审计师声誉是审计质量的内在驱动力(Firth,2012),两者形成互动循环。综上所述,审计师声誉与审计质量的关系已经形成一定的理论体系,但是基于中国审计市场特色,审计师声誉理论分析、变量测定、作用机理等仍然不够完整。接下来对审计师声誉的过程变量研究进行综述。

根据审计师声誉过程逻辑(肖小凤,2013)从上到下将文献细分为审计师声誉需求研究、审计师声誉形成研究、审计师声誉作用研究、审计师声誉激励与审计师声誉惩罚研究(见图2.13)。

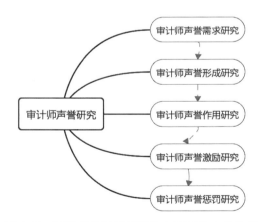

图 2.13   基于声誉过程逻辑从上到下的文献分类

资料来源:肖小凤.审计师声誉形成机制与经验检验[D].长沙:湖南大学,2013:25-36.

1.审计师声誉需求研究

声誉理论产生于声誉需求,声誉是一项在资本市场上可以交易的无形资产(Tadelis,1998),审计师声誉的形成需要有资本市场购买者对审计高质量产生购买(Aaker,1996;原红旗,2020),房巧玲、唐书虎(2006)实证发现审计收费与审计质量关联性受到了声誉需求传递水平影响(Kreps and Wilson, 1982)。研究者普遍认为中国审计市场缺乏对审计师声誉的有效需求。中国资本市场早期,审计师声誉需求停滞不前,审计师声誉运行未能取得比较好的效果,审计师声誉需求未被完全激发出来,导致会计师事务所对于声誉建设与维护缺乏重视。再加上市场参与主体对审计师声誉保障作用存疑,使得资本市场对审计师声誉需求非常小,在早期这给审计师声誉运行产生了巨大阻碍。

强化审计师声誉购买需求只能从资本市场、政府监管、上市公司、投资者、会计师事务所等多个角度努力。易玄(2011)认为要对有潜在审计需求的上市公司传递审计师声誉的价值(Francis,2004;庄飞鹏,2019)和审计师声誉越好审计质量越高的市场需求认知,促使会计师事务所不断塑造审计师声誉,进一步强化声誉购买需求不断高涨(Lim and Tan,2007)。Deborah、Lindberg(2001)考察了20多个国家发现严格的政府监管披露要求是促进审计师声誉需求的重要外力。Barton(2005)认为2001年安然事件后机构投资者、急于筹资的上市公司都需求高审计师声誉。原红旗、张楚君、孔德松等(2020)实证发现成熟理性的信息使用者对高审计师声誉有敏感的反应,所以培育理性的信息使用者是增加声誉需求的基础。

综上所述,研究者认为审计师声誉形成以资本市场购买需求为基础,早期中国资本市场对审计师声誉需求并不理想,随着资本市场的发展,可以通过资本市场、政府监管、上市公司、投资者、会计师事务所等多个角度努力。近年来资本市场对高审计师声誉购买需求有所强化,但未来仍有努力空间,并且这种审计师声誉购买需求需要进一步研究。

2.审计师声誉形成研究

审计师声誉形成过程是审计收费溢价所诱发、长期的、会计师事务所有意的,得到上市公司和投资者的识别认可,需要制度规范地长期构建过程。王奇帅(2017)认为审计师声誉与审计费用正相关,声誉溢价让双方在重复博弈中认识到审计师声誉的重要性(Macaulay,1996),并重视维护声誉(Klein and Leffler,1981)。

(1)审计师声誉形成并非一朝一夕(许浩然、张雯、杨宜玮,2016),要多次重复博弈积累,学者们对审计任期与审计师声誉形成进行了广泛研究(陈信元、夏立军,2006;Peter and Roger,2006)。Johnson、Inder(2002)实证发现审计任期越长,审计质量越高,越易形成良好审计师声誉(Myers,2003;Chen、

2008)。但是一些实证数据得出消极观点，Carey、Roger(2006)利用澳大利亚数据以较弱证据发现审计长任期可能有损审计质量，进而损害审计师声誉。刘启亮(2006)用1998—2004年数据实证发现审计任期与审计师声誉显著负相关。

(2)会计师事务所是声誉形成的拥有者(范经华、张雅曼、刘启亮，2013；Chi et al.，2016)。学者们对审计师行业专长与审计师声誉(刘文军、米莉、傅倞轩，2010；谢雅璐，2018)关注较多。高审计师声誉维持需要增加审计投入与审计成本(李小光、邱科科、周易辰，2018；李敏鑫，2019)。早期数据发现审计师声誉受到了独立性不足的干扰(Lim and Tan，2007；常京萍、侯晓红，2016)。蔡春、鲜文铎(2007)实证发现审计师声誉与审计行业专长存在负相关，原因是行业客户过度集中，会导致过度依赖，影响独立性和审计质量。

(3)审计师声誉受到上市公司和投资者的识别和评价主观影响(Watkins，2004)，而资本市场的识别与评价又受到当地传统文化(周兰、廉芬芬，2020)、媒体关注(李小光、邱科科、周易辰，2018)、分析师跟踪(Bruce，2008；许浩然、张雯、杨宜玮，2016)等因素的影响。Deborah、Lindberg(2001)考察了20多个国家的审计师声誉的市场识别与市场需求评价发现，如果资本市场无法识别审计师声誉好坏，会引发会计师事务所放弃声誉开展恶性竞争(Francis，2011)。另外，中国现阶段资本市场对尾部的会计师事务所审计师声誉识别与区分能力不足。部分排名处于后20名会计师事务所为了获取更多业务，往往会降低审计收费与审计质量，对审计师声誉形成不利影响。郑建明、白霄、赵文耀(2018)研究中国审计加盟国际化战略效果发现审计师声誉在提高。所以，随着国际竞争，未来中国审计师声誉的识别与评价将被放到更广阔的空间(Knechel，2013)。

(4)政府监管对审计师声誉具有明显的影响。Deborah、Lindberg(2001)发现强制披露的严格监管是保证审计师声誉的重要条件。逯颖(2008)认为政府主导事务所组织形式演变与审计师声誉相关。许钊、张立民(2016)实证发现2014年政府推动会计师事务所合并可以提升审计师声誉。但是，政府监管的依据如果不断变化会造成资本市场预期不稳定，导致审计师声誉提升带来的溢价报酬得不到市场认可(DeFond and Wong，2000)，会计师事务所对审计师声誉的投资意愿会下降。孙影(2017)认为审计失败是审计师声誉受损的重要导火索，而其成因主要是政府监管制度中的审计风险预警与制度管理执行中的处罚机制不足。

综上所述，审计师声誉形成受到诸多因素影响。但是，部分研究结论存在争议,资本市场早期审计师声誉形成动力并不理想,审计师声誉得不到资本市场的重视与认可。所以本书将通过最新档案数据对审计师声誉形成及对审计质量影响再次进行实证检验,以期能够证明近年来资本市场审计师声誉的形成正在发生改变。

3.审计师声誉作用研究

声誉理论认为声誉具有信息传递机制,审计师声誉通过为双方传递信号而发挥作用,作用于消除双方信息不对称、增强对不确定方的信任、降低交易成本(Milgrom,1990)。方军雄(2011)认为审计师声誉作用是维系资本市场有序运作的基础机制之一。

(1)审计师声誉传递信号方式一是会计师事务所规模,Lennox(2010)实证表明大所比小所更关注审计师声誉塑造(Watts and Zimmerman,1981),更会增加审计投入去提高审计质量(DeAngelo,1981)。所以规模较大事务所的审计师声誉更好,审计质量更高(Moizer,1997)。

(2)审计师声誉传递信号方式二是注册会计师的职业能力,傅绍正(2017)认为能力强的会计师事务所通常审计师声誉高,审计质量也高(Milgrom and Rebert,1982)。肖小凤、王建成(2010)认为会计师事务所为了维持自身声誉,将重视审计职业能力培养,最终审计行业专长和专家型审计师数量在增加。

(3)审计师声誉传递信号方式三是详细审计报告中关键审计事项披露,祝兵、程六兵、王竹泉(2019)认为2018年审计报告格式改革后,审计报告中关键审计事项披露的注明情况也可以成为有效传递声誉信号的方式(张金丹、路军、李连华,2019)。

(4)审计师声誉传递信号方式四是优质的审计客户群,王奇帅(2017)实证发现优秀的客户资源是审计师声誉的体现,刘骏、冯倩(2016)实证发现审计师声誉对审计客户依赖度与审计质量间具有调节效应(王兵、辛清泉、杨德明,2009)。Herrbach、Olivier(2001)认为审计师声誉建立的微观基础是稳定客户群,李建标、殷西乐、任雪(2015)利用比较制度实验经济学研究方法发现审计客户选择偏好对审计师声誉提高的效果显著(Barton,2005)。

(5)审计师声誉传递信号方式五是获得政府认可与政治身份,王瑜、唐雪松、孙芳城(2019)实证表明具有各级人大代表、政协委员和党代表的三类政治身份人员是审计师声誉的一种昭示,为了维护政治身份的审计师声誉,审计将更加谨慎和投入更多精力。

综上所述,根据声誉信号传递理论,审计师声誉通过会计师事务所规模、审计职业能力、高审计收费、关键审计事项披露、优质的审计客户群、政府认可与政治身份等,将高审计师声誉背后的高审计质量传递给资本市场和理性信息使用者。审计师声誉通过这些作用路径实现审计中介的应用作用与职能。但遗憾的是,目前国内外研究者在审计师声誉对审计质量的作用机理细节方面的经验研究尚有欠缺。故而,在已有研究基础之上本书将对审计师声誉在不同情景下的作用细节进行进一步研究。

4.审计师声誉激励研究

(1)审计费用溢价是对审计师声誉的激励。Choi(2008)实证发现高审计师声誉(如国际"四大")审计费用溢价在国际范围内广泛存在,约为 15%～54%溢价幅度(Hay,2006;Ireland and Lennox,2002)。杨敬静(2017)研究发现 IPO 审计市场中,审计师声誉具有溢出效应,IPO 上市公司为提高新股发行溢价愿意支付更高的审计费用。王奇帅(2017)实证发现具备良好审计师声誉的会计师事务所拥有更高审计费用溢价(Crasewell,1995)。所以,审计收费高的会计师事务所审计师声誉更好(Palmrose,1986),审计质量更高。高凤莲、张天宇(2019)实证表明审计市场竞争加剧会导致恶意竞争,但是良好声誉的会计师事务所会获得超额审计收费,即审计师声誉在审计市场获得声誉激励。但是,资本市场早期数据得到消极结论,认为市场存在会计师事务所不顾及审计师声誉的低价揽客。宋衍蘅、殷德全(2005)实证发现对于会计师事务所更换后有难度的审计业务和财务状况恶化的上市公司,新任会计师事务所会降低审计收费,不再顾及自己的审计师声誉,即审计市场中存在为了获得低质客户而不惜降低审计收费,弃审计师声誉于不顾的情况。陈俊(2009)研究认为并没有清晰的证据表明会计师事务所审计费用溢价源于审计质量差异化产生的审计师声誉。所以本书将对审计师声誉与审计费用关系进行实证,进一步研究近年来这一情况是否存在。

(2)市场份额扩大也是对审计师声誉的激励。Lennox、Wu 等(2014)实证发现审计客户向着少数高审计师声誉的会计师事务所集中(常京萍、侯晓红,2016)。管越(2019)考察了中国上市公司 IPO 审核状况认为,审计师声誉对于公司 IPO 财务审核通过至关重要,Thanyawee、Pratoomsuwan(2012)研究2003—2008 年数据表明,绝大部分准备上市的公司会将审计业务委托给声誉较高的会计师事务所。

综上所述,现有研究发现高审计师声誉会得到资本市场的回报和激励,直接表现为审计费用声誉溢价和市场份额扩大。但遗憾的是,目前国内研究对国际"四大"与中国"前十"审计师声誉研究的区分情况研究不足。另外,审计师声誉与审计行业专长、控制人属性、股权集中度等变量的进一步作用机理,现有相关经验研究尚有一定欠缺。故而，在已有研究基础之上，本书将就审计师声誉激励的实现进行进一步研究，研究设计将对不同情景下的审计师声誉对审计质量的提升作用进行检验。

5. 审计师声誉惩罚研究

审计师声誉惩罚与审计质量的相关研究是当前及未来国内审计质量研究的持续热点研究主题之一（Mclennan et al.，2016）。如果审计师声誉未得到维持或出现崩塌，将会造成审计质量被资本市场质疑，并面临法律风险（逯颖，2008），严重时将无法进行经营业务和市场中的后续竞争，造成审计客户和员工的流失（Martinez，2018）。

根据近年研究进展，韩洪灵、陈汉文（2007）认为国内研究审计师声誉受罚与审计质量的关系研究总体尚处于起步阶段。中国审计市场处于急剧转型和快速成长期，审计师声誉惩罚会导致会计师事务所发生重大战略调整，审计市场竞争逐步多样化（Barton，2005）。

审计师声誉惩罚的实施主体是政府，但现有研究对审计师声誉惩罚存在不同结论，朱松、柯晓莉（2018）实证发现审计师声誉有显著的审计行为约束作用，证监会的行政处罚将有效加速审计师声誉发挥作用。原红旗、张楚君、孔德松等（2020）实证发现审计失败受到政府监管处罚会导致其审计师声誉损失，并对客户产生显著影响，说明市场对审计师声誉惩罚有敏感的反应（Autore et al.，2010）。但是一些研究结论与之相反，认为这种政府监管的审计师声誉惩罚并不有效，叶凡、方卉、于东等（2017）基于 2010—2013 年的 4 个公司舞弊审计失败事件证明受到审计师声誉处罚后并不会有市场的马上反应。

审计师声誉受惩罚的原因主要是会计师事务所和客户串通舞弊、缺乏专业性风险评估能力、人员操作不规范和外部政府监督水平较低（Aaker，1996；董沛武、程璐、乔凯，2018）等。张晓娟（2018）对利安达审计师声誉受损情况进行研究，发现审计师声誉受损主要是由于会计师事务所和交易客户昌通舞弊，为了客户特别需求，简化审批流程，伪造审计底稿信息，摒弃职业操守进行违规审计活动。而审计师声誉受损往往是缺乏专业人才、业务操作不规范、缺乏风险预防意识等多样化原因造成的（George and Larry，1998）。

综上所述，现有研究发现政府监管的处罚对审计师声誉有维护作用，但是不同数据得到的结论存在差异，消极结论认为政府监管的审计师声誉处罚效应作用有限。但遗憾的是目前国内研究人员对此的更详细数据经验研究尚有一定欠缺。故而在已有研究基础之上，本书将用最新的数据对政府监管与审计师声誉的关系进行再次检验,重新审视在简政放权政府改革导向下,政府监管作用与适应新时代审计师声誉的外部监管需求。

二、审计师声誉与审计质量研究综述与评价

根据前述 CiteSpace 研究文献计量可知,审计质量是审计的本质,审计师声誉是审计质量的影响变量和现象表现。马克思主义的辩证唯物主义思想提出事物是普遍联系的:"世界上事物或现象都相互联系,事物存在和运动在于内部结构要素间的特定联系,都在于同周围事物的相互作用。"同时指出现象与本质的辩证关系,现象是外露的事物表面,易于被人所感知,本质是规律与必然的,由此可得审计师声誉与审计质量两者相互依存。

早期研究者尝试过多种方法衡量审计师声誉的数值,希望通过量化研究增强关系研究模型与结果的可靠性。Francis、Wilson(1988)应用"会计师事务所规模"及是否属国际"八大"之一度量审计师声誉,DeFond(1992)进一步增加了是否"审计行业专家"和"是否存在大审计客户依赖性"两个指标测量审计师声誉。近年审计师声誉研究中,随着经验证据的丰富和结论进一步得到认同,证明国际"Big N"会计师事务所与更高审计质量相关,研究者逐渐应用单一的"Big N"两分法测量审计师声誉,并得到普遍应用与共识。

根据现有实证结果,审计师声誉与审计质量间关系可分为三类:审计师声誉与审计质量存在正向关系、审计师声誉与审计质量存在负向关系、审计师声誉与审计质量没有明显关系(见图 2.14)。

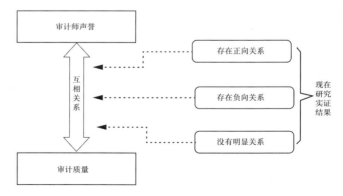

图 2.14 辩证唯物主义的审计师声誉与审计质量研究结论分类

资料来源:作者绘制整理。

1.审计师声誉与审计质量存在正向关系

审计师声誉是会计师事务所保持独立性的内在动机,审计师声誉与审计质量存在正向关系,2001年安然事件后在全球范围内逐渐增多并受到研究者们广泛关注(Becker,1998;Gaver,2001)。会计师事务所建立起良好的审计师声誉有助于保持会计师事务所独立,并最终提高审计质量,实现审计费用溢价,而审计师声誉崩塌也将会导致审计市场的负向反应和溢出效应(王帆、张龙平,2012)。

审计师声誉的建立需要通过长期提供高质量审计服务积累职业口碑(Aharoni,1993;王咏梅、王鹏,2012)。基于机会主义动机,会计师事务所为了获得良好审计师声誉将限制自身机会主义(符加林,2007;吕伟,2010),努力提高审计质量,所以审计师声誉是有效治理会计师事务所机会主义的机制,与审计质量应是正向关系(Wu,2016)。一系列实证结论支持这一观点:审计师声誉越高,审计质量越高(Zoe and Palmrose,1988;DeFond,1991;Tesh,1993;蔡春,2005)。Herrbach、Olivier(2001)认为现场审计团队的工作动机和行为(收集证据有效性)最终影响审计师声誉(Khaled,2009)。Isabel、Cifuentes等(2014)对西班牙会计师事务所148名员工抽样调查发现审计师声誉降低后,会进行审计质量提升改革。漆江娜、陈慧霖、张阳(2004)实证发现国际"四大"审计师声誉外溢效应明显高于中国本土会计师事务所。Lennox(2010)实证表明大规模审计师声誉更好,大所审计失败将承担更大额诉讼风险赔偿,更有压力和动力提高审计质量(Kanagaretnam,2010;Barbera,2010)。高审计师声誉的会计师事务所一般不愿意接受高风险客户(Krishnan and Krishnan,1997;Shu,2000;Johnstone and Bedard,2003)为高审计质量奠定基础。刘华(2011)实证发现审计师声誉受损后审计行为会更加谨慎。王帆、张龙平(2012)研究发现审计师声誉毁损会引发资本市场反应(Douglas and Skinner,2012),以后为了维护声誉将不断提高审计质量(Hadriche,2015;毛育晖、张静远,2017)。高凤莲、张天宇(2019)实证表明审计师声誉激励效应会提高审计收费去维持审计质量。

综上所述,审计师声誉通过审计独立性、事务所规模、审计行业专长、审计费用标准等对审计质量产生影响。但遗憾的是目前国内研究人员在区分国际"四大"和中国"前十"审计师声誉对审计质量影响的经验研究尚有一定欠缺。故而,在已有研究基础之上本书将审计师声誉与审计质量提出3个主要回归假设,并依据审计行业专长、上市公司控制人属性和股权集中度等进一步分组检验作用机理,通过Chow检验进行组间系数差异性检验。

2.审计师声誉与审计质量存在负向关系

与西方较为成熟的资本市场相比,中国审计市场起步较晚,审计师声誉发展不够成熟,所以部分文献发现审计师声誉与审计质量存在负向影响。张川、罗文波、樊宏涛(2020)研究发现国际"四大"与中国非"四大"审计质量没有统计上的显著差异(Seok,2004)。刘峰、周福源(2007)实证发现国际"四大"审计质量没有像其审计师声誉一样稳定可靠(王霞、徐晓东,2009)。吴昊旻、王华(2010)实证发现国际"四大"的声誉资产不是审计质量的有效代理变量(刘文军,2010;郭照蕊,2011)。曹建新、颜利胜(2012)实证发现国际"四大"与非"四大"审计质量差别不明显,即审计师声誉没有起到对审计质量的预期影响。

综上所述,实证发现负向关系的研究数据都在2010年以前,2010年以后得到负向关系的研究很少。原因可能是早期中国审计市场供给量远超于需求量,供求关系不平衡导致一部分会计师事务所放弃审计师声誉而以低审计质量揽客,对审计质量产生负面影响。除此之外,2010年前的中国资本市场准则、法规、制度、政府管制不规范,无法使资本市场对高审计师声誉与审计质量间的关系做出识别。遗憾的是,现有研究对这类负向结论缺乏用最新数据进行经验数据研究,当前又无改善。故而本书在现有研究基础之上,后文将用最新档案数据检验近年来资本市场能否对高审计师声誉与高审计质量有效识别。

3.审计师声誉与审计质量没有明显关系

还有一部分研究认为两者没有显著关系,审计质量是由优秀的客户资源决定的,而不是审计师声誉决定的。刘峰(2009)实证发现中国审计市场中存在"店大欺客"现象,规模较大的高声誉会计师事务所收取较高审计费用,但是并没有提供相应的高审计质量服务。曹建新、颜胜利(2012)用2009—2010年数据发现审计师声誉高低对于审计质量的影响极为有限,即审计师声誉高低对于审计质量高低没有决定性作用。李建标(2015)研究发现审计师声誉对审计质量的影响并不明显。叶凡、方卉、于东等(2017)基于2010—2013年4个公司舞弊审计失败事件证明,审计师声誉受损后并不会有资本市场对其审计质量做出马上反应。王奇帅(2017)实证发现审计质量是由优秀的客户资源决定的,而不是审计师声誉决定的。

综上所述,得出没有明显关系结论的原因,可能是没有识别到审计师声誉与审计质量的直接联系,而是识别到了其中介效应变量。本书将进一步通过数据检验审计师声誉是否与审计质量真的无关。

现有学术界广泛关注到审计师声誉与审计质量的关系研究,研究结论对审计质量改善具有较高的理论指导价值,提供了非常有益的实践思路。然而,已有研究对审计师声誉是不是审计质量内在驱动力方面仍研究不足,对当前快速变化的中国审计市场的审计师声誉缺乏最新数据的验证。另外,部分研究结论还存在一定分歧,并未形成一致性意见,本书将针对这些问题展开进一步研究。

目前审计质量领域的研究普遍单纯考虑资本市场参与者间的多方博弈对审计质量的影响。中国本土会计师事务所快速崛起,现有研究对国际"四大"关注有余,但对中国审计师声誉关注不足,验证结论也众说不一。本书将创新性地具体细分国际"四大"与国内会计师事务所排名"前十"审计师声誉对审计质量影响的差异进行比较研究。另外国有企业一直对国际"四六"审计师声誉表现出特别需求,审计行业专长将如何影响审计师声誉塑造,股权集中度差异会不会影响投资者对高审计师声誉的需求等问题还有待研究。本书希望通过理论与实证,解释这些审计市场新现象。

第四节　政府监管审计质量的两段作用差异之谜

一、政府监管的正向激励与负向惩罚作用

根据前述 CiteSpace 研究文献计量可知,政府监管部门为了维护资本市场的稳定发展,通过行政权力对资本市场参与主体进行监督和管理(厉国威,2013)。当审计质量发生剧烈升降时,审计失败事件便会引发政府监管部门关注(郭道扬,2003;王慧,2010;张栋,2011;陈婉玲,2015),对资本市场中审计服务进行监管,可以是正向激励也可以是负向惩罚(Barbera,2010;李克亮,2016;姚海鑫,2016)。基于不同方向,本书将政府监管审计质量的研究文献分为正向激励与负向处罚两类细分领域(见图 2.15)。

1.政府监管对审计质量正向激励作用的论证

政府监管通过多种手段促进审计市场发展,培育审计市场需求和审计质量提高。Deborah、Lindberg(2001)考察了 20 多个国家后发现,严格政府监管是维护审计质量、保障审计师声誉的重要条件,政府监管具有正向激励作用(Hung and Wu,2009;Liu,2011)。政府监管正向激励主要有准动会计师事务

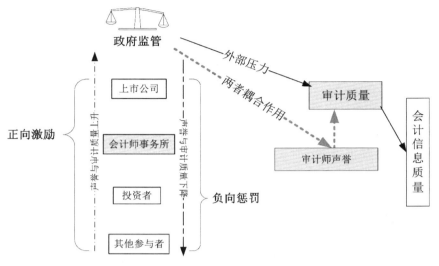

图 2.15　政府监管研究的正向激励与负向惩罚分类

资料来源:作者绘制整理。

所合并做大、创立品牌声誉、资格考试建设专业人才队伍、国家推动走向海外市场、会计领军人才建设提升职业水平、发布行业信息等(张宏伟,2011;王静,2019)。当然,各国不同政府监管激励方式差异对审计质量造成不同影响(Srikant and Datar,1991)。

张奇峰(2005)实证发现政府应将监管重心放在培育和正向激励审计市场对高质量审计的需求上(石恒贵,2014)。吴昊旻、王华(2010)认为中国式审计市场中的审计质量是特定制度环境(审计市场竞争、政府监管正向激励、法律风险承担、上市公司公司治理水平特征等)共同作用的结果(Wang and Zhou,2016)。

综上所述,政府监管通过各类积极手段和多样化方法去正向激励提高审计质量。由于手法各种多样,另外这些政府激励与审计市场的相关变量难以区分,所以相关研究并不多。本书将不把这一主题作为研究重点。

2.政府监管对审计质量负向惩罚作用的论证

政府监管更多以维护资本市场公平运行和负向惩罚的强势姿态出现。因为处罚公告数据清楚明晰并容易获取,所以现有研究对政府监管处罚研究较多。孙永军、丁莉娜(2009)研究认为审计质量首要影响因素是政府监管惩罚的负向激励,刘峰、赵景文、涂国前等(2010)实证研究 1993—2004 年被中国证监会行政处罚会计师事务所的审计后果(包括所审计上市公司的股价反应与审计客户流失情况),发现受到处罚后审计更加谨慎和审计质量会提高(潘卉,2012)。骆雯雯(2017)研究发现政府监管负向惩罚对其他会计师事务所具有震慑作用,有助于全行业审计质量及审计师声誉的提高。

但是,早期数据实证发现政府监管处罚效果不明显(Lennox and Pittman,2010),Chajliey、Philipich(2002)研究发现安然事件让资本市场对美国政府监管充满失望,事实证明政府监督效果不显著(Fafatas,2010)。在中国,王兵、李晶、苏文兵(2011)用 2001—2009 年受到证监会处罚的数据研究发现,受到政府监管负向处罚后审计质量并没有明显变化。同样地,丁红燕(2013)应用 2006—2010 年数据实证发现上市公司财务舞弊并不必然导致会计师事务所审计失败并受到政府监管处罚。另外,上市公司审计失败要持续较长年限才可能会被政府监管发现,即政府监管负向处罚对上市公司与会计师事务所具有滞后性(王兵等,2011;于李胜,2011;刘笑霞,2016)。

综上所述,大部分研究都肯定了政府监管负向处罚对审计质量的正向作用,但是在资本市场早期(2010 年以前)档案数据则得到消极的研究结论。早期政府监管对资本市场的无效性是否随着政府改革得到了消弭,本书将应用最新数据进一步实证检验文献综述中发现的这一规律是否确定存在。

二、政府监管对审计质量作用的时段差异

根据前述 CiteSpace 文献计量可知,国外对政府监管与审计质量的研究较少,国外学者对政府的审计市场监管表现出不认同,理论关注较少。国内对政府监管研究较多,但是学者们更多在关注审计失败后资本市场感知处罚风险对会计师事务所审计行为的影响,政府监管能否提高审计质量研究并不充分。

DeFond、Francis(2005)审计制度作为一种从西方引入的资本市场制度安排,中国经济正处于转型中的宏观背景,经济由政府主导的改革路径管理方式,现实环境在较大程度上决定了中国在审计市场化初期的审计质量和政府监管作用可能与学者的预期存在相当大差距。所以,中国资本市场的政府监管与审计质量的管理绩效(包括审计需求)可能表现出阶段性和前后变化性。现有学者的研究较多聚焦于审计质量的各类影响因素进行验证。但遗憾的是,现有国内外研究对政府监管的短期效应与长期效应差别的经验数据研究尚有一定不足。故而在现有研究基础之上,本书将进行长、短期效应区分的实证检验。

1.政府监管与审计质量研究结论的时代差距

梳理文献发现,政府监管与审计质量的关系研究与资本市场发展历史时段有关,早期的部分研究结论对政府监管充满消极,后期则逐渐走向积极(见图2.16)。

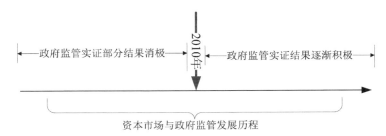

图2.16 政府监管与审计质量实证研究结论分类

资料来源:作者绘制整理。

以2010年之前数据为基础的部分研究得到消极结论:中国上市公司与会计师事务所广泛地受到政府监管,对审计内在需求不足,总体上缺乏甚至排斥高质量审计的需求。张奇峰(2005)通过2001—2003年档案数据研究发现政府监管并不能提高审计师声誉与审计质量。杜英(2010)研究认为政府监管强制定期更换会计师事务所并没有带来预期的审计质量提升效果。刘峰、赵景文、涂国前等(2010)实证1993—2004年数据发现证监会的政府监管处罚在资本市场会有一些负面反应,但是政府监管处罚后审计师声誉下降的负面反应对会计师事务所审计业务影响有限。吴昊旻、王华(2010)文献综述后认为在中国制度环境中,由政府推动的会计师事务所规模扩张与监管加强并不能提升审计质量。王兵(2011)应用2001—2009年数据实证发现,政府监管处罚并未显著提高审计质量(刘笑霞,2013;李莫愁,2017)。

以2010年以后数据为基础的研究结论逐步转变为积极:近年来情况发生转变,随着上市公司所有权的国有程度降低、资本市场法律制度完善及政府直接参与资本市场程度下降,上市公司对高质量审计需求出现上升趋势。周兰、张希妍(2016)通过A股上市公司2010—2014年数据对审计质量研究发现,严格的政府监管可以降低因为挽留客户而对审计质量造成的不利影响(胡海燕、唐建新,2015;李晓慧,2016)。马晓红(2018)通过对频频受到证监会及其他监管部门政府监管处罚的会计师事务所研究发现,只有加强审计质量控制,才可规避审计处罚风险。程文莉、张银花、谢依梦(2019)应用2013—2017年数据实证发现证监会对违规审计政府监管一定程度上对审计市场竞争导致审计质量下降具有抑制作用。原红旗、张楚君、孔德松等（2020）实证发现审计失败受到政府监管处罚时会导致审计师声誉损失，其审计客户会有显著的流失，说明资本市场对政府监管有敏感反应，可以识别因处罚产生的审计质量怀疑。

综上所述，政府监管与审计质量关系研究与资本市场发展历史时段有关，早期的部分研究结论对政府监管作用充满消极，后期则逐渐走向积极。文献归类说明政府监管的质量在不断提高，但遗憾的是现有国内外研究人员在此方面的经验数据研究仍有一定不足。故而在现有研究基础之上，本书将应用最新数据对近年来不断深化的政府监管改革效果进行实证检验。

2.部分研究观点认为政府监管作用会被各种对策所消解

政府监管的作用有可能会被各种对策所消解，Bannister、Wiest（2001）实证发现，当会计师事务所正接受政府监管的 SEC 调查时，其审计客户的可操纵性应计利润为负，表明会计师事务所受到政府监管 SEC 调查当期会有动力马上约束其客户的激进性会计政策和盈余管理行为的选择，期望马上提高会计师事务所审计报告可信性和审计质量实现回避政府监管；一旦政府监管 SEC 调查撤离，其审计客户的可操纵性应计利润将不再显著为负，说明政府监管的长期效应被会计师事务所消解，审计质量又回到了过去的旧水平，并没有提升（Barton，2005）。中国审计市场是否也存在这一现象与政府监管的长期作用被消解值得进一步研究。

会计师事务所采取有限理性经济人的思考模式，受到处罚后依旧可利用其原有审计市场影响力来获得审计收入（程文莉、张银花、谢依梦，2019），另外现在政府监管在会计师事务所层面的处罚，可以通过审计团队加入其他会计师事务所继续执业而实现监管效力消解（申富平、丁含，2011）。因为在诉讼法律不健全的资本市场环境中，非市场自发调节的政府监管无法对发现所有违法违纪行为并及时处罚，审计市场的政府监管处罚存在明显滞后现象，所以政府监管长期的审计质量影响力不足（方军雄，2011）。

这一部分的研究提示研究者应当关注政府监管的长期效果考察，所以本书将对政府监管与审计质量的影响分短期和长期分别进行实证检验。

3.政府监管对审计质量影响的路径研究

政府监管对审计质量具有重要影响（Stigler，1974；刘笑霞、李明辉，2013；李晓慧、孙龙渊，2018），但是作用路径的研究丰富多样（Michel and Firth，1990；张宏伟，2010），基于不同学者的研究侧重点可以归纳为如以下几点（见图 2.17）。

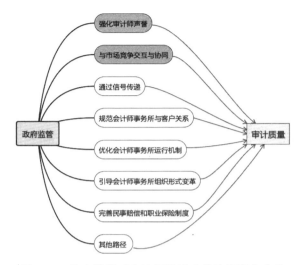

图 2.17 政府监管对审计质量影响的路径研究分类

资料来源：作者绘制整理。

（1）政府监管能够与审计师声誉耦合提高审计质量。喻小明、聂新军、刘华（2008）研究发现中国不同时段政府监管的制度背景对审计质量的影响不断变化（DeFond and Francis，2005；Carolyn，2007；陈晓，2011）。厉国威（2013）认为政府监管的市场准入限制有助于规范审计市场的无序竞争（石恒贵，2014）。程文莉、张银花、谢依梦（2019）用 2013—2017 年数据实证发现证监会政府监管和审计市场审计师声誉自发驱动对审计质量具有耦合作用（黄世忠，2002）。李晓慧、孙龙渊（2018）实证发现审计市场已具有很强的审计师声誉自我驱动能力（周潇晨，2009）和审计质量识别能力，政府监管与审计师声誉的作用具有耦合效应。

（2）政府监管通过信号传递提升审计质量。政府监管处罚公告会向资本市场传递一种这家会计师事务所审计质量低下的信号（谢获宝、刘芬芬、惠丽丽，2018）。资本市场质疑并重新审视这家会计师事务所曾经审计的质量，审计师声誉随之被投资者评价降低（Davis and Simon，1992；Basu，1997），基于政府监管的信号传导机制会带来审计客户流失或审计溢价降低等不良经济后果（吴溪，2008），会计师事务所为挽回政府监管处罚的审计市场损失，在政府监管外力作用下主动提高审计质量（方军雄，2011）。聂新军、刘华（2008）研究发现近年来中国政府监管下的审计环境得到改善，可以有效传递出声誉高即审计质量高的信号。李晓慧、孙龙渊（2018）实证发现政府监管处罚对审计质量存在"信号传递"效应。杨金凤、陈智、吴霞等(2018)应用 2009—2015 年行政处罚数据发现会计师事务所内部也存在"信号传递"效应,即受罚的同一所内的所有同事的审计质量均有所提升。刘文军、刘婷、李秀珠(2019)实证发现政府处罚信号可以传播到全行业同类事务所,并促进同行业上市公司的审计质量提高(Man and Raymond,2005),即在行业层面存在政府监管的信息溢出效应(Basu,1997)。

(3)政府监管通过规范会计师事务所与客户关系提高审计质量。Firth(1990)实证发现政府监管可以规范"会计师事务所-客户关系",李晓慧、孙龙渊(2018)实证发现存在密切的"会计师事务所-客户关系"对政府监管处罚与审计质量产生影响,但并不是决定性影响。

(4)政府监管通过优化会计师事务所运行实现审计质量提高。代表性的研究有:Firth(2004)实证发现政府监管处罚前,被处罚的会计师事务所一般都不太会出具保留意见审计报告(米莉等,2013;刘笑霞,2013),被政府监管处罚后会显著地出具更多的保留意见审计报告。Hung、Wu(2009)认为政府监管优化会计师事务所运行(逯颖,2008;Liu,2011;吴溪 等,2014;吴伟荣,2015;赵圆,2016),可以有效实现分所与总所间的审计质量一致性。马晓红(2018)研究多次受到处罚的会计师事务所规律发现,内在运行质量具有较大重要性(Ferdinand,2009),只有政府引导并加强审计运行质量控制(Defond and Lennox,2017),才可提高审计质量。

(5)政府监管通过引导组织形式变革提高审计质量。会计师事务所组织形式(Fama and Jensen,1983;原红旗、李海建,2003)也较早被学者所研究,逯颖(2008)认为政府监管引导组织形式变化,肖志超、张俊民(2017)实证发现合伙制组织形式的会计师事务所比有限责任制更具有提供高审计质量的动机,杨雪、张俊民(2016)实证认为政府监管引导的会计师事务所组织形式改革取得了实效。

(6)政府监管通过完善会计师事务所民事赔偿和职业保险制度提高审计质量。Barbera(2010)认为健全审计失败民事赔偿机制(Fafatas,2010;Chan and Wu,2011)、Fafatas(2010)认为建立有效的审计职业保险(朱松、柯晓莉,2018)都是有效形式。

综上所述,现在研究普遍支持政府监管对审计质量具有正向影响的观点,但是不同时段数据得到的结论不同。文献归纳发现政府监管从六个路径对审计质量产生作用,本书认为最重要的路径是第一条与第二条,这是基本路径,第三到六条是间接的中介变量。本书将重点关注政府监管与审计市场(审计师声誉)之间的平衡关系,但遗憾的是现有国内外研究在此方面的经验数据研究尚有一定不足,在现有研究基础之上,本书将以此为研究重点,对政府监管对审计质量的影响及政府监管与审计师声誉的耦合路径进行进一步研究。

第五节　审计师声誉与政府监管对审计质量内外驱动

一、政府监管与审计师声誉关系的三种理解

根据前述 CiteSpace 文献计量可知,审计师声誉是审计市场的内在驱动方式,政府监管外部压力具有威慑和处罚功能。政府监管与声誉驱动(市场自发调节)的关系可以追溯到 1776 年亚当·斯密的《国富论》、1936 年凯恩斯的《就业、利息和货币通论》、1848 年马克思与恩格斯的《共产党宣言》等思想源头(Alan and Stone,1982)。Hart、Shleifer 等(1997)根据不完全契约理论框架研究了政府监管的最佳边界问题,在资本市场上政府监管对审计市场具有宏观调控和制度管理(Stigler,1974;Sipo,1990;Zhiyieca,2001)职能。政府监管更多侧重于通过对某会计师事务所处罚形成对全行业的威慑功能。所以根据 2015 年习近平对政府与市场的"有效的市场"和"有为的政府"[①]关系论断,可以直观简单理解为,如何在审计市场中处理好政府外部监管和审计师声誉内在驱动的关系。

现有关于政府监管与审计师声誉对审计质量的关系,理论上多有研究。梳理文献可知,主要有三种实证结论:审计质量以政府监管外部压力为主导、审计质量以审计师声誉内在驱动为主导、政府监管与审计师声誉对审计质量的耦合作用研究。

---

① 　当前中国资本市场的经济体制改革的核心问题仍然是处理好政府和市场关系。中国的政府和市场将是一个什么关系,2015 年 11 月 23 日在十八届中央政治局第二十八次集体学习时的重要讲话《不断开拓当代中国马克思主义政治经济学新境界》中提出了政府与市场的"有效的市场"和"有为的政府"的关系论断。即准确定位和把握使市场在资源配置中起决定性作用,并更好发挥政府有为的调节作用。

1.审计师声誉是审计质量提升的内在驱动主导力

审计师声誉受到损失后将激发提升审计质量的内在驱动力。因为，上市公司会因审计师声誉的崩塌而避之不及，会选择变更会计师事务所以避免资本市场对本公司财务信息质量的怀疑联想与坏声誉感染。Firth(1990)发现审计师声誉受损后审计收费溢价下降，审计违规行为的成本上升，因为审计师声誉损失所带来的间接损失往往远大于监管部门直接的罚款金额，原有的高审计师声誉将放大政府监管的效应。会计师事务所会产生内在驱动力去约束上市公司的可操纵性应计利润行为和谨慎审计报告意见，以期重新塑造资本市场对审计师声誉的信任，最终审计师声誉促进审计质量提高。吴联生(1997)认为审计市场行业自律模式在西方得到广泛运用。在资本市场中审计师声誉具有极其重要的市场竞争、内在驱动和审计质量体现的意义。资本市场所有参与者，特别是投资者和会计师事务所都将审计师声誉作为审计发挥会计信息审计鉴证职能的最重要前提条件。会计师事务所受到政府监管处罚后资本市场会产生"低审计质量会计师事务所"的判断。Wilson、Grimlund(1990)实证发现当审计师声誉下降时审计市场份额将会下降并产生审计客户维持困难，资本市场将对由该会计师事务所之前与之后审计的财务报告的可信度都产生怀疑(Chang and Chou,2008)。刘文军(2016)实证证明中国注册会计师协会对国内会计师事务所进行审计执业质量检查监管可以提高审计质量。王崇锋、柳润泽(2019)分析得出引起审计质量下降的原因是审计独立性不够，未能恪守职业道德，审计师声誉未能发挥作用。

另外审计师声誉内在驱动为主的原因是政府监管低效性。李莫愁(2017)认为在概念逻辑上，政府监管处罚如果真的具有纠错功能，那现在持续不断的会计师事务所舞弊与频繁受到处罚现象则无法解释，或许证明了现在政府监管是低效或无效的。另外，在理论上，既然证明当前中国资本市场对高质量审计需求不足是现实，那说明资本市场对遭受政府监管处罚提升审计质量的外部压力作用效果值得怀疑。一些研究也证实，受到处罚的审计质量并没有因政府监管而得到改善(王兵,2011)，反而是审计收费有所提高(朱春艳、伍利娜,2009;刘笑霞,2013)。杨伟(2017)通过对利安达连年受罚的案例分析，区分了政府监管处罚的首次处罚和再次处罚，首次几乎没有影响，但再次处罚会造成老客户流失增加和新客户流入变少。李凯(2011)发现由行政主导的4家事务所合并后审计质量并未提高，甚至个别下降。由市场自发产生的吸收合并后新审计质量提升。

现有研究对政府监管提升审计质量的研究结论矛盾重重，不同研究观点冲突。故而在现有研究基础之上,特别有必要进一步在理论逻辑和实证检验上查清审计质量提升的主导力是什么,审计师声誉是不是真的主导了审计质量提高,本书基于这一问题开展研究。

2.政府监管是审计质量完善的主导力量

现有研究认为中国与国际审计失败惩戒风险不同,政府监管是中国资本市场审计质量高低的决定性因素。国外审计失败压力来自投资者发起的集体诉讼产生的巨额赔偿成本。李莫愁(2017)认为会计师事务所审计在资本市场的作用效率取决于审计需求、审计供应(高审计质量的提供)、审计监管(政府监督)三种力量互相作用(DeFond and Zhang,2014)。中国资本市场由于投资者发起的集体诉讼成本高昂(朱松,2018),中国审计市场并非以投资者发起的集体诉讼对会计师事务所进行审计失败惩戒,更多依靠政府监管部门的执业质量检查和行政惩处主导。审计监管机构通过监督执行审计行业各类监管制度达到规范审计师行为的目的,所以监管机关是制度的执行者,直接表现为通过行政处罚推动审计行业发展与进步。部分学者研究认为中国以政府监管为主导,但是已有研究认为中国资本市场本身对高质量审计服务内在需求有限(DeFond,1999;Wang,2008),而西方国家的审计失败法律诉讼机制未能在中国形成对审计质量的有效约束(夏立军,2014)。

国际研究范围中,审计市场的政府监管研究成果非常丰富。政府监管提升审计质量的研究主要有研究政府监管处罚引发会计师事务所客户波动、政府监管处罚与审计市场环境、政府监管处罚的审计质量效果、政府监管处罚效果体现等。代表性观点:Firth(2004)研究发现政府监管处罚可以提高审计质量,另外政府监管受处罚后会计师事务所会签署比之前更多非标准审计意见报告,即审计意见的决定更加谨慎;Chang(2008)实证研究发现萨班斯法案颁布后政府监管有效主导了资本市场的审计方向(杨伟,2017);Fafatas(2010)实证发现审计失败受到政府监管处罚会对同一地区的其他会计师事务所产生影响,即同地区审计市场产生联动效应,地区审计质量会提高。

在中国,政府监管处罚会直接造成审计费用溢价下降、会计师事务所收入减少、注册会计师出走、客户流失(刘永泽,2002;谢德仁,2002)。李莫愁(2017)实证发现政府监管处罚后的会计师事务所在出具非标准无保留审计意见概率呈下降趋势,但是审计收费呈上升趋势。郭杰(2011)认为当前中国情景下资本市场参与主体不成熟,所以政府监管对象设定为较为单一的会计师事务所,并与政府监管处罚依据即资本市场法律(尚兆燕,2015)的制度完善程度有关(李若山、周勤业,2003;李明辉,2004;白云霞、陈华、黄志忠,2009)。张俊民、刘孟迪、石玉(2014)研究发现中国审计市场外部风险约束主要由政府管制主导,中国由证监会、财政部多头监管的以政府监管主导的审计市场中(黄益雄、李长爱,2016;吴伟荣、李晶晶,2018),证监会行政处罚对问题会计师事务所的管制效果最为突出(Skinner and Srinivasan,2012)。所以本书将区分不同监管机关的差异,重点研究证监会的审计监管作用。

综上所述,当前学术界在政府监管效果研究上短期与长期区分不清。基于现有实证结果,要全面测量政府监管处罚在长期内是否具有审计质量及审计师声誉的纠错功能,需要多年面板数据,并排除自然发展的时间趋势效应,才能识别出政府监管处罚本身的效应。但是,现有研究中监管处罚效果研究方法多采用较短区间的虚拟变量数据,或者仅就受政府监管处罚会计师事务所被罚前后的审计行为进行比较,而未能考虑长期时间效应。本书将在研究基础上,区分政府监管短期效应和长期效应两种情况进行实证,以弥补当前研究的不足。

3.政府监管与审计师声誉的耦合作用

根据前述 CiteSpace 研究文献计量可知,支持政府监管与审计师声誉耦合作用观点的学者们认为,只有两个作用力耦合才能实现审计质量真正提高,政府监管与审计师声誉内外作用会使会计师事务所审计执业更加谨慎,更有助于审计质量提高。喻小明、聂新军、刘华(2008)研究发现近年来政府监管与审计师声誉耦优化了审计环境,促进了审计质量提高。周兰、张希妍(2016)通过对 A 股上市公司 2008—2014 年客户重要性对于审计质量产生的负面影响为研究对象,发现严格政府监管可以降低挽留客户对审计师声誉造成的不利影响。Skinner、Srinivasan(2012)实证发现政府监管后全行业都会重视审计师声誉,会为了提升审计质量而改进审计行为和审计业务竞争策略。因此,本书将旨在补充研究政府监管处罚之后,会计师事务所是否选择强化了审计师声誉,提高审计质量,深入探讨政府监管与审计师声誉耦合作用对审计质量的有效性。

政府监管可以通过强化审计师声誉提高审计质量,陈思秋(2019)认为审计能力不足和政府监管的市场管理不健全是审计师声誉降低的根本原因。Kym、Butch(2011)研究政府强制审计市场准入对审计质量的影响,发现政府监管通过强化审计师声誉(吴昊旻,2015;Skinner,2012)最终实现审计质量提高。Zhang(2013)发现政府监管审计检查可以有效降低问题公司出现的概率,对审计师声誉较差的会计师事务所的治理效果更加明显(Firth,2005)。Isabelmedo(2014)实证发现会计师事务所受政府监管仔细审查和监管后的审计师声誉更易于成功建立。

综上所述,现在研究存在一些相互矛盾的研究结果,所以有必要从逻辑和实证上进一步识别政府监管与审计师声誉各自的外部与内部效应。本书认为政府监管与审计师声誉的关系研究其实是在审计市场中处理好政府监管和市场内在驱动的关系研究。本书更认同审计质量是基于审计师声誉内在驱力与政府监管外部压力。但遗憾的是现有国内外研究人员在此方面的经验数据研究尚有一定不足。故而在现有研究基础之上,本书应用最新数据实证检验,为政府监管与审计师声誉关系研究做增量贡献。

二、政府监管与审计师声誉的耦合研究视角

根据前述 CiteSpace 文献计量可知,国内学者对政府监管与审计师声誉耦合作用研究较少。从管制经济学角度分析(蔡璐,2019),政府监管与审计师声誉的耦合作用,需要先从两者对审计质量影响的相同与差异开始研究。政府监管审计服务的目标是纠正审计市场失灵和提高审计市场效率(郝玉贵,2004;徐宏峰,2009;张前、马力,2009),政府监管通过事后处罚实现审计质量提高的外部压力"帮助之手"。中国政府监管部门(财政部、证监会)近年来加大了会计师事务所的审计失败惩戒强度,审计实践出现了未受处罚时审计师声誉长期良好,一旦受到处罚后审计师声誉将瞬间崩塌的现象,最终震慑到全行业审计质量(吴昊旻,2015)。但是需要进一步实证检验,是不是审计师声誉越高的会计师事务所受到政府监管后产生的影响越大,还是不同声誉高低的会计师事务所受处罚后的审计效果是同样的,下文将对这一细节问题进行增量研究。

依据政府管制公共利益理论(陈天祥、黄宝强,2019),为了维护公共利益,政府监管通过行政处罚监督审计师声誉失灵所导致审计质量低下。监管与声誉共同发挥作用的流程是:审计师声誉内在驱动失灵—政府监管外部处罚—政府监管与审计师声誉耦合作用结果有效(高审计质量)—最终实现审计质量提高。基于政府管制公共利益理论的操作流程,将相关研究分类如下。

1.审计师声誉内在驱动失灵

孙影(2017)认为审计师声誉失灵受损的导火索是会计师事务所审计风险预警机制设立不足和外部政府监管体系缺失。管越(2019)考察了中国上市公司 IPO 审核状况,认为审计师声誉失灵往往是会计师事务所没有动力和压力去提高审计质量,缺乏专业人才、业务操作不规范、缺乏风险预防意识等多样

化原因。张晓娟(2018)对利安达审计师声誉受损情况进行研究,发现审计师声誉失灵主要是由于会计师事务所和交易客户串通舞弊,摒弃审计师声誉进行违法活动,这需要政府监管才能扭转。陈思秋(2019)以多次受罚会计师事务所为例,考察审计师声誉失灵的根本原因是市场监督管理机制的不健全,具体表现在上市公司存在审计意见购买动机而得不到政府监管,会计师事务所未能坚持审计机构独立性也是几年后才被政府监管发现。

2.政府监管与审计师声誉耦合作用

审计师声誉是维护审计市场秩序有序运行的有效机制,而政府监管可为审计师声誉提供耦合作用,两者相得益彰。由于西方的特殊环境(Chan and Wu,2011),国外研究者研究考察审计质量保障机制以往较多地集中于审计师声誉的内在调控机制研究(Srikant and Datar,1991),很少会研究关注政府监管。DeFond、Francis(2005)认为国外研究会本能地排斥政府监管力量对审计市场介入及政府监管的影响效果研究。所以国外对政府监管研究存在相对滞后、与审计实践脱节的现象。中国情况不同,易玄(2011)认为对审计师声誉治理策略,政府监管角度是政府机关维护审计师声誉的外部压力(Golden et al.,2006;刘笑霞,2013)。1981年左右初建的中国会计师事务所大多挂靠在政府财政部门及相关单位,主要服务于国有企业,审计独立性在政府监管中未能得到充分认识,政府监管无法保证审计客户(国有企业为主)和会计师事务所(政府机构挂靠单位)之间的独立性(形式独立与实质独立)要求(王兵、李晶、苏文兵,2011)。1998年全国脱钩改制才真正实现审计独立,政府监管也真正面向审计市场,政府监管对审计质量作用得到深化。但是,李爽、吴溪(2002)研究发现1998年之后由于中国上市公司财务欺诈和会计师事务所审计失败事件仍然频发,政府监管强化审计处罚,会计师事务所面临政府监管的惩戒风险立增(Benito and Candido,1997;李莫愁,2017;陈运森、邓祎璐、李哲,2018)。本书认为政府监管处罚影响力通过信号传递打破了审计市场现有博弈平衡,对那些未曾受到过政府监管处罚的会计师事务所同样会产生全行业震动和监管震慑。本书将实证政府监管强化审计师声誉产生的耦合作用,检验最终两者耦合作用如何在不同的情景下提高审计质量。

3.审计师声誉崩塌与受到政府监管处罚后果研究

现有研究重点关注审计市场失灵原因和受到处罚的后果,但是对两个作用力间的关系如何变迁讨论较少。朱松、柯晓莉(2018)实证发现审计师声誉对注册会计师行为有显著的约束作用,审计失败受到政府监管处罚后审计师声誉下降并广受关注。此后会面临政府监管、资本市场参与者及社会公众更严厉的监管或跟踪观察,迫使会计师事务所为了挽回与重塑审计师声誉而努力提高其审计质量。原红旗、张楚君、孔德松等(2020)实证发现会计师事务所审计失败受到政府处罚后,审计客户的 IPO 审核拒绝率显著高于未受处罚会计师事务所审计客户 IPO 审核拒绝率。即政府监管处罚可以加重对审计师声誉损失后果,对审计师声誉重塑与审计质量具有外部压力和促进作用。

但是存在相反观点,目前政府监管与审计师声誉的耦合还没有发挥出应有的作用。张奇峰(2005)实证发现中国资本市场审计需求主要来自政府强制性规制,在资本市场缺乏对高质量审计的需求时,仅靠政府管制最终无法提高审计质量。王兵(2013)指出当审计师声誉受损时,被审计客户的估价和收费状况并未发生明显的改变,之所以存在客户流失的现象,更多的是因为审计团队、客户沟通和会计师事务所内部管理方面出现了问题。

综上所述,针对正反两方的观点,本书希望进一步求证最新的数据证明结果。另外,现有研究对审计师声誉与政府监管对审计质量的各自作用都有一定研究基础。但是,审计师声誉与政府监管的耦合作用机理研究不足。本书认为审计师声誉和政府监管耦合,审计师声誉是审计市场审计质量提高的内在驱动力,政府监管众多手段中行政处罚是最有效和最常见的一种,但遗憾的是,现有国内外研究人员在此方面的经验数据研究尚有一定不足。故而在现有研究基础上,本书将应用会计师事务所审计失败受到行政处罚作为政府监管的度量指标,分政府监管处罚后的短期与长期效应,并对不同审计行业专长情况下、不同控制人属性和股权集中度的公司治理情况下,应用最新档案数据对政府监管与审计师声誉耦合后对审计质量的作用机理进行实证检验。

第六节　审计质量治理研究的学科贡献

现有文献丰富但庞杂,本书通过梳理文献发现审计质量研究是审计研究的核心概念,审计质量是会计师事务所提出服务产品价值的核心评价,根据前述 CiteSpace 文献计量可知多年来围绕审计质量研究在不断演进,视角与解释变量不断细分,本书通过各种逻辑分类,梳理得到以下文献研究的结论。

(1)审计质量影响因素研究全面而丰富,但是需要去繁就简抓住最基本因素。本书将就审计质量内在驱动和外部压力两个最基础作用力进行研究。根据博弈论思路和资本市场核心参与主体视角,得到审计质量形成过程中审计质量影响因素的研究综述结论。

①从会计师事务所整体层面研究与审计质量的关系是审计质量研究的主要方向,会计师事务所层面的各类变量与审计质量有直接关系,所以与审计质量的关联度较高,并且实证研究结论对制定各类对策更具有可操作性。本书也将从这一层面开展研究。

②从注册会计师个体角度研究审计质量是新兴方面,本书认为这是旁支方向,所以将不从这个层面开展研究。本书借助了马克思主义哲学之人的自然属性(自然属性是物理属性)和社会属性(社会属性是人的本质属性)分类,将现有研究分为注册会计师自然属性与审计质量的关系研究和注册会计师社会属性与审计质量的关系研究两大类。另外根据社会属性与审计质量概念界定进一步将注册会计师社会属性,分为注册会计师从事审计业务之前已具备的社会属性特征和注册会计师从事审计业务后产生的社会属性特征。本书不将不涉及这一层面。

③审计师声誉与政府监管研究存在前后矛盾的结论,本书将希望解决这一研究争议。本书根据"有效的市场(审计师声誉)"和"有为的政府"将这一研究领域分为审计师声誉与审计质量的关系研究、政府监管与审计质量的关系研究、审计师声誉与政府监管的耦合关系与审计质量研究。早期的研究认为中国审计服务是由一个政府监管主导的市场,并且 2010 年以前实证结论都表明政府监管和对会计师事务所各类处罚效力十分有限。近期研究结论肯定了政府监管的作用,并更加关注审计市场供求关系和政府培育自发良性交易市场的努力。基于此,本书将重新构建理论分析体系,并进一步增量研究审计师声誉与政府监管的细节作用机理。

④审计客户上市公司角度研究丰富,本书将这些变量列为控制变量展开研究。上市公司多种特征都对会计师事务所的审计工作产生联系,本书将通过股权集中度与控制人属性进行分组,通过 Chow 检验进行组间系数差异性检验,区分上市公司异质性影响到审计质量,拓展现有研究的深度。

(2)审计师声誉与审计质量研究结论存在前后不一致性,本书期待进一步得到最新数据检验结论,并区分国际"四大"与中国会计师事务所排名"前十"的不同审计师声誉差异。根据声誉逻辑关系将研究文献分为:审计师声誉需求研究、审计师声誉形成过程研究、审计师声誉作用研究、审计师声誉激励与惩罚研究。文献研究发现创建审计师声誉的原动力是高审计质量的购买需求。中国资本市场对审计师声誉需求并不理想,未来需要通过资本市场、政府监管、上市公司、投资者等多个主体共同提高资本市场对高审计师声誉的需求。研究发现审计师声誉形成是长期的,需要会计师事务所有意塑造、评价需要上市公司和理性信息使用者的识别和认可、需要资本市场制度规范为构建前提。但是资本市场早期研究结论并不理想,认为审计师声誉得不到重视与维护。根据声誉信息传递理论,审计师声誉通过会计师事务所规模、审计行业专长、高审计收费、关键审计事项披露、优质的审计客户群、政府认可与政治身份等,将高审计师声誉背后的高审计质量传递给资本市场和理性信息使用者。近年研究发现会计师事务所为维护高声誉的努力会得到资本市场的回报和激励,直接表现为声誉溢价和市场份额扩大,随着审计师声誉激励的实现又进一步促进了会计师事务所去提高审计质量,从而提高审计师声誉,这样实现了良性循环。审计师声誉与审计质量两个变量间关系可分为三类:审计师声誉与审计质量存在正向关系、审计师声誉与审计质量存在负向关系、审计师声誉与审计质量没有明显关系。

针对这些前后矛盾的结论,本书认为可能原因是审计质量测量不够系统,不同测量方法的结论存在差异,另外没有区分中国与国际审计师声誉的内在驱动力。本书将通过最新数据进行可操纵应计利润、审计费用、审计意见三种不同测量方法的系统性审计质量测量,并区分国际"四大"与中国排名"前十"两种不同审计师声誉进行检验。并通过审计行业专长、客户所有权属性、股权集中度等对审计师声誉的审计质量作用机理分组检验,通过 Chow 检验进行组间系数差异性检验。

另外,现有实证认为审计师声誉与审计质量负向关系的研究所用数据都是 2010 年以前的,2010 年以后数据得到负向关系的研究很少见。本书分析认为部分研究得到没有明显关系结论,原因可能是没有识别到审计师声誉与审计质量的直接联系,而是识别到了其中的一些中介效应变量。但遗憾的是现有国内外研究人员在此方面的经验数据尚有一定不足。学术界对于中国审计师声誉与审计质量关系研究,还存在一定的分歧,并未形成一致性意见。故而在现有研究基础之上,本书将希望弥补这一研究不足,实现理论增量贡献。

(3)政府监管对审计质量的作用研究存在消极和积极两种不同观点,本书将一步检验这些结论,并从短期与长期政府监管效应进行创新性研究。政府监管与审计质量研究文献分为正向激励与负向处罚两类,大部分研究都肯定了政府监管对审计市场的正向作用,但是应用资本市场早期档案数据的部分研究则得到消极的研究结论。

本书认为政府监管与审计质量关系研究结论的差异性,源于资本市场发展历史时段,早期的部分研究结论对政府监管充满消极,后期则逐渐走向积极。现在研究普遍支持政府监管对审计质量具有正面影响的观点,政府监管从六个路径对审计质量产生作用。本书认为应进一步重点研究其基础作用路径,下文将创新性地通过"倾向值评分匹配法"进行实验组与对照组的差异比较,探索政府监管是如何作用于审计质量的。

(4)当前对审计师声誉与政府监管耦合关系讨论较少。本书将创新从内在驱动与外部压力双视角设计研究两者的耦合作用。根据 2015 年习近平对政府与市场的"有效的市场"和"有为的政府"关系论断,本书将现有关于政府监管与审计师声誉的关系研究观点梳理,学者们对两者的审计质量作用关系主要有三种实证结论:审计质量提升是以政府监管为主导、审计质量以审计师声誉内在驱动为主、政府监管与审计师声誉共同对审计质量形成耦合作用。事实上,部分研究认为政府监管处罚对审计师声誉有维护作用,但是早期的数据得到的结论并不理想,政府监管作用有限。本书认为政府监管与审计师声誉的耦合效应研究,其实是在审计市场中处理好政府调控和市场自发调节(审计师声誉是形式与载体)的关系研究。现有研究普遍重点关注审计市场失灵原因和受到处罚后果,遗憾的是对审计质量的耦合提升作用研究不足。

本书在现有研究基础之上,将创新性地设计双视角研究审计师声誉如何作用资本市场,使审计质量提高,并提出耦合概念,基于耦合的理论分析框架,实证检验审计师声誉如何与政府监管耦合作用,共同成为维护审计质量提高和审计市场有序运行的有效基础。进一步研究政府监管与审计师声誉耦合对审计质量发挥作用,在不同审计情景下两者如何实现相得益彰的作用机理。

另外,现有文献关于中国情景下审计质量的研究,特别是审计师声誉与政府监管视角的审计质量研究,在 2012 年以后相关研究有所减少,所以现有文献结论多是依据 2012 年之前的会计师事务所数据和政府监管处罚数据为研究对象的。近年来审计准则、资本市场规范、《证券法》实施、政府监管新动向等发生了很大变化,这给审计质量研究提出了新的研究背景。所以本书将应用基本最新数据,结合新证券法律和审计执业规范情景下政府监管与审计师声誉新变化,考察审计师声誉、政府监管对审计质量的作用。但遗憾的是现有国内外基础性地研究审计质量,并从政府监管和审计师声誉双视角方面的经验数据尚有不足。故而在现有研究基础之上,本书将开展系统化的双视角审计质量基础影响因素研究。

第三章 审计师声誉、政府监管与审计质量的理论分析

本章以审计质量内在逻辑为起点,审计质量提升是审计需求刺激的结果,提高审计质量需要内外部治理达到平衡才能实现。基于产权理论、委托-代理理论、保险理论、经典供求理论为基础构建"审计需求与审计质量的内外部治理概念框架",审计需求驱动了审计质量提高,审计需求的内部驱力通过审计师声誉理论解释。进一步应用不完全契约理论、信息不对称理论、信号传递理论、声誉溢价理论为基础构建了"审计师声誉对审计质量内部驱动理论分析框架"。应用布罗代尔市场化程度理论建构"政府监管对审计质量的外部压力分析框架"。最后,以重复博弈理论为基础构建"政府监管、审计师声誉与审计质量理论分析框架"(见图3.1)。

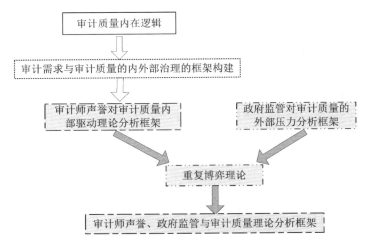

图 3.1 本章理论构建与分析思路

资料来源:作者整理绘制。

第一节 审计需求与审计质量内外部治理

审计质量是市场需求刺激的结果,审计质量的提高可以通过审计需求理论来解释(林斌,2009)。审计需求决定因素源于审计市场供求双方的利益取向、行为方式和内外部治理(Stigler,1962;Klein and Leffler,1981),进一步,审计质量的内外部治理又受特定的资本制度环境、市场发展状况及管制差异等的影响和制约(Wang,2008)。本节将对审计质量提升原动力——"审计需求与审计质量的内外部治理概念框架"进行理论分析,为审计质量提升研究奠定基础。

一、审计需求理论的基本解释

理性信息使用者的审计需求决策依赖其对会计信息质量分布的先验概率,如果预先认为会计信息质量低,就会产生强烈的高审计需求,因而理性信息使用者的审计需求引致出高审计质量需求(Shiro,1986;Greif,1989),投资者的根本审计需求通过上市公司聘请高审计质量的会计师事务所展现出来(Karpoff and Lott,1993)。财务报告如果获得高审计质量的背书,上市公司可以获得股价提升、充足的投资、良好的上下供应链关系、经营风险降低、产品销售价格获利、降低交易成本、更优秀的员工等各类会计信息回报(Gomes,2000,Orlitzky and Benjamin,2001;于军华,2018)。

审计质量的内外部治理的对象是审计服务的审计质量,Simunic(1980)认为会计师事务所提供的审计服务可以视为一种经济服务性商品(郭葆春、徐露,2015),所以可以通过经济学理论对审计服务需求进行分析,需求理论是特殊经济体制的影响下和在某一特定时期内,市场上消费者以特定价格水平愿意购买并且能够有能力购买某种商品的数量(李平、段思松,2017)。对商品的"愿意"是指购买欲望,"能够"是指购买能力,只有购买欲望和购买能力同时达到才能形成有效需求。杜英(2010)研究发现中国审计市场是一个高度分散和高度依赖内在驱动的审计市场。按照此经济学理论,审计需求理论即上市公司在特定时期内是否愿意,并能付得起审计费用价格而会购买特定审计报告服务。如果上市公司愿意并且有费用承担能力购买审计,则称为资本市场中存在审计需求(Gopalan,2005;Newberry and Parthasara,2007)。

基于以上分析,本书将通过产权理论、委托-代理理论、保险理论、经典供求理论等作为基础理论支撑和解释,构建"审计需求与审计质量的内外部治理概念框架"。(见图3.2)

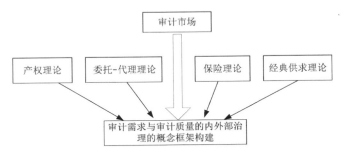

图 3.2　审计需求与审计质量的内外部治理概念框架构建

资料来源:作者整理绘制。

二、产权理论与高审计质量需求

产权理论可以成为构建"审计需求与审计质量的内外部治理概念框架"的起点,独立的产权引发了对自身利益的关注,进而产生审计需求。产权概念源于英美法系,由于能从根本上分析不同公司的行为动机。科斯开创了产权概念,并将产权概念引入原有经济管理分析之中发展成理论体系完备的产权理论。产权理论是指产权的社会属性、权利归属、产权功能化、产权与企业经济的关系,目的是为制定政策、预测公司行为、探究公司决策动机提供理论分析的依据(Grossman and Hart,1986;Hart and Moore,1990)。公司产权(property rights theory of the firm)性质和所有权归属引发了对"交易费用"的关注,被认为是公司产生的最本质原因。公司在不同产权的所有者动机下,采用各种组织形式的意图是将不同公司间外部交易费用,内部化成为公司内部的运营行为,从而降低该类交易成本,公司的产生成为产权理论发展的重要基石(Harold and Demsetz,1988)。根据产权理论,经济社会的产权安排是一种权利安排,公司不同的产权安排会产生不同的社会经济效率和公司管理行为,最终不同公司控制人属性选择审计的标准是使交易费用最低化。

审计质量的内外部治理的运行基础是资本市场的产权确立下的各方利益诉求博弈,产权理论使不同组织开始关心自身利益,并产生不同审计需求。Hart(1995)认为不同产权归属公司购买审计需求的动机不同(刘启亮,

2012)。以国有控股公司与民营公司比较为例,国有公司是国民经济的支柱,代表公共利益,更可能产生比民营公司对高审计质量的审计需求(王治,2015),但是又由于国有公司与政府存在某些政治关联,比民营公司更易产生与会计师事务所低审计质量需求的"合谋"(Chang,2009)。另外,高质量审计对不同控制人属性公司会计信息监督作用截然不同,控制人属性和经营环境不同,IPO 公司对资本市场目的不同,导致对审计质量的内外部治理呈现较大差异(Wang,2008;张嘉兴、余冬根,2015)。

资本市场早期的审计需求动因基于产权理论解释,其来自两权分离情形下审计具有对公司形成和治理代理人机会主义行为的会计信息监督作用。随着资本市场发展,审计缓解资本市场产权不同导致的利益争端,资本市场对高审计质量的需求,引发审计师声誉与政府监管对审计质量内外部治理发展。产权理论成为构建"审计需求与审计质量的内外部治理概念框架"的理论起点。

三、委托-代理理论与审计质量内外部治理

产权理论奠定了"审计需求与审计质量的内外部治理概念框架"的理论起点,委托-代理理论解释了审计需求的具体形式与体现。委托-代理理论最早于 20 世纪 30 年代由伯利(Berle)和米恩斯(Means)提出,委托-代理理论将上市公司视为股东投资者(委托人)与董事以及经理等管理层(代理人)所达成的一种所有权人委托公司实际管理者之间的契约关系。简森(Jensen,1976)和麦克林(Meckling,1976)从委托代理关系角度认为,由于代理人(公司实际管理者)的行为具有理性(或有限理性)和自我利益导向,委托人因为不直接参加管理,对公司信息掌握有限和代理人公司实际管理者的努力成果并不归自己所有,而利用信息优势损害股东利益去获得自己私利的委托-代理利益冲突难以避免(Stiglitz and Weiss,1981),这构成了审计所要解决的直接问题形式和目标。

审计质量的内外部治理结构中会计师事务所内部驱动力治理会被公司的委托-代理关系异化,基于委托-代理理论,可以进一步具体解释为委托人(股东)授权代理人(公司管理者)在一定范围内以自身名义从事相应活动、处理事务而形成的委托人和代理之间的权能和收益分享关系(Tauringana and Clarke,2000)。由于委托代理关系中存在信息的不对称性,代理人对委托人的信息熟知,能根据自身专业和实际操作能力了解行业运作的基本情况,市场

外部环境变化和公司外部环境以及决策风险与收益方面的信息(Watts and Zimmerman,1986)。委托人和代理人之间存在利益分割关系,这会让代理人凭借自身优势最大程度保障自身利益。所有权人由于不直接接触具体业务而无法全面掌握公司信息,导致管理层可能做出有利于自身而使前者利益受损的投资决策产生的公司审计需求。所有权人希望审计去解决委托-代理关系中双方的逆向选择和管理道德风险等问题(Chow,1982;Carey,2000)。

在审计质量的内外部治理下实现的高质量审计需求,公司股东基于委托-代理理论希望通过独立第三方高质量审计服务去消除双方对信息掌握的不对称,成为审计需求的具象化表现形式。许钊、张立民(2016)应用代理理论和信息理论为基础分析审计需求理论后,认为从内外部治理视角提高审计质量是解决代理冲突的基本路径。

四、保险理论与审计质量内外部治理

产权理论奠定了"审计需求与审计质量的内外部治理概念框架"的理论起点,委托-代理理论解释了股东角度形成的审计质量的内外部治理的具体形式与体现。保险理论从公司管理者角度进一步解释了审计质量的内外部治理的另一种理论分析。保险理论又被称为深口袋理论(Dye,1993),指公司的代理人(实际经营管理者)在经营过程中出于自身利益的追求,开展的各项活动有可能会损害公司所有者、投资者以及其他利益群体的利益,为了降低这种不利局面出现的可能性,他们往往会从收益中拿出一部分委托第三方机构来审计代理人的行为,这部分购买审计需求的支出即为保险费用,其最终取得的效果即为保险价值(Wallace,1993)。倘若会计师事务所因为非勤勉尽职而审计失败,那么低审计质量所带来的投资者损失后果将由会计师事务所部分承担,这就对上市公司形成了分散风险的效果。会计师事务所承担了管理风险的保险费用(范玲,2011),这实际上是一种公司管理者寻找"替罪羊"的方式引发了审计质量的内外部治理问题。

审计质量的内外部治理的外部政府监管治理与审计法律责任有关,事实上,会计师事务所在某种程度上确实承担了上市公司管理者的"保险人"角色。20世纪70年代以来,随着资本市场进一步发展,会计师事务所的审计责任不断加重,会计师事务所被频繁地涉诉。基于保险理论的审计需求,会计师事务所需要承担相应的审计失败赔偿责任,会计师事务所在此为股东、投资者、债权人提供公司财报审计报告过程中所发挥的代承担风险功能与保险公司是非常相似的。与中国不同,在资本市场法律诉讼制度完善的西方,审计质量的内外部治理模式存在特殊性,Berton(1985)研究发现世界范围内针对会计师事务所的诉讼金额高达二十亿元,几乎相当于涉诉会计师事务所总资产的四倍。Kellogg(1984)研究发现会计师事务所审计是否具有保险价值需要满足两个前提条件(首先是国家法律保证信息使用者具有向会计师事务所提起诉讼的权利,其次是会计师事务所具有赔偿能力),当前审计保险理论的实践主要发生在法律诉讼风险发生度较高的美国(Callaghan,1985)。与国际审计质量的内外部治理相比,中国当前对投资者诉讼会计师事务所审计失败的诉讼法律制度正在完善中。基于保险理论而从理性信息使用者的审计需求角度分析审计质量的内外部治理(Willenborg,1999),会计师事务所为其提供了与代理人(公司实际管理者)产生冲突的保险,所以保险理论解释了上市公司管理者角度产生的审计需求。

五、经典供求理论与审计质量内外部治理

基于产权理论、委托-代理理论、保险理论、经典供求理论等作为基础理论支撑和解释,本书构建"审计需求与审计质量的内外部治理概念框架"。产权理论奠定理论起点,委托-代理理论和保险理论从不同角度解释了审计质量的内外部治理,而经典供求理论对审计需求形成的审计市场中的审计质量的内外部治理进行基础理论解释。经典供求理论是指市场中商品供给者之间竞争越激烈,商品需求者将拥有更多的不同质量商品服务选择空间和更强议价能力。经典供求理论中的需求曲线是一条斜向下的曲线,如果将审计服务视同商品,根据经典供求理论,审计质量的内外部治理又具有其特殊性,"可替代性"较差的同时"供给黏性"较高(闫华红、廉英麒,2019)。程璐、董沛武、于海瀛(2019)认为当前由于审计市场信息反应时滞、会计师事务所"供给黏性"、客户需求不断变化等原因,决定了审计市场将经常地处于供求不平衡状态(吴昊旻、吴春贤、杨兴全,2015)。Hossain(2016)通过对澳大利亚上市公司2003—2011年的研究,由于审计市场供求不平衡产生的客户网络经济依赖,会影响到审计质量的内外部治理。

审计质量的内外部治理平衡会被审计市场供求不平衡打破。审计市场中某一家会计师事务所的进入或者退出,抑或是上市公司客户对于审计质量需求的改变都会带来审计市场供求关系的改变。由于西方审计行业发展较早,资本市场较为成熟,所以审计质量、审计需求、审计市场供求研究中,对审计质

量的内外部治理的驱动因素的研究通常从审计师声誉和高审计质量的需求入手。由于资本市场处于有效市场水平,理论研究共识认为审计质量的内外部治理是由经济动因使然,而非政府管制因素(Wallace,2004)主导。但是在中国情景下审计质量的内外部治理,经典供求理论下的审计需求与市场供求,不同类型的事务所提供不同质量的服务,同时在实践中不同规模事务所的独立性和专业胜任能力存在差异,其审计质量也会存在不同。据此,审计供求关系中上市公司的审计服务需求就转换为对不同质量审计服务的偏好与市场竞争与平衡问题,因而审计质量的内外部治理既存在联系又存在区别(程璐、陈宋生,2017)。审计质量的内外部治理的区别主要在于界定两者的立场存在差异,审计服务需求主要站在上市公司角度进行界定,反映上市公司对审计服务的偏好对市场供求的影响;而审计服务供给从会计师事务所进行阐述,其通过以提供高审计质量的服务增加供给,进行审计质量的内外部治理。

在审计质量的内外部治理运行中,审计供给受审计需求制约,审计需求也受审计供给制约,没有审计供给就没有审计需求,审计需求与审计供给在不断摇摆中达到审计质量的内外部治理的平衡。于军华(2018)用实证结果验证不同审计质量差异形成,认为存在许多重要的隐形控制因素。程璐、董沛武、于海瀛(2019)通过应用经典供求理论研究中国区域审计市场供求关系变化对审计质量的影响,发现审计质量的内外部治理平衡达成从经济学角度需要审计服务产品需求与供给双方的统一。彼此相互影响,在博弈过程中达到审计质量的内外部治理均衡,由于审计质量存在差异导致上市公司对审计服务有不同的需求偏好,而公司审计服务需求的客体正是异质性的审计服务。

六、审计需求与审计质量的内外部治理框架构建

审计质量的内外部治理框架是审计质量的内部与外部作用力的共同结果,作用力的引发与作用方向受到审计需求的牵引。产权理论奠定了审计需求与审计质量的内外部治理概念框架的理论起点,委托-代理理论(从投资者主动寻求审计形成审计需求)和保险理论(从公司管理者希望审计代为承担责任而形成需求)两个方向共同构成了审计需求与审计质量的内外部治理概念框架的基础理论。而经典供求理论对审计需求形成的审计市场中的审计质量的内外部治理进行基础理论解释。在上市公司存在有效审计需求的情况下,Mackenize(1998)认为没有会计师事务所审计,就没有公司的受托经济责任;没有受托经济责任,就没有会计信息控制;会计信息控制是受托责任的需要,

审计控制是对受托责任的控制,而受托经济责任的存在使得审计需求的存在成为必然,公司对审计的需求从本质上来讲就是公司需要一种这样高审计质量的外力强化控制。审计需求汇集成审计市场,市场就有审计质量的内外部治理问题,上市公司倾向于选聘什么审计质量类型的会计师事务所及购买哪个内容的财务信息审计服务,体现了不同上市公司的审计需求偏好。"审计需求偏好"指上市公司按照自己审计需求购买目的意愿对审计市场中可供选择的审计服务质量特性和组合进行经济理性地自主排列,并引发审计市场上不同结果的审计服务购买行为。审计市场上消费者之所以存在不同经济偏好都可以满足,前提是因为审计服务质量存在异质性,审计服务的异质性通过审计质量来区分。

审计质量内部驱动力是原动力,审计需求驱使下会计师事务所主动提高审计质量。审计质量外部治理源于外部压力的处罚。内外治理的平衡决定着审计质量的高低。本节应用产权理论、委托-代理理论、保险理论、经典供求理论等作为基础理论,构建审计需求与审计质量的内外部治理概念框架。本书认为基于审计市场偏好和审计质量异质性,资本市场审计需求也同样存在审计服务购买偏好和不同审计质量供给差异性。

根据审计需求与审计质量的内外部治理概念框架,通常能够提供相对高审计质量的会计师事务所,更容易被审计需求所认可与选择,识别的依据就是审计师声誉,所以下文进一步理论推演,试图构建"审计师声誉对审计质量内部驱动理论分析框架"进行下一层面的理论分析。

第二节　审计师声誉对审计质量内部驱动理论分析

前文通过产权理论、委托-代理理论、保险理论、经典供求理论等作为基础理论支撑和解释,构建"审计需求与审计质量的内外部治理概念框架"。基于这一框架进一步推演,本书在声誉理论基础上,应用不完全契约理论、信息不对称理论、信号传递理论、声誉溢价理论构建"审计师声誉对审计质量内部驱动理论分析框架"(见图 3.3)。

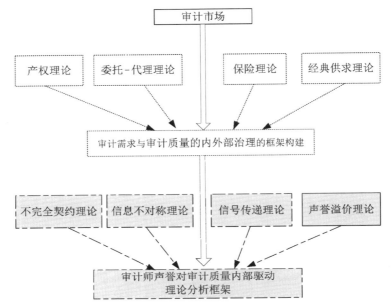

图 3.3　审计师声誉对审计质量内部驱动理论分析框架

资料来源：作者整理绘制。

一、声誉理论的基本解释

DeAngelo(1981)认为声誉指的是社会公众对组织或个人的肯定程度和赞誉程度。声誉功能就是督促那些着眼于长期获益的双方,在声誉激励作用下,市场参与者会自觉完成其应该履行的交易义务。根据克瑞普斯(Kreps,1982)KMRW 声誉模型,声誉理论的形成与作用是基于长期利益考量的,公司间短期暂时性的交易活动,根据"经济人和理性人"假设,交易双方都从利益最大化目的出发,只注意本次交易的得失而不会关注长期交易声誉的建立,通过虚假手段交易获得最大收益而导致"非合作博弈均衡"的产生。但是在资本市场中,市场参与主体是有限的,只做一次交易的"非合作博弈均衡"难以生存,交易双方需要谋求长期合作,为了长远稳定利益的交易持续,会通过诚信交易建立有利于自身的声誉,双方通过声誉作用取得长期交易的互信保障,并在日后交易过程中双方都能够享受声誉带来交易提防成本降低的收益,完成长期的"合作博弈均衡"。

基于经济学的相关内容，George、Larry(1998)认为声誉可以视作信号显示机制类型之一，存在传递性的个性特征，其对于交易活动有着显著的正面影响，不仅能够将交易成本控制在比较低的水平，还能够促进交易的达成。声誉因此成为显性合约的替代，声誉能够让双方在长期的交易体系口维持运作，并对交易的双方产生长久的契约诚信约束和声誉产生的利益激励作用，从而帮助改善合同的不完全问题。审计师声誉指的是社会公众对其审计质量水平的肯定和赞誉，如果审计师声誉处于比较好的水平，那么其会获取到更多的经济效益(李建标，2015)。陈波(2013)研究发现审计师声誉对审计质量具有内在驱动作用。

基于声誉理论，本书应用不完全契约理论、信息不对称理论、信号传递理论、声誉溢价理论等基础理论，构建"审计师声誉对审计质量内部驱动理论分析框架"。

二、不完全契约理论与审计师声誉

审计师声誉要建立在一定契约基础上才能成立，不完全契约理论成为现实审计市场中契约关系的基本现状恰当的理论解释，通过不完全契约理论才能深入分析审计师声誉在审计市场中的作用。契约是契约人双方经过利益上反复博弈形成一致意见后的约定(Alchian and Demsetz，1972；Grossman and Hart，1983)，审计业务契约实质是契约人之间一种确定的利益表达(冯均科，2013)。根据契约理论，契约又分为完全契约与不完全契约。不完全契约理论由格罗斯曼(Gross，1986)、哈特(Gross and Hart，1986)和莫尔(Hart and Moore，1990)等共同创立，这一理论又被称为GHM(格罗斯曼-哈特-莫尔)理论或GHM模型。国内一般称之为不完全合约理论或不完全契约理论。不完全契约理论的内涵是：以合约不完全性为研究起点，以财产权或(剩余)控制权(Residual Rights of Control)的最佳配置为研究目的，以不完全契约作为工具分析公司中控制权配置对激励和信息获取的影响。审计不完全契约会导致事前的最优契约协定实质性的失效，会计师事务所一方面临被"敲竹杠"的风险时会做出有损审计质量的行为(Har and Holmstrom，1987；杨瑞龙、聂辉华，2006)，最后消耗审计师声誉。

根据 GHM 模型[①]，不完全契约是因为未来的不确定性、缔约人有限理性以及契约关键变量的可观察而不可证实性（Observable but Non-verifiable），导致契约留有"漏洞"而成为不完美契约。依据不完全契约理论，中国经济转型过程中资本市场不完善（Watts and Zimmerman，1986），公司治理机制失效以及法律法规不健全等因素缩小了审计合约的自我履约范围，上市公司客户对会计师事务所实施的"敲竹杠"行为将影响到审计质量，审计师声誉得不到有效重视。冯均科（2004）认为"契约产生了审计，审计关系契约论是一种新的审计学范式"。在契约关系中，审计关系人（股东、上市公司管理者和会计师事务所）都是"契约人"，会计师事务所签订的契约表面上是一种平等关系，但是会计师事务所职业对审计需求的被动从属关系也是明显的，所以审计契约是不完全契约。审计需求主导着审计服务与审计契约，导致事实上会计师事务所在这个契约关系中处于从属地位（Jensen and Meckling，1976；Mirrlees，1974；Holmstrom，1979）。另外，从控制权的传递过程分析，会计师事务所处于中间环节，股东与上市公司经营者发生联系，其后再与会计师事务所发生联系，由会计师事务所代理委托人对上市公司进行监督。当资本市场发展不成熟，上市公司不是发自内在需求高审计质量审计服务时，高审计质量的会计师事务所被边缘化，收费低下的低审计质量事务所受到欢迎形成"柠檬市场"。过度审计费用价格竞争使得审计合约成为不全完契约，合约双方的权利义务分布天然呈现出畸形状态，为以后虚假审计和低审计师声誉埋下隐患（Klein，1978；Grout，1984；Williamson，1985；Tirole，1986），不完全契约需要高审计师声誉发挥作用。

不完全契约理论强调"专用性投资"概念（Crawford，1988），指与某一特定背景或交易紧密相连的，能够带来潜在未来持续收益或其他资源支出（费方域，1998；杨瑞龙、聂辉华，2006）。在具有专用性投资安排的不完全契约中，会引起一种事后当事人的机会主义行为（Tirole，1999）。由于审计契约中的有限理性、不确定性、机会主义和交易费用，会计师事务所是基于独立审计准则

---

① GHM 模型是最早建立的正式不完全契约模型，实现了在企业理论以及相关领域中的应用，GHM 模型认为剩余控制权直接来源于对物质资产的所有权。契约一方如果拥有的资产越多，那么他的外部选择权就会越多，剩余控制权就会变得越大，谈判力也变得越强，所以得到的剩余越多，因此事前的"专用性投资"激励就越强。只有应该通过资产所有权或者剩余控制权的平衡与配置，确保在次优条件下双方契约实现最大化总剩余的最佳（optimal）所有权结构，才能平衡不完全契约产生的机会主义伤害。这就要求把所有权安排给契约关系中投资重要的一方或者不可或缺的一方。

对上市公司的财务报告进行验证,充满了职业判断,在有限理性的范围内,会对收益和机会主义风险进行权衡,由于法律体系存在的结果理性优先原则与程序理性优先原则的矛盾,审计质量难以定性。声誉是建立在一定契约基础上才能够成立的,主要包括重复交易、股东对审计质量有着清晰了解、审计师声誉奖惩措施等。Ross(1973)认为声誉具有促进审计不完全契约的自我履行作用,上市公司与会计师事务所在契约中如果审计师声誉下降会产生审计损失,这一声誉效应会导致上市公司与会计师事务所在未来交易时的成本增加。

三、信息不对称理论与审计师声誉

当前审计师声誉是建立在一定不完全契约基础上的,信息不完全对称理论对审计师声誉所处的不完全契约审计市场环境可以恰当解释其中的不平等的原因。信息不对称理论是指在交易过程中双方掌握的信息存在差异性(张维迎,2004),市场交易中如果一方具有信息优势,可以通过向具有信息劣势的另一方传递可靠信息而在市场交易中获益,因而产生了市场逆向选择。审计市场交易中不对称信息下产生的策略性机会通常会导致市场调节的无效率,这是审计市场失灵的一种表现形式,所以不对称信息审计市场中会产生两类代理问题:审计质量逆向选择与审计职业谨慎性的道德风险。所以,因为基础关系的不完全契约,具有信息劣势的一方有获取信息的动机,掌握相关信息较多的一方更加具有选择优势,当优势方为谋得利益采取不道德行为时,就会损害劣势方的利益。根据信息不对称理论,会计师事务所审计的存在,便是为了通过审计师声誉加强对公司财务数据真实性的把控,从而降低股东所有者和公司实际管理者之间的信息不对称性。所以审计师声誉在资本市场中发挥着驱动审计质量提高的作用,促进会计师事务所发挥审计职能,解决资本市场会计信息不对称的监督作用。

Kanagaretnam、Krishnan 等(2009)实证发现国际"四大"审计师声誉有助于降低公司的会计信息不对称。审计师声誉通过会计师事务所的高审计质量的审计报告消除了外部理性信息使用者获得公司内部相关信息的信息不对称劣势。审计师声誉越高,其审计报告的审计质量越高,对处于信息不对称市场投资者引导作用越强,信息不对称理论下审计师声誉与审计质量越高。反之,当审计师声誉崩塌时外部理性信息使用者将会对其审计质量和所审计的公司财务信息有所怀疑,加重信息不对称的劣势(Clive and Lennox,1999;张健、魏春燕,2016)。

审计师声誉越高的会计师事务所的业务承揽能力越强(刘骏、冯倩，2016)，其独立性受到保障的程度也比较高，并且其对于职业准则、职业道德的坚持都比较好，因为其认识到审计师声誉失败带来的灾难性后果，这促使高审计质量的会计师事务所更乐于保证其审计质量(刘明辉、李黎、张羽，2003；程璐、董沛武、于海瀛，2019)。通常高审计师声誉下能提供的审计报告可以有效地帮助资本市场理性信息使用者消降信息不对称劣势，节约筛选高审计质量的决策成本。然而，2001 年安达信事务所的安然事件和 2017 年瑞华等一系列审计师声誉崩塌事件发生频率越来越高，个别会计师事务所伙同相关上市公司存在合谋、完全不顾及审计师声誉、审计质量下降的事件不断发生，对审计师声誉的发挥造成了巨大的冲击。根据信息不对称理论，理性信息使用者对会计师事务所提供审计报告的审计质量信任度降低甚至持怀疑态度。随着审计师声誉的式微和资本市场信息不对称现象难以根除，个别事务所的审计报告的真实性、可靠性大幅度降低，后期持续导致该会计师事务所客户大量流失，市场议价能力降低，职工流失。所以信息不对称理论可以有效解释审计师声誉与审计质量之间的关系，信息不对称理论成为构建"审计师声誉对审计质量内部驱动理论分析框架"的基础理论之一。

四、信号传递理论与审计师声誉

不完全契约理论奠定了会计师事务所与上市公司的基本关系的理论基础，信息不对称理论描述了审计师声誉与审计质量间关系在审计市场中的体现。进一步理论分析审计师声誉是通过信号传递理论解释了会计师事务所如何通过审计师声誉将自己的高审计质量发送到审计市场中。信号传递理论最早从教育、劳动力、营销学科发展应用到资本市场研究领域。迈克尔、斯宾塞(Michael and Spence，1972)首次提出了信号传递模型研究教育水平的信息传递功能，随后广泛运用去解释劳动力市场。纳尔逊(Nelson，1974)研究了广告的信号传递效应，发现商品质量可以通过价格信号和广告信号实现对购买者的传递，即当商品价格越高时传递出的信号是产品质量越好的信号，使购买者在尚未使用商品的情况下就对商品质量产生认同。随着信号传递理论对经济学现象的解释力不断增强，新制度经济学和信息经济学家基于信号传递理论认为，资本市场同样存在审计质量的信号传递机制可以有效地降低公司与投资者、债权人、监管机关、社会公众间的信息不对称现象。基于信号传递理论，会计师事务所为了表明自己的审计服务是高审计质量，通过审计师声誉向审计市场传递信息,获得审计市场的认可和购买服务。

具有高审计师声誉的会计师事务所出具的审计报告一般具有高审计质量。具有高审计师声誉的会计师事务所的审计职业能力具有独特的、难以模仿、难以被识别的潜在市场优势,通过信号传递的价值被外界所认知,形成审计核心竞争力。

信号传递理论下审计师声誉在审计市场中应对信息不对称的问题,同样具有信号传递价值。许钊、张立民(2016)实证发现审计市场审计需求会导致资本市场对审计师声誉的需求与关注,高审计师声誉审计可以限制上市公司的机会主义行为,传递高审计质量可以减少财务报告舞弊风险的信息。所以上市公司为了能在激烈的资本市场竞争中脱颖而出,就有动机借助审计师声誉向市场传递信号以表明上市公司获得了会计信息被高审计质量保障的信息优势,自愿购买高审计质量的审计服务就是信号传递理论在审计师声誉中的体现。比如对于优质公司来说,为了有效避免理性信息使用者的逆向选择,有效的方式就是向市场传递真实的财务信息,并聘请高素质的会计师事务所向市场传递其财务信息可靠的信号,以区别于劣绩公司。

审计师声誉解决了上市公司和会计师事务所之间存在的信息不对称的委托代理关系,即上市公司与会计师事务所之间同样存在信息传递,审计师的选择也是一个信号,Khura、Raman(2004)认为基于产业结构和市场结构的经济学相关理论,审计市场内的充分竞争,会计师事务所为资本市场提供高审计质量的审计服务和资本市场能否得到理性信息使用者,以及上市公司认可并购买同样取决于会计师事务所如何将自己审计质量较高的声誉传递出去。王兵、尤广辉、宋戈(2013)实证发现中国资本市场的普通投资者广泛关注审计师声誉,会计师事务所传递出的声誉信号在被审计上市公司的股价上基本能得到正面反应。有较高声誉的会计师事务所也意味着出具的审计报告更客观、更公正,不仅受到上市公司的青睐,更是给理性信息使用者提供可靠信息,所以上市公司可以决定审计或者不审计,通过审计师声誉判断审计质量。

五、声誉溢价理论与审计师声誉

不完全契约理论与信息不对称理论解释了审计师声誉与审计质量间关系在审计市场中的体现。信号传递理论解释了审计师声誉对审计质量体现作用,但促使审计师声誉提升去驱动审计质量的吸引来自审计师声誉溢价的现实利益回报。声誉溢价理论认为声誉是重要资产之一,声誉是市场经济的基本元素(Kreps and Wilson,1982),良好声誉能树立起更好的品牌、扩大市场影响力,Nelson(1974)认为声誉可以提高购买者的认可度和支付高价值的意愿,降低产品宣传运营成本,最终高声誉资产得到变现,获得现实效益(Simunic,1980;郑秀杰、杨淑娥,2007)。在经济学中如果商品生产者可以决定商品质量,那么愿意为高质量商品支付高溢价的消费者的预期会依据商品生产者声誉决定。而商品生产者在 T 时期高声誉取决于 T-1 期所提供商品的质量程度。只有当高质量带来溢价且同时顾忌降低质量会损失这种超额收益时,生产者才具有持续提供高质量商品的动机。所以根据声誉溢价理论,会计师事务所通过提高审计质量追求审计师声誉的原动力是审计费用溢价的直接利益。

高审计师声誉的会计师事务所获得一定的溢价收益,刺激了其更强的信息传递更强烈的欲望,高审计收费有助于会计师事务所增加审计投入以提高审计质量。审计师声誉越高,获得的审计费用议价能力越强,审计师声誉向审计市场传递高审计质量和信息质量保障,因为能获得更高审计溢价回报。Spence(1973)认为审计师声誉溢价体现在会计师事务所向客户索取的审计服务收入中的超额收入部分。声誉溢价理论也可以用于解释上市公司对高审计师声誉的偏好原因,上市公司通过个体独特优势特征形成竞争优势并得到资本市场认可后(Klein and Leffler,1981),上市公司往往会为了维护自身会计信息质量高的声誉而愿意支付高价去购买高审计师声誉的会计师事务所的服务。Simunic(1980)认为此时审计师声誉得到审计费用高价格实现溢价收益。而会计师事务所从实际收益出发,为了获得声誉溢价吸引更多的上市公司客户,加大审计投入保全会计师事务所高声誉,努力提供高质量证券审计服务业务(Shapiro,1983),国际"四大"高审计收费溢价可以用声誉溢价理论的审计师声誉解释,归因于国际"四大"的品牌效应的审计师声誉。Craswell、Francis 等(1995)实证发现澳大利亚前 8 大会计师事务所因审计师声誉而审计费用溢价 30%(Francis,1984;Francis and Simon,1987;Crasewe,1995)。

王帆、张龙平(2012)研究发现会计师事务所为了获得声誉溢价而努力维护声誉是事务所在审计业务中恪守保持独立性的动机。谢雅璐(2018)研究发现基于声誉溢价理论,会计师事务所会有意选择上市公司客户相对规模较大或相对规模中等以上的,为了珍惜审计师声誉,审计投入的关注度与精力较高,审计质量也较高(郑石桥、许玲玲,2020)。声誉溢价的反方向促进同样存在,宋荣兴、张雪雁(2019)通过以会计师事务所为例指出审计费用偏低和审计收费的混乱,恶性循环下会导致会计师事务所更加不会注重审计师声誉。

六、审计师声誉对审计质量内部驱动理论分析框架构建

基于声誉理论,应用不完全契约理论、信息不对称理论、信号传递理论、声誉溢价理论构建本书的"审计师声誉对审计质量内部驱动理论分析框架"。理论分析框架中不完全契约理论与信息不对称理论解释了审计师声誉与审计质量间关系在审计市场中的体现。信号传递理论解释了审计师声誉对审计质量体现作用,促使审计师声誉提升去驱动审计质量的吸引,来自审计师声誉溢价的现实利益回报。Pyle(2002)认为上市客户往往对资本市场审计质量效果有着比较高的期待,审计师声誉作为一个判断审计质量的标准,审计师声誉越好相应的审计质量也就越高,因此可以保障会计师事务所的顺利发展和长期获益。若审计师声誉未得到保障,将会造成会计师事务所提供的审计服务无法得到承认,也就无法进行经营业务和市场中的竞争。上市公司在选择会计师事务所委托审计业务的过程中,通常会基于自己的期待选择与之相应审计质量的会计师事务所,而对这种期待影响最为突出的因素就是审计师声誉。如果会计师事务所提供的证券服务业务未能达到上市公司客户的期待,那么上市公司客户便有可能减少审计费用甚至是中止合作。因此,会计师事务所以及相关的审计人员为了提升自身的声誉水平,防止自身的经济收益减少,势必会通过各种方式来提升审计质量水平。由此可见,声誉的存在不仅对审计质量水平的提升具有促进作用,同时还能够具备约束会计师事务所执业行为的能力。

本书构建的"审计师声誉对审计质量内部驱动理论分析框架"可以用于分析审计师声誉与审计质量间的作用机理,为下文的理论假设提出和实证检验提供理论依据。

第三节 政府监管对审计质量外部压力理论分析

基于布罗代尔市场化程度理论对政府监管作用的理论进行分析,审计市场和政府监管水平在不同历史阶段表现出的审计市场有效性并不相同,上市

公司的外部市场环境与内部经营管理动机不同,因而上市公司会产生相应不同的审计质量需求,会诱发审计市场失灵而需要政府监管,而政府监管水平随时间变化在不断做出调整,布罗代尔市场化程度理论可以用来分析审计市场政府监督的不断变化情况。布罗代尔市场化程度理论是由费尔南·布罗代尔(Fernand,1952)从历史学角度提出的市场历史时段理论(狄敏,2006),认为市场化程度是分层次分时代阶段的。市场化即市场机制经济中对资源配置发挥作用持续增大的过程和程度,在这个过程中政府监管职能等一系列经济关系需要转变过程与之相适应,布罗代尔市场化程度理论证明这种转变具有过程和程度的差异性。将布罗代尔的市场化程度理论导入研究市场化程度的层级结构问题,探讨各层级之间存在的市场化程度本质区别,可以更精准地测度资本市场审计服务的市场化程度。金镝、狄敏(2005)依据市场化程度理论认为市场对供求力量变化反映的敏感程度,在不同的历史时段表现形式不同。改革开放以来中国逐渐从计划经济体制向现代市场化经济体制转变,国家整体经济水平、市场化程度、政府监管水平都在逐年上升,当未来发展市场化程度的后期,如果市场竞争是充分的,市场化程度较高,会较少地受到其他因素的干扰,能够迅速、准确地反映供求双方的最新的变化,这种市场化程度的价格很容易达到均衡,那么就认为该经济市场的市场化程度和发展阶段进入了较高程度与时代(胡岳岷、张文富,2001)。

根据布罗代尔市场化程度理论,市场化是与政府监管指令相对的,市场化与政府监管的程度与水平是一个过程或一种程度,可以进行横向或纵向对比(见图3.4)。事实上各国、地区、同一国家不同时段的市场化进程确实存在差异,使得会计师事务所和上市公司所处的制度环境和政府监管效率存在不同。卢现祥(2001)从政府行为规范化、经济环境公平化、经济主体自由化等5大指标对中国经济市场化程度进行测度。樊纲(2003)应用政府与市场的关系、民营经济发展水平、产品市场的发育、要素市场的发育、市场中介组织发育和政府监管法律制度环境等5个测量指标计算中国不同省级区域的市场化程度,并形成了"樊纲中国市场化指数"不断更新,通过对市场化程度比较分析,樊纲认为由于资源禀赋、地理位置及国家政策的不同,中国各地区的市场化程度存在较大的差异。基于樊纲市场化研究进一步推论可知,在市场化程度低的国家、地区,或同一国家的不同历史阶段,对审计师声誉这一种非正式制度,发挥有效性的效率对制度环境和政府监管的依赖程度存在较大差异(王敏慧、陈晓丽、余炯,2007)。从商品市场竞争和可竞争市场理论(the theory of contestable markets),解读非完全市场化审计市场环境,这一市场化程度或阶段通过有条件政府干预促进可竞争市场,在政府监管下通过有序审计市场的竞争实现提高审计质量。根据布罗代尔市场化程度理论,中国当前处于转轨经济时期,资本市场相关审计法律制度和政府监督机制有待规范健全,过去与现在不同阶段市场化进程具有很大差异。在审计服务的市场化进程不断加快和政府监管水平不断提高的现阶段,会计师事务所和上市公司处在一个逐步完善的资本市场机制、政府监管体制及法律环境中,将会采取与当前政府监管相适应的审计师声誉策略来应对监管,一方面,加大审计成本投入提高审计质量,另一方面,提高审计费用来补偿潜在法律风险和回收成本。

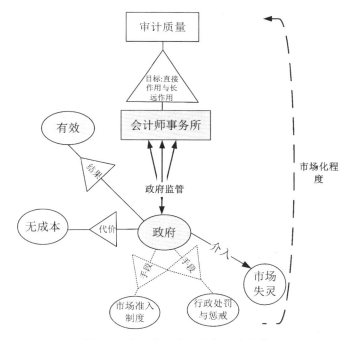

图 3.4　市场化程度理论与政府监管

资料来源:作者整理绘制。

张曙光(2000)将市场化程度与阶段划分为非市场化经济、弱市场化经济、转轨中期市场化经济、转轨后期市场经济、相对成熟市场化经济、发达市场化经济等程度。政府监管也存在滞后性(审计质量调查和处罚需要较长时间,对审计质量短期内很难造成影响)及不可转移性(会计师事务所可以通过合并重组,审计团队加入新事务所等方面来消解处罚对直接责任人的影响,而会计师事务所政府监管处罚不会随着审计团队的转移进行转移)等不足,造成政府监管处罚并未产生实质性审计质量提高效果。根据布罗代尔市场化程度理论,政府监管对审计质量有效性是因为市场发展与市场化程度或市场化时段有关,在审计市场不成熟早期政府监管发挥主导作用,但效力有限,但随着市场化程度提高,政府监管效力提高并转为与审计师声誉耦合作用。

中国资本市场的市场化改革已经历了40多年时间,多年档案数据实证发现政府监管效率与审计质量呈正相关。刘笑霞(2013)应用2008—2010年数据证明政府监管与审计质量呈正相关。刘文军(2016)实证发现政府的审计执业质量检查后上市公司的操纵性应计利润会显著降低,证明政府监管有助于提高审计质量。王江寒(2020)实证发现对上市公司和会计师事务所的政府监管干预强弱与审计质量存在显著的正相关关系。

第四节　审计师声誉与政府监管的耦合关系理论分析

一、耦合关系与审计质量内外部治理

耦合关系是指存在两个相对地独立运行的系统(或者循环),各自可以单独成为一个体系,但是两个体系之间又存在一定的关联程度,两个体系或两种运动形式间可以通过相互作用产生对彼此的影响。最终可以联合起来共同对一个现象产生影响变化。系统间的耦合关系可以是松散的,也可以是紧密的。

审计师声誉可分出高低,而政府监管前后对审计质量的作用存在差异。耦合关系体现为从审计师声誉角度分析:(1)原本高审计师声誉的会计师事务所会被政府监管所信任,受到处罚的可能性会降低。(2)原来低审计师声誉的会计师事务所更易被列为政府监管的重点对象,而受到处罚的可能性会增加。(3)原本高审计师声誉的会计师事务所一旦受到处罚,之前的高审计师声誉会瞬间崩塌,引发比低审计师声誉的会计师事务所更严重的后果。(4)原本低审计师声誉的会计师事务所受到政府监管后的影响并不会产生轰动效应和对全行业的警示作用,因其原本低的审计师声誉而受到市场关注较小,而其客户群也并不太在意会计师事务所的审计师声誉由低变得更低。

　　耦合关系还体现为从政府监管角度分析:(1)政府监管前会对原本高审计师声誉的会计师事务所采取谨慎态度,而对原本低审计师声誉的会计师事务所更易采用"从重从快"的监管态度。(2)政府监管处罚后,原本高审计师声誉的会计师事务所会产生强烈抵抗的行为与态度,对抗政府监管,而原本低审计师声誉的会计师事务所会平静地接受。(3)政府监管效果对高审计师声誉的会计师事务所,会产生资本市场轰动效应和对全行业的警示作用,另外可以对该会计师事务所产生灭顶性影响。(4)政府监管对高审计师声誉的会计师事务所的严重处罚,也会对注册会计师全行业产生社会信任危机,全行业的存在价值合理性会受引质疑。基于以上情况的分析,审计师声誉与政府监管对审计质量的共同作用,存在复杂的耦合关系,并不是简单的审计质量的内外部治理,是以审计师声誉为主导,还是以政府监管为主导,或是两个内外部作用力存在相互替代的简单理解。所以本书将用耦合关系的理论和思路对审计质量的两个内外部作用为治理平衡进行理论构建和实证研究。

　　前文以产权理论、委托-代理理论、保险理论、经典供求理论的基础构建了"审计需求与审计质量的内外部治理概念框架",审计市场的审计需求驱动了审计质量的提高,审计需求的内部通过审计师声誉理论解释,进一步应用不完全契约理论、信息不对称理论、信号传递理论、声誉溢价理论为基础构建了"审计需求与审计质量的内外部治理概念框架"。

　　审计师声誉作为审计质量的内在驱动力发挥,是基于重复博弈理论下,审计师声誉在市场参与者的不断重复博弈中慢慢形成对审计师声誉具有一定的识别能力(Moore,1992),但是在漫长的重复博弈过程,由于种种原因会产生审计市场失灵和审计师声誉失灵,政府监管是政府对审计失灵的重要外力纠正机制,政府监管通过审计质量检查和处罚激励等手段维护会计师事务所独立性方面具有的显著作用(Porta,2000)保障了审计市场的健康发展,政府监管也随着经济环境发展不断调整,这可以用布罗代尔市场化程度理论去解释政府的监察行为变化。本书将基于重复博弈理论下的审计师声誉和布罗代尔市场化程度理论的政府监管,通过理论对比研究审计师声誉与政府监管的耦合关系发展。所以下文将进一步依据重复博弈理论和布罗代尔市场化程度理论为基础,试图构建"政府监管、审计师声誉与审计质量理论分析框架"(见图 3.5)。

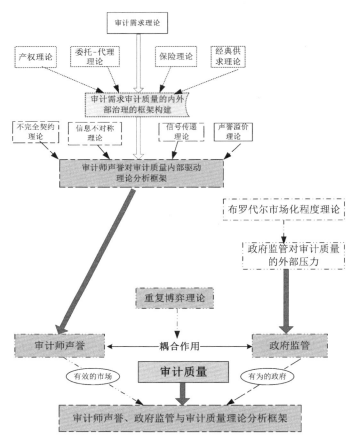

图 3.5 政府监管、审计师声誉与审计质量理论分析框架

资料来源：作者整理绘制。

二、重复博弈理论下内外部治理发展

重复博弈理论可以解释审计师声誉与政府监管在审计质量内外部治理中的长期寻找耦合平衡的过程。现代博弈理论最先由约翰·冯·诺依曼（1937）提出，后与奥斯卡·摩根斯特恩（1944）进一步定义了博弈的概念。Nash（1950）提出了纳什均衡（NE），泽尔滕（1965）进一步将动态分析模式引入了博弈论，发展了纳什均衡（NE）理论，Harsanyi（1982）又将不完全信息引入静态博弈理论。同样结构的博弈重复多次，其中的每次博弈称为"阶段博弈"。Robert（1995）认为重复博弈是动态博弈（Dynamic Game）中的重要内容，它可

以是完全信息的重复博弈,也可以是不完全信息的重复博弈(张维迎,1996)。

根据重复博弈理论,Kreps、Milgrom(1982)认为审计市场中暗含有三个前提假设:(1)会计师事务所只能与上市公司客户合谋进行会计报告盈余管理和拒绝合谋两种选择。(2)上市公司客户基于理性人假设总是试图通过会计报告盈余管理实现利益最大化目标。(3)上市公司客户只有会计报告盈余管理和不进行会计报告盈余管理两种博弈路径可供选择。(4)双方在各种组合博弈路径选择下面临的成本收益是可以提前测算的。基于四个假设,构建审计市场会计师事务所与上市公司的博弈模型对变量赋值(陈佳声,2014):

假定上市公司客户选择会计报告盈余管理的路径概率为 s,不会选择的概率为$(1-s)$。

假定会计师事务所与上市公司客户合谋的概率为 g,则不合谋的概率为$(1-g)$。

在会计师事务所与上市公司客户合谋的情况下,政府监管机关发现会计报告盈余管理的概率为 m,未发现的概率为$(1-m)$。

在会计师事务所不合谋的情况下,会计师事务所发现上市公司会计报告盈余管理的概率为 n,未发现的概率为$(1-n)$。

假设 E 为上市公司会计报告盈余管理所得的非法收益,W 为上市公司客户会计报告盈余管理被政府监管机关发现带来的处罚,K 为会计师事务所不合谋情况下对上市公司客户实施监督的成本,U 为会计师事务所因拒绝出具标准审计报告而受到的损失,h 为审计师因会计报告盈余管理合谋获得的超额收益,c 为会计师事务所因合谋被政府监管查处后的处罚。根据以上赋值的变量,构建博弈模型如表 3.1 所示。

表 3.1　重复博弈理论模型构建

会计师事务所与上市公司审计客户	不合谋(概率 $1-g$)		合谋(概率 g)	
	会计师事务所发现会计报告盈余管理(概率 n)	会计师事务所未发现会计报告盈余管理(概率 $1-n$)	政府监管机关发现会计报告盈余管理(概率 m)	政府监管机关未发现会计报告盈余管理(概率 $1-m$)
会计报告盈余管理(概率 s)	$(0,-U-K)$	$(E,-U-K)$	$(E-W,h-c)$	(E,h)
不进行会计报告盈余管理(概率 $1-s$)	$(0,-K)$	$(0,-K)$	$(0,0)$	$(0,0)$

资料来源:陈佳声.上市公司、审计师与监管机构的财务舞弊博弈研究[J].审计研究,2014(4):89-96.

基于重复博弈理论模型的博弈结果,会计师事务所的期望收益:

$$E(会计师事务所) = sh + Uns + Ks - mcss - Us - K \tag{3.1}$$

求 g 的导数:$s = h + K/nc - U$

上市公司客户财务报告盈余管理期望收益:

$$E(上市公司客户) = s(E + Ens - Wms - En) \tag{3.2}$$

求 s 的导数:$g = (1-n)E/Wm - En$

分析结论:第一,会计师事务所的审计监督成本(K)越高,上市公司客户进行财务报告盈余管理的概率(s)越大;第二,政府监管机关对合谋的会计师事务所处罚力度(c)越大,上市公司财务报告盈余管理的概率(s)越低;第三,政府监管机关发现上市公司客户财务报告盈余管理的概率(m)越高,会计师事务所与上市公司客户合谋的概率(g)越低;第四,会计师事务所与上市公司客户就财务报告盈余管理合谋所得超额收益(h)与审计师合谋并不直接相关。

根据重复博弈理论(Moore and Reupllo,1988;MacLeod and Malcomson,1993),资本市场中审计师声誉与政府监管对审计质量的耦合作用平衡是通过多次反复的交易积累而成的,从会计师事务所与政府监管机关的双角度,希望维持高审计师声誉与有效政府监管对审计质量治理要保持长期、稳定、独立的状态之中,就必须多次重复博弈,以确保审计市场对审计师声誉进行持续建设,而保持高审计质量是维持审计师声誉的根本(Fairchild,2008;Anastaso-poulos,2012)。所以根据重复博弈理论,审计师声誉与政府监管对审计质量的耦合作用平衡促进审计资源配置,最终实现审计质量提高。

反之,如果重复博弈是在信息对称的基础上进行的,会计师事务所与上市公司会对于长期利益有更高偏好,Khura(2004)认为根据重复博弈理论审计市场内的充分竞争后,维护审计师声誉是会计师事务所提供高审计质量的有效内驱力,实现审计师声誉与政府监管对审计质量的耦合作用平衡。因此,会计师事务所出于长期利益的考虑,审计工作中,往往会主动增加审计成本投入提升自身的服务水平达到审计质量,审计师声誉与审计质量之间呈现出高度的一致性,如果会计师事务所的审计师声誉水平较高,那么审计质量会更好,也可以有效地避免被政府监管处罚。Kanagaretnam、Krishnan 等(2009)实证发现国际审计市场的平衡治理之路是最终经过长期反复博弈,审计师声誉才得以构建,保险理论得到实践,并且在审计师声誉与政府监管对审计质量的耦合作用平衡治理的保障作用下,审计质量能够维持在比较高的同行业水平之上。

三、审计师声誉与政府监管的耦合关系发展

　　耦合概念近年来逐渐应用于表示经济管理中一些复杂关系,耦合是指存在两个相对地独立运行的系统(或者循环),可以通过相互作用产生对彼此的影响。最终可以联合起来共同对一个现象产生影响变化。依据重复博弈理论下的审计师声誉构建过程和布罗代尔市场化程度理论下的政府监管发展,审计师声誉与政府监管的关系也是不断发展变化的。所以有必要从理论上分析审计师声誉与政府监管对审计质量的关系发展和变动趋势(见图3.6)。审计质量是会计师事务所、上市公司、政府监管等多方资本市场参与主体共同互动的结果(Zimbelman and Waller,1999)。审计师声誉与政府监管对审计质量的作用关系,一方面,审计师声誉为审计质量的内在驱动作用,杜英(2010)研究发现中国审计市场是这样一个高度分散和高度依赖审计师声誉内在驱动的审计市场。另一方面,政府监管同样不可或缺在发挥外部压力作用,王江寒(2020)实证发现政府监管干预强弱与审计质量高低存在显著的正相关关系。严文龙、陈宋生、田至立(2020)实证表明审计市场政府监管措施(审计费用价格的上限和下限进行行政限制)将有助于建设新时代审计市场公平交易规则,培育审计师声誉的良性交易审计市场。

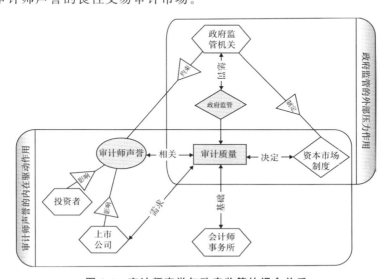

图 3.6　审计师声誉与政府监管的耦合关系

资料来源:作者整理绘制。

政府监管与审计师声誉对审计质量存在耦合作用关系,吴昊旻、王华(2010)认为中国式审计市场中的审计质量是特定制度环境(审计市场竞争、政府行政管制、审计师声誉、上市公司治理水平特征等)共同作用的结果。程文莉、张银花、谢依梦(2019)2013—2017年数据实证发现证监会的政府监管与审计师声誉对审计质量具有耦合关系。

审计师声誉与政府监管的关系也是不断向前发展的。资本市场初期审计市场缺乏对高审计质量的需求是导致会计师事务所与上市公司间的市场关系畸形发展。当时上市公司对审计服务购买需求是由政府管制强制要求而产生的,并不是上市公司的内在需求。所以,早期审计市场普遍并不需要,甚至排斥高审计声誉的审计服务(刘峰,2000)。早期研究结论对审计市场政府监管持消极观点,曹细钟(2009)实证发现政府鼓励会计师事务所做大做强的合并行为存在问题,这并不能提高审计质量。李凯(2011)发现由行政主导的4家会计师事务所合并后审计质量并未产生提高,甚至个别产生下降。由市场自发产生的吸收合并方式合并后新审计质量有了提升。陈佳声(2014)实证发现政府监管部门应降低对上市公司的监督成本,加大审计报告舞弊处罚力度并降低上市公司舞弊的概率。李晓慧、曹强、孙龙渊(2016)据1999—2014年受证监会审计失败处罚的25家事务所数据实证发现遭受证监会行政处罚后,接受新审计客户能力下降,更有可能承接财务报表质量较差的审计客户。宋衍蘅、肖星(2012)实证表明中国资本市场政府监管和法律环境相对薄弱,只有加强政府监管,才能促使会计师事务所提高审计质量,加强政府监管是审计市场管理的有效机制。叶凡、方卉、于东等(2017)研究发现审计师声誉越高的会计师事务所在会计师事务所受政府监管处罚后,导致的声誉受损市场反应越迟缓。李莫愁、任婧(2017)对2001—2013年中国证监会实施审计失败政府监管处罚的会计师事务所研究发现处罚对审计质量和声誉不具显著纠错功能,原因是行政处罚的力度较低。

随着市场化程度提高和简政放权的政府监管改革,政府监管作用发生改善,陈俊、韩洪灵、陈汉文(2009)通过政府与声誉的双维研究审计质量范式研究发现审计质量是这两个维度共同驱动的结果。所以,适度的会计师事务所竞争需要基于政府监管对审计服务行业和资本市场的优化。会计师事务所高审计质量的维持是基于审计市场充分竞争和有效的政府监管等一系列的前提条件(吴昊旻,2015)。以最近的2019年度为例,中国证监会共对6家会计师事务所进行了7家次行政处罚;对31家会计师事务所采取了98家次政府监管措施,较 2018 年增加 19 家次①。

　　刘文军(2016)实证发现之前曾经受到过政府监管处罚的会计师事务所审计谨慎性会有所提高,周兰、张希妍(2016)通过 A 股上市公司 2008—2014 年数据得出会计师事务所分所存在为了留下客户而不顾及审计师声誉降低审计质量的情况,而严格的政府监管可以减小为挽留客户对审计质量造成的不利影响。马晓红(2018)认为只有加强审计质量的监管,才可提高审计质量,强化审计师声誉的塑造。

四、政府监管、审计师声誉与审计质量的理论框架构建

　　前文以产权理论、委托-代理理论、保险理论、经典供求理论的基础构建了"审计需求与审计质量的内外部治理概念框架",审计市场的审计需求驱动了审计质量的提高,审计需求的内部通过审计师声誉理论解释,进一步应用不完全契约理论、信息不对称理论、信号传递理论、声誉溢价理论为基础构建了"审计需求与审计质量的内外部治理概念框架"。审计师声誉作为审计质量的内在驱动力发挥,是基于重复博弈理论下,审计师声誉是市场参与者在不断重复博弈中,慢慢形成对审计师声誉具有一定的识别能力,但是在漫长的重复博弈过程。由于种种原因会产生审计市场失灵和审计师声誉失灵,政府监管是政府对审计失灵的重要外力纠正机制,本书将进一步依据重复博弈理论和布罗代尔市场化程度理论为基础试图构建"政府监管、审计师声誉与审计质量理论分析框架"。

　　基于"审计师声誉、政府监管与审计质量理论分析框架"分析,审计师声誉是审计质量提高的内在驱动力,政府监管是审计师声誉的外部压力。在不成熟的资本市场中,审计师声誉驱动下的审计质量会产生审计市场失灵,就必须政府监管对审计师声誉内在驱动补充处罚,所以审计师声誉与政府监管是审计质量提高的两个最基础作用力,两者缺一不可,需要耦合才能共同促进审计质量提高,最终实现资本市场健康发展。

---

　　①　数据来源:《2019 年度证券审计市场分析报告》,中国证监会网站,http://www.csrc.gov.cn /pub/newsite/kjb/gzdt/202008/ t20200820_381950.html。

第五节　审计师声誉和政府监管对审计质量的内外部治理逻辑

审计师声誉、政府监管与审计质量存在内在逻辑关系,基于本书构建"审计需求与审计质量的内外部治理概念框架",审计需求理论用于解释上市公司愿意以其能承受的价格购买特定审计质量审计服务的需要程度。会计师事务所提供相对高审计质量的会计师事务所的审计业务,审计师声誉更容易被市场的审计需求所认可。"审计需求与审计质量的内外部治理概念框架"主要通过产权理论、委托-代理理论、保险理论、经典供求理论等为其提供基础理论支撑和解释。

基于本书构建"审计师声誉对审计质量内部驱动理论分析框架"分析,声誉功能就是督促那些着眼于长期获益的双方,在声誉激励作用下,市场参与者会自觉完成其应该履行的交易义务。审计师声誉的存在不仅有助于审计质量提升,同时还能够具备约束会计师事务所执业行为的能力。"审计师声誉对审计质量内部驱动理论分析框架"基础支持理论是不完全契约理论、信息不对称理论、信号传递理论、声誉溢价理论等。

基于本书构建"政府监管、审计师声誉与审计质量理论分析框架"分析,审计师声誉作为审计市场的审计质量的内在驱动力,基于重复博弈理论,审计师声誉可以发挥对审计市场基础和长期的内在驱动。政府监管是审计市场失灵时发挥重要外部监管作用的另一个重要路径,与审计师声誉一样,同样发挥着不可替代的审计市场的审计质量基础调控作用。基于重复博弈理论的审计师声誉和布罗代尔市场化程度理论下政府监管,通过理论对比,本书认为审计师声誉与政府监管的关系是不断发展的,政府监管和审计师声誉对审计质量的影响具有耦合作用关系。

第四章　审计师声誉对审计质量提升的内在驱动

根据前文构建的"审计师声誉对审计质量内部驱动理论分析框架",审计师声誉是审计质量提升的内在动力(Dopuch and Simunic,1982;Wilson and Grimlund,1990;Sami,2012;原红旗,2020)。会计师事务所是资本市场的投资者处于信息不对称劣势地位时,最可信赖、可预见、可依靠的会计信息保障外部力量,会计师事务所凭据审计师声誉所构建的信任来完成资本市场审计质量为内容的系统性信任体系(Niklas,1997)。会计师事务所在以保护理性信息使用者及公众利益为基础的同时,通过提高审计质量塑造了良好的审计师声誉(Lee,1995),所以审计师声誉与审计质量在理论上应该存在正向相关的关系(Firth,1990;Moreland,1995;Dechow,2010;原红旗,2020)。具体的声誉度量方面,国际"四大"审计师声誉仍然居市场绝对强势地位,而中国注册会计师协会的百家排名也不断地得到市场认可。但是现有研究讨论国际与国内两种审计师声誉对审计质量影响的研究还相对缺乏(Firth,1990;Davis and Simon,1992)。

本章通过修正 Jones 模型可操纵性应计利润(DA)、审计费用、审计意见类型三种方法测量审计质量的不同体现,具体通过具有国际"四大"审计师声誉和中国会计师事务所排名"前十"审计师声誉两个方法测量审计声誉,然后进行回归分析。并进一步从会计师事务所视角的审计行业专长、上市公司视角的所有权性质、股权集中度等视角分组检验审计师声誉对审计质量的作用机理,通过 Chow 检验进行组间系数差异性检验。综上,本章的研究结论证明审计师声誉具有促进审计质量的正向作用。

本章研究结论对于审计质量理论研究,国际与中国审计师声誉作用于审计质量的差异与不同作用机理研究具有增量贡献。还有助于资本市场的会计师事务所塑造审计师声誉、资本市场完善审计师声誉的内驱作用、强化上市公司对高审计师声誉的需求。在审计实践中资本市场参与者各方重视审计师声誉,促进会计师事务所提高审计质量,最终通过审计师声誉的内在驱动力提升审计质量。

第一节　理论分析与假设提出

　　根据前文构建的"审计师声誉对审计质量内部驱动理论分析框架",审计师声誉是提高审计质量的内在驱动,会计师事务所为了维护声誉将更加重视审计质量,长期形成了高审计师声誉、高审计质量,高审计质量、高审计师声誉的良性循环(Dechow,1996;Chaney and Philipich,2002;Nagy,2005)。根据不完全契约理论、信息不对称理论、信号传递理论和声誉溢价理论从基础上解释了审计师声誉理论的作用机理,在声誉激励作用下资本市场参与者都会自觉地高质量完成其应该履行的交易义务。会计师事务所为维护塑造声誉需要增加审计投入,肖小凤、王建成(2010)认为审计师声誉是审计质量在资本市场的传递信号,会计师事务所为了维持审计师声誉,将重视审计程序执行。许钊、张立民(2016)实证发现会计师事务所通过合并与强化审计质量策略可以提升审计师声誉,进而审计师声誉提高对审计质量和审计市场良好运行有决定性作用(Cahan and Zhang,2006;Asthana,2010)。另外,特别说明的是审计师声誉并不等同于会计师事务所规模,规模大并不能代表具有高审计师声誉,这是两个不同的自变量指标,国际"四大"或中国"十大"并不是胜在会计师事务所规模,而是长期积累的声誉、执业监控和稳定的审计质量水平。

　　根据前文构建的"审计师声誉对审计质量内部驱动理论分析框架",会计师事务所高审计声誉与审计质量的关系体现为:有效抑制可操纵性盈余管理、提高审计费用溢价、敢于出具非标准审计意见等。上市公司为了获得审计师声誉对会计信息质量的背书而审计需求购买不断高涨。所以会计师事务所和上市公司都产生了高审计师声誉的需求与追求。审计师声誉是资本市场参与者判别审计质量高低的重要标准,信息不对称的资本市场中审计师声誉信号传递效应,被资本市场参与者们作为会计师事务所为了生存而做出的审计质量承诺和保证,会计师事务所的高声誉会得到声誉溢价的激励。陈智、徐泓(2013)应用 2007—2010 年实证发现中国上市公司愿意为会计师事务所的高声誉支付溢出审计收费。因此,不完全契约中声誉的存在会触发会计师事务所增加审计投入的内在经济动因,高审计师声誉的会计师事务所在具体审计执业时,将会以更职业的态度,确保自身的独立性不受影响,以更严格的风险导向审计、审计程序规范化、审计证据收集、工作底稿审查等评估标准来开展审计工作,避免审计风险和审计错报出现的可能性。注册会计师团队拥有的职业实力更强,能够受到更多的培训,其业务素质、专业能力比较强。最终提高审计质量,提高会计信息质量、实现资本市场整体健康发展。倪小雅、戴德明(2017)实证发现审计师声誉较高有助于提高审计质量和财报信息含量,具体表现为受这些声誉较高会计师事务所审计的上市公司,分析师对其盈余预测的准确度更高、分歧度更低。但是也存在相反的实证结论,张川、罗文波、樊宏涛(2020)研究发现国际"四大"审计师声誉与高审计质量并不存在统计水平上的显著相关,所以国际"四大"审计师声誉在资本市场上是否真一贯有效,需要进一步验证。

根据前文构建的"审计师声誉对审计质量内部驱动理论分析框架",国际"四大"和中国"前十"在中国资本市场中是两个最具代表性和市场认可度的审计师声誉品牌。在1978年重建中国注册会计师制度以后,国际会计师事务所天然具有更久的职业历史和声誉,在资本市场树立了强大的品牌效应,国际"四大"审计师声誉是国际最高审计质量的代名词。

但是,近年来随着中国资本市场完善,中国会计师事务所在快速崛起,国际"四大"的市场占有率不断下降,另外,中国上市公司逐渐对中国本土会计师事务所的审计师声誉有了更多认可。所以有必要应用最新数据对当前国际"四大"审计师声誉进行重新验证。

2019年中国审计行业的统计数据依然证明国际"四大"审计师声誉具有绝对的审计市场号召力。国际"四大"的中国客户数量虽然只占全国总体上市公司(3850家)的7.4%,但客户主要是行业龙头企业,客户资产总额计算的审计市场份额高达60.2%[①]。基于此,本书将进一步应用最新档案数据对这一现象在理论上进行检验。

基于国际"四大"审计师声誉的巨大市场影响力,先将具有国际"四大"审计师声誉的会计师事务所区别出来率先度量。据此本章提出假设,

H1:在其他条件不变的情况下,国际审计师声誉与审计质量存在显著正相关关系。

根据前文构建的"审计师声誉对审计质量内部驱动理论分析框架",审计市场中具有国际"四大"审计师声誉、具有中国会计师事务所排名"前十"声誉、与完全不具有这两种审计师声誉的会计师事务所的资本市场审计质量认可度存在巨大差距。本书进行区分研究,中国注册会计师协会多年的"全国事务所

---

①　数据来源:《2019年度证券审计市场分析报告》,中国证监会网站,http://www.csrc.gov.cn/pub/newsite/kjb/gzdt/202008/t20200820_381950.html。

百家排名"的声誉效应也不断得到市场认可。近年来中国排名靠前的审计质量获得了长足进步,2019年全年中国证券服务市场的审计收费排名"前十"会计师事务所审计收费合计为48亿元,占全部上市公司审计收费的75%。根据证监会统计2019年全年更换过会计师事务所的717家上市公司数据分析,675家上市公司选择了内资会计师事务所,占比达到94%,仅有25家上市公司由内资所变更为"四大"成员所,16家上市公司在"四大"成员所之间变更。同时,选聘内资所作为后任审计机构的上市公司中,448家选择立信、天健、大华、信永中和、致同、大信、天职、容诚等"前十"内资所,占比超60%①,呈现明显的"前十"头雁特征,反映出上市公司选聘会计师事务所更加注重中国"前十"的审计师声誉。但是,中国排名"前十"的会计师事务所,受限于中国审计市场形成较晚,审计师声誉还在逐步发展,刘骏、冯倩(2016)实证发现中国本土"五大"会计师事务所的审计师声誉维护不能有效抵消审计客户的经济依赖度过高导致的审计质量损害。即越是审计大客户越有可能会损害审计独立性并最终使到审计质量下降。经过几年发展,中国会计师事务所排名"前十"的会计师事务所的审计师声誉是否进一步在资本市场得到认可,是不是高审计师声誉就代表高审计质量,需要用最新数据进行检验。

本章采用中国会计师事务所排名"前十"作为一个独立的审计师声誉测量,以区别国际"四大"审计师声誉进行研究,创新性地应用最新数据对中国本土会计师事务所审计师声誉的崛起情况进行验证。据此本章提出假设,

H2:在其他条件不变的情况下,中国审计师声誉与审计质量存在显著正相关关系。

第二节　模型构建与变量定义

一、变量选取与定义说明

本书的核心变量是被解释变量审计质量的度量与解释变量的测量。

---

① 数据来源:《2019年度证券审计市场分析报告》,中国证券监会网站,http://www.csrc.gov.cn/pub/newsite/kjb/gzdt/202008/t20200820_381950.html。

1.被解释变量(因变量)

基于概念界定"注册会计师在保持客观独立性的基础上,审计执业过程,对审计报告结果与真实会计信息的财报情况,审计揭示可操纵性应计利润的程度,审计质量代表了审计市场对会计师事务所整体审计过程的好坏程度评价"。审计质量具有一定的特殊性,难以直接衡量。现有研究中有多种不同测量方式并存,对审计质量进行测量(Sinha and Hunt,2013)。本书选取三个不同方法进行系统化测量,体现审计过程性,并比较审计质量的不同体现差异性。

"修正 Jones 模型可操纵性应计利润"可以测量会计师事务所在审计过程中,通过勤勉尽职和增加审计投入,促进被审计上市公司降低盈余操纵应计利润的金额与程度,体现了概念界定中审计过程的审计投入与审计过程效果。

"审计收费"根据经典市场供求理论,高审计师声誉是审计市场竞争胜出的结果,应当得到审计费用溢价回报,可以间接测量会计师事务所审计质量被资本市场认可的程度,以及审计过程中与上市公司谈判沟通的力量大小和沟通质量高低。实质上审计过程中的审计前与董事会沟通、审计中与管理层沟通、审计结束时与实际控人沟通都是双方实力对比的过程,强势的会计师事务所能收取更高的审计费用,也就具有审计过程中更强的沟通与谈判能力。

"审计意见"可以测量会计师事务所在审计过程结束时会计师事务所根据审计证据发表审计意见的原则性、勇敢度和客观公正性。敢于依据审计证据发表非标审计意见是对审计过程最后一步的审计质量关键把控。

具体的被解释变量测量指标选取与定义说明:

(1)修正 Jones 模型可操纵性应计利润(DA)

近年来,中国应用可操纵性应计利润作为审计质量测量指标应用较为广泛,张川、罗文波、樊宏涛(2020)应用修正界面 Jones 模型计算可操纵应计利润作为审计质量的衡量指标进行研究。杜英(2010)应用可操纵性应计利润(DA)作为指标衡量审计质量,将可操纵性应计利润(DA)分成正 DA 组和负DA 组进行对比研究。原红旗、韩维芳(2012)以操纵性应计利润的绝对值和取值正负向水平衡量审计质量。刘笑霞、李明辉(2013)以上市公司澡纵性应计利润的绝对值作为审计质量的替代测量指标变量研究政府监管处罚对审计质量的影响。谢获宝、刘芬芬、惠丽丽(2018)采用上市公司计算操纵性应计利润测度审计质量。刘文军、刘婷、李秀珠(2019)应用可操纵性应计利润作为审计质量度量指标研究政府处罚的资本市场效果。

计算操纵性应计利润的模型有多种不同的变形,最早的 Jones 模型(Jones,1991)、后期的修正 Jones 模型(Dechow and Sloan,1995)、DD 模型

(Dechow and Dichev,2002)、业绩调整操纵性应计利润 Jones 模型(Kothari,2005)和非线性 Jones 模型(Ball and Shivakumar,2006)等。本书采用可操纵性应计利润的绝对值表示审计质量,如果上市公司计算所得的可操纵应计利润较高,则说明公司财务报告的盈余质量程度较高,由于会计师事务所未能有效发现,所以该审计质量较低,反之,如果计算所得可操纵应计利润较低,则证明会计师事务所在审计中对财务报告审计尽到了勤勉职责,审计质量较高。

实际计算中通常难以将总应计利润中的可操纵性应计利润和非操纵性应计利润进行有效的区分,本书首先估计出上市公司的非操纵应计利润,然后用总体应计利润减去上市公司估算的非操纵部分,得出上市公司的可操纵性应计利润,本书具体计算参考修正 Jones 模型(Dechow and Sloan,1995),其中变量说明如表 4.1 所示。

表 4.1 修正 Jones 模型各公式中变量说明

序号	变量名称	变量取值
1	ACCA_{it}	样本上市公司 i 的第 t 年的总应计利润,通过上市公司第 t 年营业利润减掉当年经营活动现金流量所得的余额
2	Asset_{it-1}	样本上市公司 i 的第 t 年的期末总资产合计数
3	ΔREV_{it}	样本上市公司 i 的第 t 年与第 $t-1$ 年的营业收入的两年差额
4	ΔAR_{it}	样本上市公司 i 的第 t 年与第 $t-1$ 年的应收账款两个的差额
5	PPE_{it}	样本上市公司 i 的第 t 年的固定资产原值

资料来源:作者整理制作。

第一步,计算 β 系数估计值。

$$\frac{\text{ACCA}_{it}}{\text{Asset}_{it-1}} = \beta + \beta_1 \left(\frac{1}{\text{Asset}_{it-1}}\right) + \beta_2 \left(\frac{\Delta \text{REV}_{it} - \Delta \text{AR}_{it}}{\text{Asset}_{it-1}}\right) + \beta_3 \left(\frac{\text{PPE}_{it}}{\text{Asset}_{it-1}}\right) \quad (4.1)$$

第二步,将上面第一个公式计算得到 β 系数的估计值,代入到下面第二个公式中,计算样本上市公司的非操纵性应计利润 NDA_{it}。

$$\text{NDA}_{it} = \beta_0 + \beta_1 \left(\frac{1}{\text{Asset}_{it-1}}\right) + \beta_2 \left(\frac{\Delta \text{REV}_{it} - \Delta \text{AR}_{it}}{\text{Asset}_{it-1}}\right) + \beta_3 \left(\frac{\text{PPE}_{it}}{\text{Asset}_{it-1}}\right) + \varepsilon_{it} \quad (4.2)$$

第三步,计算差额得到可操纵性应计利润 DA_{it}。

$$\text{DA}_{it} = \frac{\text{ACCA}_{it}}{\text{Asset}_{it-1}} - \text{NDA}_{it} \quad (4.3)$$

应用可操纵性应计利润作为审计质量测量的基本指标外,还有一些文献应用了其他测量方法:事务所规模(Givoly and Hayn,2000;曹书军、刘星、杨晋渝,2012;安广实、丁娜娜,2018)、审计费用(Basu,1997;原红旗、李海建,2003)、审计意见(张川、罗文波、樊宏涛,2020;刘文军、刘婷、李秀珠,2019)、会计稳健性(Ball and Shivakumar,2005;孔亚平,2020)等。本书经研究认可,还可以采用审计费用、审计意见类型两个变量作用辅助测量方法,共同进行审计质量测度,以相互印证实证结果。

(2)审计收费(Fee)

根据经典市场供求理论,高审计师声誉是审计市场竞争胜出的结果,应当得到审计费用溢价回报。用审计费用测量审计质量,可以捕捉到会计师事务所对上市公司在审计过程中审计投入成本、议价能力、沟通力量对比,这些决定都决定着审计质量。

根据审计声誉溢价理论,审计质量越高其收费水平越高,会计师事务所提供的更完善审计程序和更高水平审计质量应有合理经济回报。反之,审计收费越低,代表了会计师事务所将会简化审计测试程序,审计质量也会失去保障。结合现有审计收费与审计质量的研究,Craswell、Francis 等(1995)实证发现澳大利亚前 8 大会计师事务所审计师声誉有明显的审计费用溢价,审计费用可以指代审计质量。宋衍蘅、殷德全(2005)研究新任会计师事务所发现用审计收费作为指标计量审计质量具有一定可信度。房巧玲、唐书虎(2006)实证发现审计市场中审计收费与审计质量之间存在关联性。郑石桥、许玲玲(2020)研究发现审计收费与审计质量呈现正相关关系。Mclennan、Park(2016)实证发现维护高审计师声誉的结果是审计费用上升。董沛武、程璐、乔凯(2018)实证发现审计收费与审计质量存在同步关系。所以本书选取审计费用作为测量审计质量的补充方法,以会计师事务所对上市公司财务报告审计收取的审计费用金额,数值取自然对数表示。

(3)审计意见(Opinion)

审计意见是审计执业的结果,会计师事务所会为了保持审计质量和对自己审计能力的自信而敢于出具非标审计意见。在中国"人情与关系"的社会环境下,用审计意见测量可以捕捉到,会计师事务所在审计过程中坚持原则的程度。

曹书军、刘星、杨晋渝(2012)应用审计意见测量审计质量,进一步,王健姝、陈汉文(2010)实证发现以审计报告意见类型作为审计质量的测量指标更为合理。张川、罗文波、樊宏涛(2020)使用审计报告的审计意见类型作为审计质量的衡量指标进行审计师声誉与审计质量研究。孔亚平(2020)用 2013—2018 年数据实证发现审计意见与审计质量确实存在相关关系,但是用审计意见衡量审计质量时,需要具体情况具体分析。所以本书选取审计意见补充测量审计质量,将会计师事务所对上市公司财报出具的审计意见类型作为虚拟变量,非标准意见取值为1,标准无保留意见则取值为0。

2.解释变量

根据前文概念界定和基础理论分析,审计师声誉是一种资本市场对会计师事务所审计服务的评价结果。基于评价概念,审计师声誉的测量指标应选择可以反映资本市场本对会计师事务所的认可与褒奖。显然国际"四大"是当前会计师事务所审计服务品质的金字招牌和最显著的资本市场评价,所以本书将会计师事务所是不是国际"四大"作为首要审计质量的测量指标。但是,中国本土会计师事务所无法用国际"四大"作用反映资本市场评价的指标,而中国注册会计师的百家排名多年来获得了中国境内资本市场各参与方的普遍认可,所以进一步将中国会计师事务所排名"前十"作为第二个审计师声誉的测量指标进行补充。另外,特别说明的是审计师声誉并不等同于会计师事务所规模,规模大并不能代表具有高审计师声誉,是两个不同的自变量指标,国际"四大"或中国"十大"并不是胜在会计师事务所规模,而是长期积累的声誉、执业监控和稳定的审计质量水平。

(1)国际"四大"(Big4)

近年审计师声誉研究中,随着经验证据的丰富,国际"BigN"得到普遍应用,研究者逐渐共识应用单一的"BigN"两分法测量审计师声誉。Francis、Wilson(1988)应用是否属国际"八大"会计师事务所之一度量审计师声誉,DeFond(1992)进一步在国际"八大"基础上计算综合指标测量审计师声誉。一直以来会计师事务所是不是国际"四大",声誉高低立显(Blay,2005)。据2019年统计数据,国际"四大"的中国内地成员所(以下简称"四大")的中国客户数量虽然只占全国总体上市公司(3850家)的7.4%,但其审计师声誉的市场认可度体现为,国际"四大"的客户主要属于行业龙头企业,按照客户资产总额计算的份额高达60.2%,按照收入总额、证券业务收入和客户总市值计算的份额也分别达到34.0%、40.6%和43.4%[①]。2019年全年中国证券服务市场的审计收费排名"四大"所审计收费总额为23亿元,占全部上市公司审计收费的35.9%。

吕伟(2009)实证发现国际"四大"是高审计师声誉的代表,Kanagaretnam、

---

① 数据来源:《2019年度证券审计市场分析报告》,中国证监会网站,http://www.csrc.gov.cn/pub/newsite/kjb/gzdt/202008/t20200820_381950.html。

Krishnan 等（2009）实证发现国际"四大"审计师声誉是高审计质量的体现。漆江娜、陈慧霖、张阳（2004）实证发现国际"四大"审计质量高于中国会计师事务所，拥有较高的审计师声誉。刘骏、冯倩（2016）实证发现国际"四大"审计师声誉维护可以有效抵消审计客户的经济依赖度过高导致的审计质量损害。易玄（2011）认为审计师声誉是通过对"好和坏"的二元评价体系来认定的。所以本书以会计师事务所是不是国际"四大"作为这是否具有较高声誉的测量批标，如果属于"四大"所其中之一，那么取值为 1，如若不是，则取值为 0。

（2）会计师事务所排名"前十"（Big10）

多年来中国注册会计师协会一直对会计师事务所业务情况进行排名，排名依据是全国会计师事务报备数据中（事务所业务收入、注册会计师人数、综合评价、处罚和惩戒）四个权威指标计算，取值计算后的结果公布"全国会计师事务所前百家排名"信息[①]。这一排名得到学术界的不断使用，耿建新、房巧玲（2012）将中国审计师声誉分为国际"四大"所与中国前"非四大"所进行测量，康萌（2019）应用会计师事务所排名"前十"作为审计师声誉指标，蔡春（2005）实证发现中国会计师事务所排名"前十"的审计师声誉对可操纵性应计利润有抑制作用。王静、郝东洋、张天西（2013）以是否属于中国"前十"作为判断会计师事务所是否具有较高声誉的指标。实践中该判断指标已事实成为很多上市公司选聘会计师事务所的重要参考指标。国家的各类统计也常以排名"前十"指标作为分类依据，根据中国证监会统计，2019 年中国审计市场审计收费排名"前十"会计师事务所合计为 48 亿元，占全部上市公司审计收费的 75％。2019 年全年更换过会计师事务所的 717 家上市公司选聘后任会计师事务所，675 家上市公司选择内资会计师事务所，占比达到 94⅓，选聘中国会计师事务所作为后任审计机构的上市公司中，448 家选择立信、天健、大华、信永中和、致同、大信、天职、容诚等排名在"前十"的内资所，占比超 60％[②]，呈现明显的"前十"排名的审计师声誉头雁特征，也反映出这一中注协排名是审计师声誉的较好体现。

需特别说明的是，中国会计师事务所排名测量的审计师声誉，并不等同于会计师事务所的规模，因为中注协计算排名的四个权重指标中有"综合评价、

---

① 《关于开展 2019 年度会计师事务所综合评价工作的通知》，http://www.cicpa. org.cn/news/201901/t20190102_51466.html。

② 数据来源：《2019 年度证券审计市场分析报告》，中国证监会网站，http://www. csrc.gov.cn /pub/newsite/kjb/gzdt/202008/ t20200820_381950.html。

处罚和惩戒"两个与规模无关,所以中国规模较大的会计师事务所,并不代表其审计师声誉就好。

由于中注协每年的百家会计师事务所排名在学术与审计实践领域具有巨大社会影响力,所以,本书应用中注协的会计师事务所排名"前十"(Big10)作为审计师声誉的测量批标,排名"前十"的会计师事务所取值为1,排名在11名及以后的取值为0。

3.控制变量

审计行业专长(MSA):会计师事务所审计业务行业集中度越高说明其长期从事这个行业的审计后对这个行业的业务越熟悉,具有这个行业的审计行业专长。陈晓、邱昱芳、徐永新(2010)实证发现审计行业专长(行业审计业务集中度)越高则审计质量越高,被证监会处罚的概率越低。原红旗、韩维芳(2012)实证发现会计师事务所地区竞争优势越大,即审计行业专长越明显,则审计质量越高。现有审计行业专长与审计质量的研究较多,Herrbach 和Olivier(2001)实证发现审计行业专长会影响审计行为,进而影响审计质量。袁春生、汪涛武、唐松莲(2011)以 2005—2008 年数据实证发现审计行业专长比审计独立性更能抑制财务舞弊,更能强化审计师声誉和提高审计质量。陈智、徐泓(2013)应用 2007—2010 年实证发现上市公司愿意为会计师事务所审计行业专长支付审计收费溢出。倪小雅、戴德明(2017)实证发现审计行业专长有助于提高审计质量。闫焕民、王子佳、王浩宇等(2020)实证发现审计行业专长存在一定门槛效应,审计行业专长水平越高,组织支持力度越大审计质量越高。但也有相反的结论,蔡春、鲜文铎(2007)研究发现审计行业专长与审计质量负相关。针对矛盾的结论,本书将依据审计行业专长分组,通过 Chow 检验进行组间系数差异性检验,从不同异质性细节进行审计质量进一步测试。

公司规模(Lna):上市公司规模与审计收费有直接关系,另外规模大的公司更有能力影响审计意见甚至审计质量。审计费用占上市公司资产总额的比例是衡量上市公司规模与审计费用水平的重要指标。

2019 年度全国上市公司审计费用均值为 166.6 万元,上市公司资产均值为 731 亿元,审计费用均值与资产均值的比例为 0.0023%[①]。2019 年全国统计数据(见表 4.2)证明不同上市公司资本与审计收费间存在显著的级差分布。曹书军、刘星、杨晋渝(2012)实证表明不同规模公司聘请的会计师事务所的规

---

① 数据来源:《2019 年度证券审计市场分析报告》,中国证监会网站,http://www.csrc.gov.cn /pub/newsite/kjb/gzdt/202008/ t20200820_381950.html。

模、审计行业专长和审计质量并不相同。谢获宝、刘芬芬、惠丽丽(2018)通过2001—2016年被政府监管处罚数据实证发现规模较大公司的审计报告审计质量显著较高。张潇然、刘晟、朱莉(2018)上市公司规模越大,被会计师事务所出具标准意见的比例越高,即上市公司会选择与自身规模(社会影响力)相匹配的会计师事务所。如果上市公司规模较大,其开展的各项业务活动比较多,需要处理会计事项也具有比较高的复杂程度,要想找出其中存在的错报会具有比较高的审计难度。为了对数据进行更为全面的分析,本书将上市公司规模列为控制变量,对上市公司当年末总资产取自然对数。

表 4.2　2019 年度中国上市公司年报审计收费与公司资产总额比例分析

审计收费/ 公司资产/%	资产均值/ 万元	审计收费 均值/万元	审计收费均值/ 资产均值/%	公司数量/ 家	公司数量 占比/%
>0.04	155280.3	98.2	0.0632	1075	28.0
0.02～0.04	409679.4	111.8	0.0273	1118	29.1
0.01～0.02	958245.4	135.6	0.0142	825	21.5
<0.01	32275979.6	360.6	0.0011	827	21.5

数据来源:《2019 年度证券审计市场分析报告》,中国证监会网站,http:www.csrc.gov.cn /pub/newsite/kjb/gzdt/202008/ t20200820_381950.html。

财务杠杆(Lev):通过上市公司上年度资产负债率测量,债券融资是中国公司最主要融资方式之一,公司通过负债经营的方式能够形成杠杆效应,但是也会导致财务风险上升。上市公司在制定会计政策的过程中,通常会将资产负债率水平作为重点考虑的方面,资产负债率与公司盈余管理程度可能性之间也存在关系。

经营资金(Cfo):经营性现金流比例,取被审计上市公司经营活动产生现金流与总资产的比率。

收益水平(Roa):通过资产报酬率水平测量,取被审计上市公司当年年末资产报酬率。近年来中国上市公司由于资产报酬率水平低下等风险爆发,低收益水平上市公司发生多次更换会计师事务所,或年报审计工作期间突然更换会计师事务所等异常情形。2019 年统计数据显示 20 家[1]上市公司在年报审计期间突击更换会计师事务所,其中包含多家由于收益水平及其他原因被实施退市风险警示的高风险公司,且呈现出突击更换会计师事务所与资产报酬率水平低下的高度相关性特点。

---

[1]　数据来源:《2019 年度证券审计市场分析报告》,中国证监会网站,http://www.csrc.gov.cn /pub/newsite/kjb/gzdt/202008/ t20200820_381950.html。

成长性（Growth）：取值上市公司当年年末营业收入增长率。管考磊（2014）以 2007—2012 年数据实证公司成长性与审计质量的关系，发现高审计质量能够有效抑制公司成长性对会计稳健性的显著负向影响。李建红、周婷媛（2019）用 2012—2016 年数据实证发现上市公司的成长性与审计质量存在相关关系。

资产周转率（Tat）：取值上市公司的年度总销售收入净额与平均资产总额的比率。

股权分布状态（H10）：取值上市公司的股权集中度。李元丽（2018）实证发现上市公司股权集中度与审计质量之间存在显著的正相关。安广实、丁娜娜（2018）实证发现股权集中度对审计意见存在显著的负相关影响。

独董比例（Indep）：取值上市公司的独立董事比例。Carcello、Hermanson 等（2002）实证发现独立董事为了获得更高的审计质量而会愿意让上市公司支付更多审计费用，即独立董事比例与审计质量正相关。

控制人属性（Ssr）：上市公司的国有股占股比例。根据产权理论与声誉理论，石水平、邵梦姝（2015）实证发现上市公司终极控制人的性质（国有还是非国有）对审计质量有重要影响。在非国有企业中审计质量与代理成本负相关，在国有企业两者关系不明显（毛丽娟、陶蕾，2014）。窦炜、马莉莉、何云霜（2016）发现上市公司的终极控制人性质影响会计师事务所高审计质量外部效应发挥。李明娟、颜琦（2020）实证发现控制人属性不同的上市公司从事的经济活动不同，与审计质量的关系也不同。

盈利能力（Loss）：取值上市公司的本年度损益。李小军、李夏（2017）实证发现审计师声誉与上市公司正向盈余管理显著负相关，但与负向盈余管理不显著。上市公司本年度损益直接影响了本公司的融资筹资能力，为了防止盈余减少和亏损，上市公司往往会通过盈余管理方式来实现。因此，本书在分析过程中选择本年度损益作为控制变量。

年度（Year）：控制年度。资本市场环境内外部不断发生变化，数据取自跨度很大的不同年份，故需考虑数据在不同年份的差异性。

行业（Industry）：控制行业。由于会计师事务所在执行审计业务时面临的不同行业上市公司在业务与会计信息方面存在差异，刘明辉、汪玉兰（2015）研究发现中国政府对审计市场的监管，不同行业监管效果存在差异。另外，李歆、李家辉（2020）发现不同行业公司竞争程度与审计质量存在相关关系。因此需对行业差异性进行控制。

综上，变量选取与定义汇总如表 4.3 所示。

表 4.3 变量定义表

变量 类型	变量名称	变量度量	变量 符号	变量取值
被解释变量	审计质量	修正 Jones 模型可 操纵性应计利润	DA	应用 Jones 模型回归,取值可操纵性应计利润的绝对值表示
		审计费用	Fee	会计师事务所对上市公司财务报告审计收取的审计费用金额,数值取自然对数表示
		审计意见	Opinion	会计师事务所对上市公司财报出具有审计意见的虚拟变量,标准无保留意见取值为 1,非标意见则取值为 0
解释变量	审计师声誉	国际"四大"	Big4	是不是国际"四大"会计师事务所,是国际"四大"取值为 1,不是国际"四大"取值为 0
		会计师事务所 排名"前十"	Big10	根据中国注册会计师协会应用全国会计师事务报备数据中(事务所业务收入、注册会计师人数、综合评价、处罚和惩戒)的四个权威指标计算的事务所前百家排名信息进行取值,排名前 10 大的会计师事务所取值为 1,排名在 11 名及以后的取值为 0
控制变量	行业专长	审计行业专长	MSA	行业客户集中度,通过计算会计师事务所审计客户行业审计收入所占全部行业总审计收入的比重
	公司规模	上市公司规模	Lna	上市公司当年年末总资产,取自然对数
	财务杠杆	资产负债率水平	Lev	上市公司当年年末资产负债率
	经营资金	经营性现金流比例	Cfo	被审计上市公司经营活动产生现金流与总资产的比率
	收益水平	资产报酬率水平	Roa	上市公司当年年末资产报酬率
	成长性	营业收入增长率	Growth	上市公司当年年末营业收入增长率
	资产周转率	总资产周转率	Tat	上市公司的年度总销售收入净额与平均资产总额的比率
	股权分布 状态	股权集中度	H10	采用样本上市公司的股权集中度指标 Herfindahl10 指数,取上市公司前 10 位大股东持股比例的平方和
	独董比例	独立董事比例	Indep	独立董事在董事会中所占的比例
	控制人属性	国有股占股比例	Ssr	样本上市公司的股权结构中限售国有股股份数与总股份数的比例
	盈利能力	净利润	Loss	上市公司利润表净利润为正取值为 1,净利润为负取值为 0
	年度	年度虚拟变量	Year	按上市公司所在区间年度数−1,取值虚拟变量
	行业	行业虚拟变量	Industry	按上市公司的证监会行业分类−1,取值虚拟变量

资料来源:作者整理制作。

二、模型构建

根据研究假设,结合可能影响审计质量的因素,本书构建模型,分别对研究假设 H1 和 H2 进行实证检验。

$$DA = \beta_0 + \beta_1 \times Big4 + \beta_2 \times MSA + \beta_3 \times Lna + \beta_4 \times Lev + \beta_5 \times Cfo + \beta_6 \times Roa + \beta_7 \times Growth + \beta_8 \times Tat + \beta_9 \times H10 + \beta_{10} \times Indep + \beta_{11} \times Ssr + \beta_{12} \times Loss + \beta_{13} \times Year + \beta_{14} \times Industry + \varepsilon \tag{4.4}$$

$$Fee = \beta_0 + \beta_1 \times Big4 + \beta_2 \times MSA + \beta_3 \times Lna + \beta_4 \times Lev + \beta_5 \times Cfo + \beta_6 \times Roa + \beta_7 \times Growth + \beta_8 \times Tat + \beta_9 \times H10 + \beta_{10} \times Indep + \beta_{11} \times Ssr + \beta_{12} \times Loss + \beta_{13} \times Year + \beta_{14} \times Industry + \varepsilon \tag{4.5}$$

$$Opinion = \beta_0 + \beta_1 \times Big4 + \beta_2 \times MSA + \beta_3 \times Lna + \beta_4 \times Lev + \beta_5 \times Cfo + \beta_6 \times Roa + \beta_7 \times Growth + \beta_8 \times Tat + \beta_9 \times H10 + \beta_{10} \times Indep + \beta_{11} \times Ssr + \beta_{12} \times Loss + \beta_{13} \times Year + \beta_{14} \times Industry + \varepsilon \tag{4.6}$$

$$DA = \beta_0 + \beta_1 \times Big10 + \beta_2 \times MSA + \beta_3 \times Lna + \beta_4 \times Lev + \beta_5 \times Cfo + \beta_6 \times Roa + \beta_7 \times Growth + \beta_8 \times Tat + \beta_9 \times H10 + \beta_{10} \times Indep + \beta_{11} \times Ssr + \beta_{12} \times Loss + \beta_{13} \times Year + \beta_{14} \times Industry + \varepsilon \tag{4.7}$$

$$Fee = \beta_0 + \beta_1 \times Big10 + \beta_2 \times MSA + \beta_3 \times Lna + \beta_4 \times Lev + \beta_5 \times Cfo + \beta_6 \times Roa + \beta_7 \times Growth + \beta_8 \times Tat + \beta_9 \times H10 + \beta_{10} \times Indep + \beta_{11} \times Ssr + \beta_{12} \times Loss + \beta_{13} \times Year + \beta_{14} \times Industry + \varepsilon \tag{4.8}$$

$$Opinion = \beta_0 + \beta_1 \times Big10 + \beta_2 \times MSA + \beta_3 \times Lna + \beta_4 \times Lev + \beta_5 \times Cfo + \beta_6 \times Roa + \beta_7 \times Growth + \beta_8 \times Tat + \beta_9 \times H10 + \beta_{10} \times Indep + \beta_{11} \times Ssr + \beta_{12} \times Loss + \beta_{13} \times Year + \beta_{14} \times Industry + \varepsilon \tag{4.9}$$

第三节　实证过程与结果分析

一、样本选择与数据来源

本书所采用的相关数据主要来自国泰安数据库,另外部分数据由手工整理取得。研究中样本选取 2000—2019 年的上市公司披露的财务数据及会计师事务所的各类档案数据为来源。并对样本数据做出了如下筛选。

1.剔除资本市场中当年为 ST、PT 类上市公司数据。

2.剔除已退市上市公司样本数据、无效数据和有部分缺失的数据。

3.在数据处理过程中,剔除金融和保险行业相关数据,因为这些行业的资产负债率、运营方式、聘请会计师事务所类型等同其他行业普通上市公司存在显著差异。

4.剔除首年上市的公司相关数据,因为可操纵性应计利润的计算模型之中,需要使用增量信息,所以必须剔除相关上市公司的样本数据。

5.对变量 Fee、Lna、Lev、Cfo、Roa、Growth、Tat、H10、Indep、Ssr 在 1% 水平上做缩尾处理。

经五步样本筛选后共得到了 31424 个年度混合样本的数据。

二、描述性统计

通过对变量的统计分析,运用 STATA 软件运行得到结果,如表 4.4 所示,描述性统计表中的指标有样本的数量、样本的平均值、样本的标准差、样本的最大值和样本的最小值。

表 4.4　描述性统计表

变量名称	样本量	均值	标准差	最小值	中位数	最大值
DA	31424	0.061	0.062	0.000	0.041	0.551
Fee	31424	13.630	0.733	11.918	13.528	16.439
Opinion	31424	0.965	0.184	0.000	1.000	1.000
Big4	31424	0.057	0.232	0.000	0.000	1.000
Big10	31424	0.496	0.500	0.000	0.000	1.000
MSA	31424	0.063	0.052	0.000	0.045	0.403
Lna	31424	22.013	1.268	19.185	21.844	26.408
Lev	31424	0.446	0.204	0.035	0.446	1.143
Cfo	31424	0.046	0.073	−0.235	0.045	0.283
Roa	31424	0.056	0.069	−0.421	0.053	0.338
Growth	31424	0.189	0.456	−0.716	0.117	4.728

续表

变量名称	样本量	均值	标准差	最小值	中位数	最大值
Tat	31424	0.666	0.470	0.048	0.557	3.205
H10	31424	0.170	0.119	0.012	0.140	0.593
Indep	31424	0.369	0.053	0.143	0.333	0.600
Ssr	31424	0.090	0.185	0.000	0.000	0.765
Loss	31424	0.103	0.304	0.000	0.000	1.000

资料来源:作者整理制作。

描述性统计表反映了本章研究中上市公司与会计师事务所 31424 个样本观测相关变量的描述性统计情况。可操纵性应计利润(DA)最大值为 0.551,最小值为 0,根据均值 0.061 判断,最大值与最小值间波动较大,说明不同上市公司的审计质量较大差异。审计收费(Fee)最大值 16.439,最小值为 11.918。审计意见(Opinion)作为 0~1 变量,平均值为 0.965,说明非标意见的占比较小,标准无保留审计意见为绝大多数。国际"四大"(Big4)均值为 0.057,说明国际"四大"所占中国审计市场上市公司数量份额比重不大。而会计师事务所排名"前十"(Big10)均值为 0.496,说明排名"前十"的会计师事务所上市公司审计份额占全部的近一半。

三、相关性分析

相关性分析是进行回归分析必不可少的一步,为了直观表示解释变量和被解释变量的相关程度,做出 Pearson 相关系数分析(见表 4.5)。

表 4.5　Pearson 相关系数

变量名称	DA	Fee	Opinion	Big10	Big4	MSA	Lna	Lev
DA	1.000							
Fee	−0.049 ***	1.000						
Opinion	−0.135 ***	0.001	1.000					
Big10	−0.041 ***	0.266 ***	−0.026 ***	1.000				
Big4	−0.049 ***	0.441 ***	−0.024 ***	0.248 ***	1.000			
MSA	−0.034 ***	0.220 ***	0.024 ***	0.642 ***	0.012 **	1.000		

续表

变量名称	DA	Fee	Opinion	Big10	Big4	MSA	Lna	Lev
Lna	−0.054***	0.766***	0.070***	0.174***	0.344***	0.149***	1.000	
Lev	0.116***	0.261***	−0.142***	−0.021***	0.083***	−0.033***	0.417***	1.000
Cfo	−0.201***	0.044***	0.099***	0.026***	0.084***	0.025***	0.048***	−0.157***
Roa	−0.125***	0.010*	0.307***	0.046***	0.063***	0.042***	0.081***	−0.267***
Growth	0.139***	0.012**	0.070***	−0.013**	−0.002	−0.002	0.051***	0.036***
Tat	0.027***	0.078***	0.060***	0.007	0.045***	−0.041***	0.044***	0.134***
H10	−0.025***	0.114***	0.068***	0.046***	0.171***	0.029***	0.204***	0.037***
Indep	0.024***	0.103***	−0.002	0.060***	0.031***	0.061***	0.055***	−0.025***
Ssr	−0.002***	−0.123***	0.011*	−0.130***	0.045***	−0.131***	0.004***	0.105***
Loss	0.170***	−0.011*	−0.299***	−0.030***	−0.037***	−0.031***	−0.086***	0.190***

变量名称	Cfo	Roa	Growth	Tat	H10	Indep	Ssr	Loss
Cfo	1.000							
Roa	0.372***	1.000						
Growth	0.023***	0.236***	1.000					
Tat	0.137***	0.201***	0.119***	1.000				
H10	0.107***	0.134***	0.034***	0.086***	1.000			
Indep	−0.029***	−0.026***	−0.004	−0.037***	0.006	1.000		
Ssr	0.058***	0.014**	0.055***	0.058***	0.361***	−0.146***	1.000	
Loss	−0.173***	−0.619***	−0.173***	−0.112***	−0.088***	0.012**	−0.014**	1.000

资料来源:作者整理制作。表中***、**、*所表示的显著性水平分别对应1%、5%和10%。

　　从 Pearson 相关系数表中,修正 Jones 模型可操纵性应计利润、审计费用、审计意见、国际"四大"、会计师事务所排名"前十"、行业专长、公司规模、财务杠杆、经营资金、收益水平、资产周转率、股权分布状态、控制人属性都在1%水平上显著相关。只有成长性、独董比例、盈利能力与个别变量在5%水平相关。

　　综上所述,总体而言解释变量与被解释变量及主要控制变量彼此都在1%水平上显著相关,说明变量的选择较为合理,各变量之间的关系与前文的预测基本相符,可以进一步计量研究。

四、多元回归分析

本章采用 OLS 混有面板数据进行计量,如表 4.6 所示,回归结果(OLS)表中呈现的是审计师声誉与审计质量之间关系影响的实证结果,第(1)、(2)、(3)栏分别是用国际"四大"测量的审计师声誉与用三个测量方法:修正 Jones 模型可操纵性应计利润(DA)、审计费用(Fee)、审计意见(Opinion)测量的审计质量之间三组回归结果。

表 4.6　审计师声誉与审计质量的回归结果(OLS)

变量名称	(1) DA	(2) Fee	(3) Opinion	(4) DA	(5) Fee	(6) Opinion
Big4	−0.004*** (−3.238)	0.726*** (51.069)	−0.287* (−1.928)			
Big10				−0.001** (−1.504)	0.145*** (20.155)	−0.148* (−1.917)
MSA	−0.015** (−2.201)	0.907*** (18.927)	0.320 (0.434)	−0.006 (−0.730)	−0.063 (−0.852)	1.310 (1.394)
Lna	−0.004*** (−10.348)	0.368*** (130.468)	0.385*** (9.574)	−0.004*** (−11.819)	0.418*** (138.711)	0.377*** (9.695)
Lev	0.020*** (7.815)	−0.009* (−1.691)	−3.331*** (−15.180)	0.020*** (8.030)	−0.088*** (−5.391)	−3.327*** (−15.190)
Cfo	−0.136*** (−13.158)	0.060* (1.770)	2.090*** (3.805)	−0.136*** (−13.210)	0.149*** (4.159)	2.084*** (3.796)
Roa	0.014 (0.966)	−0.485*** (−10.066)	6.453*** (11.520)	0.014 (0.984)	−0.525*** (−10.216)	6.464*** (11.549)
Growth	0.021*** (16.193)	−0.004 (−0.619)	0.091 (0.715)	0.021*** (16.205)	−0.009 (−1.438)	0.090 (0.707)
Tat	0.008*** (8.116)	0.119*** (19.635)	0.313*** (2.744)	0.008*** (8.081)	0.127*** (19.421)	0.315*** (2.760)
H10	0.008** (2.541)	−0.123*** (−5.405)	1.562*** (3.894)	0.008** (2.364)	−0.016 (−0.671)	1.543*** (3.876)
Indep	0.022*** (3.338)	0.197*** (4.331)	0.204 (0.306)	0.021*** (3.257)	0.290*** (5.864)	0.193 (0.289)
Ssr	−0.002* (−1.791)	−0.063*** (−3.595)	0.184* (1.709)	−0.002* (−1.681)	−0.112*** (−5.937)	0.190* (1.733)

续表

变量名称	(1)	(2)	(3)	(4)	(5)	(6)
	DA	Fee	Opinion	DA	Fee	Opinion
Loss	0.035*** (21.196)	0.071*** (7.241)	−1.011*** (−9.320)	0.035*** (21.161)	0.082*** (7.933)	−1.011*** (−9.331)
_cons	0.118*** (13.990)	5.140*** (83.973)	−3.677*** (−4.180)	0.123*** (15.542)	4.122*** (62.782)	−3.542*** (−4.140)
Industry	Yes	Yes	Yes	Yes	Yes	Yes
Year	Yes	Yes	Yes	Yes	Yes	Yes
N	31424	31424	31424	31424	31424	31424
adj. R^2	0.323	0.704		0.223	0.665	
pseudo R^2			0.271			0.271

资料来源:作者整理制作。表中括号内为 t 值,***、**、* 所表示的显著性水平分别对应 1%、5%和 10%。

第(1)栏结果显示会计师事务所具有国际"四大"审计师声誉(Big4)时与修正 Jones 模型可操纵性应计利润(DA)测量的审计质量在 1%显著性水平上负相关,系数绝对值为 0.004,即审计师声誉每增加 1 个单位,可以有效抑制上市公司操纵性应计利润 0.004 个单位。说明审计师声誉越高,其能容忍的可操纵性应计数的绝对值越低,审计质量越高。

第(2)栏结果显示会计师事务所具有国际"四大"审计师声誉时(Big4)与用审计费用(Fee)测量的审计质量在 1%显著性水平上正相关,系数为 0.726,即审计师声誉每增加 1 个单位,可获得审计费用溢价 0.726 个单位。说明审计师声誉越高,审计收费越高,审计质量越高。

据 2019 年中国证券审计市场统计数据(见表 4.7),审计收费在 2000 万元以上的上市公司共 23 家,行业主要集中分布在金融、能源和建筑等高利润行业,这 23 家[①]全部为国际"四大"的审计客户。在 500 万~2000 万元的审计费用区间内,国际"四大"与中国其他所相比仍具备较大优势。在 100 万元以下的审计费用区间内,国际"四大"涉足较少,基本由中国其他所承接。第(2)栏的回归结果与统计数据相互印证,说明国际"四大"确实存在明显的声誉溢价,被资本市场认可为国际"四大"的审计质量更高。

---

①　数据来源:《2019 年度证券审计市场分析报告》,中国证监会网站,http://www.csrc.gov.cn /pub/newsite/kjb/gzdt/202008/ t20200820_381950.html。

表 4.7　2019 年度全国上市公司年报审计收费区间分布

审计费用区间	上市公司情况		国际"四大"成员所		中国其他内资所	
	上市公司数量	占比	客户数量	占比	客户数量	占比
2000 万元（含）以上	23	0.6%	23	100.0%	—	—
500 万～2000 万元	89	2.3%	55	61.8%	34	38.2%
100 万～500 万元	1694	44.1%	185	10.9%	1509	89.1%
50 万～100 万元	1721	44.7%	19	1.1%	1702	98.9%
50 万元以下	318	8.3%	2	0.6%	316	99.4%
全年总审计费用合计	3845	100.0%	284	7.4%	3561	92.6%

数据来源：《2019 年度证券审计市场分析报告》，中国证监会网站，http：www.csrc.gov. cn /pub/newsite/kjb/gzdt/202008/t20200820_381950.html。

第（3）栏结果显示会计师事务所具有国际"四大"审计师声誉（Big4）时与用审计意见（Opinion）测量的审计质量在 10% 显著性水平上负相关。即证明审计师声誉越高，有勇气出具非标审计意见可能性越大，审计质量越高。

综合第（1）、（2）、（3）栏结果，研究假设 H1 检验通过，即会计师事务所具有国际"四大"审计师声誉（Big4）与审计质量正相关。

第（4）、（5）、（6）栏分别使用会计师事务所排名"前十"审计师声誉（Big10）与用三个测量方法：修正 Jones 模型可操纵性应计利润（DA）、审计费用（Fee）、审计意见（Opinion）测量的审计质量之间的三次回归结果。

第（4）栏结果显示具有会计师事务所排"前十"审计师声誉（Big10）时与修正 Jones 模型可操纵性应计利润（DA）测量的审计质量在 5% 显著性水平上负相关，系数绝对值为 0.001，即会计师事务所具有中国"前十"审计师声誉每增加 1 个单位，可以有效抑制上市公司操纵性应计利润 0.001 个单位。说明审计师声誉越高，其能容忍的可操纵性应计数的绝对值越低，审计质量越高。

第（5）栏结果显示具有会计师事务所排"前十"审计师声誉（Big10）与用审计费用（Fee）测量的审计质量在 1% 显著性水平上正相关，系数为 0.145，即审计师声誉每增加 1 个单位，可获得审计费用溢价 0.145 个单位，说明审计师声誉越高，审计收费越高，审计质量越高。王静、郝东洋、张天西（2013）实证发现以中国"前十"（Big10）代表具有较高声誉会计师事务所与其他非"前十"事务所对抑制上市公司普通应计盈余管理方面并不存在显著审计质量，但对于抑制通过构造交易的真实盈余管理行为计量结果非常显著。刘骏、冯倩（2016）

应用 2013—2015 年数据实证发现中国本土会计师事务所需要更加注重品牌优势的塑造和审计师声誉的建构与维护，以抵抗大客户导致的审计质量下降压力。本书的研究结论回应了前人的研究，并证明中国会计师事务所排名声誉的效应比前些年有明显提高，但是具有会计师事务所排"前十"审计师声誉溢价 0.145 与具有国际"四大"的声誉溢价 0.726 相比，显然溢价比率仍然偏低，未来中国排名的声誉影响力还有很大进步空间。孔亚平（2020）实证发现国际"四大"之所以审计质量较高是因为他们有能力去选择低风险客户，有实力拒绝本身高风险的审计客户，进而维护自己审计师声誉，达到降低了出具非标准审计意见，维护审计质量较高形式的概率。这些声誉与审计质量的提升方法值得中国会计师事务所学习。

综合第（4）和（5）栏结果，研究假设 H2 检验通过，即会计师事务所具有中国注册会计师协会的会计师事务所排"前十"审计师声誉（Big10）与审计质量正相关。

第（6）栏结果显示具有会计师事务所排"前十"审计师声誉（Big10）时与用审计意见类型（Opinion）测量的审计质量在 10% 显著性水平上负相关，即一定程度上证明审计师声誉越高，出具非标审计意见可能性越大，审计质量越高。

此外，审计师声誉与审计质量正相关的作用机理来自会计师事务所特性、上市公司特性、投资者关系等三个维度，而比较突出的因素是审计行业专长、上市公司控制人属性、股权集中度。（1）～（6）栏结果显示，国际"四大"审计师声誉的审计行业专长（MSA）与可操纵性应计利润与审计费用测量的审计质量分别在 5% 和 1% 显著性水平上相关，上市公司控制人属性（Ssr）与用审计费用计量审计质量在 1% 显著性水平上相关。本书将从审计行业专长（MSA）、上市公司控制人属性（Ssr）、股权集中度（H10）三个变量进一步分组，通过 Chow 检验进行组间系数差异性检验，研究不同情况下审计师声誉对审计质量影响的作用机理。

五、进一步测试

1.按审计行业专长分组进一步测试

Herrbach、Olivier（2001）认为审计质量是会计师事务所能不能在审计市场生存的基础，审计质量受到对客户行业的熟悉程度影响，而对客户所在行业的熟悉度表现为会计师事务所的审计行业专长。Kanagaretnam、Krishnan 等（2009）实证发现国际"四大"的审计行业专长更有助于提高审计质量。Martinez、Garcia 等(2018)实证发现国际"四大"会计师事务所由于审计行业专长实力更强,所以提供证券服务业务及相关技能和培训方面的经验丰富,注册会计师拥有更多丰富的知识和审计经验,所以审计行业专长增加了就可持续发展报告提出更准确审计意见的可能性,审计质量更高。基于此,本书根据上文主假设回归结果,通过审计行业专长(MSA)分组(根据中位数判断,分为行业专长高与低两组)进一步回归检验。

具有国际"四大"(Big4)审计师声誉的审计行业专长(MSA)分组数据结果(见表 4.8)显示:第一,审计行业专长的高或低对上市公司抑制可操纵性应计利润(DA)方面体现出较高审计质量,都在 5%显著性水平上相关,并且无论审计行业专长高还是低都有效。第二,对于审计费用(Fee)溢价体现的审计质量也同样在 1%显著性水平上相关,特别是审计行业专长高组的审计费用溢价系数达到 0.744,即国际"四大"审计师声誉在审计行业专长高组中每增加 1 个单位,可获得审计费用溢价 0.744 个单位,再对比之前的两个回归结果,说明这些行业上市公司是国际"四大"审计师声誉的坚定支持者也是高额审计服务的购买者,是国际"四大"的重要审计费用收入来源和审计师声誉体现最显著的审计市场客户群。第三,具有国际"四大"审计师声誉的会计师事务所在审计行业专长无论高与低组都对审计意见(Opinion)测量的审计质量不显著,需要进一步测试。

表 4.8 国际"四大"按审计行业专长分组后的回归分析(根据中位数判断)

变量名称	DA		Fee		Opinion	
	审计师行业专长高组	审计师行业专长低组	审计师行业专长高组	审计师行业专长低组	审计师行业专长高组	审计师行业专长低组
Big4	−0.005** (−2.165)	−0.004** (−2.445)	0.744*** (29.381)	0.706*** (41.096)	−0.535 (−1.537)	−0.054 (−0.205)
MSA	0.027** (2.022)	−0.036 (−1.363)	1.013*** (9.626)	0.863*** (4.909)	−1.070 (−0.727)	6.815** (2.335)
Lna	−0.004*** (−7.080)	−0.004*** (−6.974)	0.389*** (94.586)	0.343*** (88.359)	0.393*** (6.564)	0.376*** (6.862)
Lev	0.019*** (5.131)	0.020*** (5.715)	−0.033 (−1.456)	0.027 (1.379)	−3.516*** (−9.704)	−3.304*** (−11.753)
Cfo	−0.165*** (−10.927)	−0.112*** (−7.968)	0.063 (1.228)	0.068 (1.504)	0.865 (0.977)	2.855*** (4.015)
Roa	0.055** (2.524)	−0.019 (−0.980)	−0.498*** (−6.805)	−0.426*** (−6.663)	6.745*** (7.404)	6.248*** (8.614)

续表

变量名称	DA		Fee		Opinion	
	审计师行业专长高组	审计师行业专长低组	审计师行业专长高组	审计师行业专长低组	审计师行业专长高组	审计师行业专长低组
Growth	0.022*** (11.026)	0.020*** (11.995)	−0.003 (−0.351)	−0.005 (−0.590)	0.380 (1.395)	−0.041 (−0.300)
Tat	0.007*** (4.673)	0.009*** (6.708)	0.133*** (13.779)	0.106*** (13.502)	0.105 (0.657)	0.502*** (2.980)
H10	0.010** (2.258)	0.007 (1.487)	−0.094*** (−2.878)	−0.167*** (−5.332)	0.957* (1.684)	2.284*** (3.904)
Indep	0.022** (2.442)	0.021** (2.308)	0.154** (2.397)	0.216*** (3.356)	2.543** (2.243)	−1.495* (−1.790)
Ssr	0.001 (0.386)	−0.006* (−1.831)	−0.117*** (−4.399)	−0.017 (−0.728)	0.892** (2.155)	−0.543 (−1.622)
Loss	0.037*** (15.426)	0.033*** (14.768)	0.057*** (3.971)	0.080*** (6.069)	−1.106*** (−6.430)	−0.939*** (−6.605)
_cons	0.109*** (9.023)	0.119*** (9.947)	4.700*** (52.819)	5.633*** (66.318)	−4.136*** (−3.116)	−3.258*** (−2.723)
Industry	Yes	Yes	Yes	Yes	Yes	Yes
Year	Yes	Yes	Yes	Yes	Yes	Yes
N	14834	16590	14834	16590	14834	16590
adj. R^2	0.137	0.115	0.707	0.703		
pseudo R^2					0.272	0.284

资料来源:作者整理制作。表中括号内为 t 值,***、**、* 所表示的显著性水平分别对应 1%、5% 和 10%。

具有会计师事务所排名"前十"(Big10)审计师声誉的审计行业专长(MSA)分组回归数据表(见表 4.9)显示:第一,会计师事务所不论审计行业专长高还是低对于审计费用(Fee)溢价体现的审计质量都在 1% 显著性水平上相关。但是国际"四大"审计师声誉不同的是审计行业专长低的客户组声誉溢价度更高。说明中国排名"前十"审计师声誉通过审计行业专长作用可以实现审计费用溢价,会计师事务所会计排名"前十"审计师声誉对审计费用具有显著的有效审计师声誉。第二,排名"前十"审计师声誉根据审计行业专长分为高组与低组后,对上市公司抑制可操纵性应计利润(DA)方面体现的审计质量与以审计意见测量审计质量都不显著。说明未来需要加强审计师声誉建设和

资本市场认可度,对具有会计师事务所排名"前十"审计师声誉的会计师事务,
进一步强化审计师声誉对审计质量的内在驱动力作用。

表 4.9　会计师事务所排名"前十"按审计行业专长分组后的回归分析(根据中位数判断)

变量名称	DA		Fee		Opinion	
	审计师行业专长高组	审计师行业专长低组	审计师行业专长高组	审计师行业专长低组	审计师行业专长高组	审计师行业专长低组
Big10	-0.002 (-1.259)	-0.001 (-0.490)	0.155^{***} (13.671)	0.188^{***} (18.625)	-0.240 (-1.548)	-0.200 (-1.559)
MSA	0.030^{**} (2.184)	-0.031 (-1.058)	0.976^{***} (7.961)	-0.862^{***} (-3.967)	-0.348 (-0.222)	9.033^{***} (2.801)
Lna	-0.004^{***} (-7.940)	-0.004^{***} (-8.066)	0.432^{***} (101.131)	0.393^{***} (95.790)	0.377^{***} (6.381)	0.377^{***} (7.233)
Lev	0.020^{***} (5.308)	0.020^{***} (5.839)	-0.123^{***} (-5.032)	-0.027 (-1.289)	-3.505^{***} (-9.712)	-3.308^{***} (-11.805)
Cfo	-0.165^{***} (-10.959)	-0.113^{***} (-8.012)	0.135^{**} (2.527)	0.155^{***} (3.233)	0.820 (0.929)	2.864^{***} (4.023)
Roa	0.056^{**} (2.562)	-0.019 (-0.988)	-0.616^{***} (-7.956)	-0.404^{***} (-5.934)	6.802^{***} (7.474)	6.262^{***} (8.652)
Growth	0.022^{***} (11.000)	0.020^{***} (12.045)	0.000 (0.012)	-0.014^{*} (-1.772)	0.375 (1.373)	-0.044 (-0.316)
Tat	0.007^{***} (4.666)	0.009^{***} (6.653)	0.136^{***} (13.308)	0.117^{***} (13.790)	0.120 (0.750)	0.509^{***} (3.014)
H10	0.010^{**} (2.150)	0.006 (1.336)	-0.008 (-0.242)	-0.070^{**} (-2.117)	0.900 (1.607)	2.296^{***} (3.928)
Indep	0.022^{**} (2.386)	0.021^{**} (2.274)	0.254^{***} (3.677)	0.264^{***} (3.903)	2.517^{**} (2.215)	-1.496^{*} (-1.794)
Ssr	0.002 (0.475)	-0.006^{*} (-1.746)	-0.171^{***} (-6.033)	-0.060^{**} (-2.487)	0.906^{**} (2.190)	-0.538 (-1.610)
Loss	0.037^{***} (15.431)	0.033^{***} (14.714)	0.053^{***} (3.572)	0.100^{***} (7.189)	-1.099^{***} (-6.455)	-0.938^{***} (-6.613)
_cons	0.114^{***} (9.942)	0.126^{***} (11.134)	3.826^{***} (41.092)	4.603^{***} (51.875)	-3.841^{***} (-2.930)	-3.326^{***} (-2.911)
Industry	Yes	Yes	Yes	Yes	Yes	Yes
Year	Yes	Yes	Yes	Yes	Yes	Yes

续表

变量名称	DA		Fee		Opinion	
	审计师行业 专长高组	审计师行业 专长低组	审计师行业 专长高组	审计师行业 专长低组	审计师行业 专长高组	审计师行业 专长低组
N	14834	16590	14834	16590	14834	16590
adj. R^2	0.137	0.115	0.676	0.663		
pseudo R^2					0.272	0.285

资料来源:作者整理制作。表中括号内为 t 值,***、**、* 所表示的显著性水平分别对应 1%、5% 和 10%。

另外,进一步组间差异性检验(应用 Chow 检验)结果显示,在变量 Fee 作为被解释变量的回归方程中,审计行业专业组的组间系数检验结果 Chi2 = 4.622,p 值＝0.032＜0.05,即在 5% 水平上组间存在显著差异。

2.按上市公司控制人属性分组进一步测试

李明娟、颜琦(2020)实证发现在国有上市公司中高审计师声誉与高审计质量的关系表现明显,非国有上市公司组中则无相关性。基于此,本书认为审计师声誉与审计质量的内在驱动作用机理还与上市公司的控制人属性特征有关。中国资本市场上国有企业或国有控股企业占比较大,国有企业与非国有企业的管理方式、运行逻辑及对审计报告的需求动机等方面都存在重大差异,所以实际控制人属性是上市公司明显的特征之一。本书将对控制人属性(Ssr)进行分组,进一步测试不同组别的审计师声誉内在驱动作用机理。

按控制人属性(Ssr)分为国有和非国有两组后的回归结果(见表 4.10)显示:第一,具有国际"四大"审计师声誉的会计师事务所对于国有上市公司可操纵性应计利润(DA)的抑制作用在 1% 显著性水平上相关,对非国有上市公司在 10% 显著性水平上相关。并且对国有和非国有上市公司审计质量影响程度一致无差别,绝对值都是 0.004 个单位。第二,国际"四大"审计师声誉与审计费用(Fee)测量的审计质量在 1% 显著性水平上相关,但是国有上市公司的审计费用溢价率比非国有上市公司的审计费用溢价率高 0.076 个单位(0.733－0.657),说明国有上市公司比非国有上市公司对国际"四大"审计师声誉更加追捧,更愿意为国际"四大"审计师声誉体现高审计质量支付超额审计费用。第三,国际"四大"审计师声誉对国有和非国有上市公司的审计意见(Opinion)都不显著。

表 4.10　国际"四大"按控制人属性分组后的回归结果(根据中位数判断)

变量名称	DA		Fee		Opinion	
	国有	非国有	国有	非国有	国有	非国有
Big4	−0.004 *** (−2.662)	−0.004 * (−1.701)	0.733 *** (37.974)	0.657 *** (33.957)	−0.151 (−0.513)	−0.278 (−1.008)
MSA	−0.015 (−1.629)	−0.013 (−1.390)	1.102 *** (13.097)	0.670 *** (12.216)	−0.023 (−0.018)	0.778 (0.862)
Lna	−0.003 *** (−5.945)	−0.003 *** (−5.979)	0.409 (89.396)	0.344 (94.847)	0.393 *** (5.878)	0.316 *** (6.199)
Lev	0.019 *** (5.691)	0.027 *** (7.377)	−0.117 *** (−4.680)	0.116 *** (6.222)	−3.685 *** (−8.438)	−3.323 *** (−12.697)
Cfo	−0.099 *** (−6.318)	−0.164 *** (−12.174)	−0.046 (−0.811)	0.156 *** (3.780)	1.392 (1.455)	2.246 *** (3.342)
Roa	0.084 *** (4.198)	−0.019 (−1.015)	−0.563 *** (−6.199)	−0.468 *** (−8.379)	11.344 *** (8.550)	5.026 *** (8.166)
Growth	0.020 *** (9.698)	0.020 *** (11.906)	−0.043 *** (−4.257)	0.011 (1.462)	0.536 (1.582)	0.050 (0.366)
Tat	0.006 *** (4.481)	0.011 *** (7.302)	0.136 *** (15.275)	0.098 *** (12.049)	0.396 ** (2.114)	0.182 (1.278)
H10	0.007 (1.491)	0.016 *** (3.424)	−0.243 *** (−6.798)	−0.057 ** (−1.981)	−0.227 (−0.357)	2.764 *** (4.866)
Indep	−0.000 (−0.050)	0.031 *** (3.441)	0.190 ** (2.494)	0.092 * (1.701)	0.688 (0.569)	0.079 (0.095)
Ssr	0.007 ** (2.393)	−0.017 ** (−2.220)	0.045 * (1.899)	−0.022 (−0.454)	0.313 (0.796)	−0.082 (−0.140)
Loss	0.030 *** (13.936)	0.040 *** (16.622)	0.051 *** (3.316)	0.079 *** (6.429)	−0.450 ** (−2.196)	−1.180 *** (−8.818)
_cons	0.110 *** (9.598)	0.094 *** (7.133)	4.361 *** (45.699)	5.601 *** (68.727)	−3.827 *** (−2.749)	−2.229 * (−1.884)
Industry	Yes	Yes	Yes	Yes	Yes	Yes
Year	Yes	Yes	Yes	Yes	Yes	Yes
N	13512	17912	13512	17912	13486	17912
adj. R^2	0.114	0.147	0.741	0.665		
pseudo R^2					0.294	0.278

　　资料来源:作者整理制作。表中括号内为 t 值,***、**、* 所表示的显著性水平分别对应 1%、5%和 10%。

另外,进一步组间差异性检验(应用 Chow 检验)结果显示,在变量 Fee 作为被解释变量的回归方程中,组间系数检验结果 Chi2＝7.879,p 值＝0.005＜0.01,即在 1% 水平上组间存在显著差异。

具有排名"前十"(Big10)审计师声誉与审计质量按控制人属性分组(Ssr)回归(见表 4.11)显示:第一,国有和非国有的审计师声誉与审计费用(Fee)测度的审计质量在 1% 显著性水平上正相关。说明会计师事务所排名"前十"审计师声誉对国有与非国有上市公司都具有声誉溢价的作用,而且在国有企业客户群体中比非国有企业客户群体中更受追捧,声誉溢价高出 0.082 个单位(0.191－0.109)。这证明了产权理论对审计师声誉的所解释可行性,可能原因是国有企业基于信号传递更在意所聘请会计师事务所在中国排名靠前带来的声誉作用,认同全国排名"前十"的审计质量更高。第二,具有会计师事务所排名"前十"审计师声誉的会计师事务所对于国有与非国有上市公司的可操纵性应计利润(DA)的抑制作用都不显著。第三,具有会计师事务所排名"前十"审计师声誉对国有上市公司的审计意见(Opinion)在 10% 显著性水平上负相关,说明具有影响。

表 4.11　会计师事务所排名"前十"按控制人属性分组后的回归结果(根据中位数判断)

变量名称	DA		Fee		Opinion	
	国有	非国有	国有	非国有	国有	非国有
Big10	−0.000 (−0.414)	−0.002 (−1.156)	0.191*** (17.336)	0.109*** (12.178)	−0.301* (−1.942)	−0.057 (−0.484)
MSA	−0.013 (−1.183)	−0.002 (−0.125)	0.120 (1.027)	−0.233*** (−2.700)	1.752 (1.104)	1.217 (1.035)
Lna	−0.004*** (−7.190)	−0.004*** (−6.450)	0.472*** (101.306)	0.372*** (95.732)	0.396*** (6.256)	0.308*** (6.133)
Lev	0.020*** (5.985)	0.027*** (7.411)	−0.247*** (−9.119)	0.095*** (4.952)	−3.696*** (−8.538)	−3.320*** (−12.682)
Cfo	−0.099*** (−6.353)	−0.164*** (−12.201)	0.065 (1.074)	0.224*** (5.181)	1.356 (1.413)	2.240*** (3.344)
Roa	0.085*** (4.233)	−0.019 (−1.022)	−0.667*** (−6.799)	−0.426*** (−7.329)	11.326*** (8.438)	5.018*** (8.187)
Growth	0.020*** (9.719)	0.020*** (11.902)	−0.051*** (−4.747)	0.007 (0.966)	0.531 (1.569)	0.050 (0.369)
Tat	0.005*** (4.388)	0.011*** (7.314)	0.151*** (15.299)	0.095*** (11.387)	0.415** (2.208)	0.182 (1.276)

续表

变量名称	DA		Fee		Opinion	
	国有	非国有	国有	非国有	国有	非国有
H10	0.006 (1.339)	0.015*** (3.351)	−0.135*** (−3.468)	0.011 (0.386)	−0.255 (−0.402)	2.751*** (4.859)
Indep	−0.001 (−0.127)	0.031*** (3.434)	0.308*** (3.625)	0.102* (1.836)	0.736 (0.607)	0.070 (0.084)
Ssr	0.008** (2.534)	−0.017** (−2.256)	−0.025 (−0.963)	0.010 (0.209)	0.302 (0.768)	−0.085 (−0.146)
Loss	0.030*** (13.921)	0.040*** (16.591)	0.058*** (3.540)	0.092*** (7.200)	−0.449** (−2.188)	−1.183*** (−8.875)
_cons	0.118*** (11.115)	0.097*** (7.519)	3.058*** (31.220)	5.034*** (58.337)	−3.956*** (−2.985)	−2.081* (−1.776)
Industry	Yes	Yes	Yes	Yes	Yes	Yes
Year	Yes	Yes	Yes	Yes	Yes	Yes
N	13512	17912	13512	17912	13486	17912
adj. R^2	0.113	0.147	0.700	0.637		
pseudo R^2					0.295	0.278

资料来源:作者整理制作。表中括号内为 t 值,***、**、* 所表示的显著性水平分别对应 1%、5% 和 10%。

另外,进一步组间差异性检验(应用 Chow 检验),结果显示,变量 Fee 作为因变量的回归方程中,组间系数检验结果 Chi2 = 33.503,p 值 = 0.000 < 0.01,即在 1% 水平上组间存在显著差异。

3. 按股权集中度(H10)分组进一步测试

股权集中度(H10)对上市公司的公司治理具有重要影响,股权集中度过高会对公司治理产生不良影响,股权相对分散可以形成相互制衡,减少对会计师事务所审计行为的影响。根据股权集中度(H10)中位数判断分组,进一步分析不同股权集中度(H10)情况下,审计师声誉对审计质量的影响。

国际"四大"(Big4)审计师声誉的分组回归结果(见表 4.12)显示:审计师声誉对不同股权集中度(H10)上市公司的审计质量存在显著差异。对股权集中度(H10)低组的上市公司的抑制操纵性应计利润、审计费用溢价、谨慎发表审计意见三个方面测量的审计质量,都表现出比股权集中度高组更高的显著性。

表 4.12　国际"四大"按股权集中度 H10 分组后的回归分析(根据中位数判断)

变量名称	DA		Fee		Opinion	
	股权集中度高组	股权集中度低组	股权集中度高组	股权集中度低组	股权集中度高组	股权集中度低组
Big4	-0.003^{*}	-0.008^{***}	0.686^{***}	0.781^{***}	1.022^{**}	-0.927^{***}
	(-1.700)	(-3.056)	(38.771)	(32.281)	(2.421)	(-3.962)
MSA	-0.010	-0.021^{**}	1.051^{***}	0.735^{***}	-0.003	0.372
	(-1.102)	(-2.079)	(15.134)	(11.233)	(-0.002)	(0.402)
Lna	-0.005^{***}	-0.003^{***}	0.382^{***}	0.353^{***}	0.158^{**}	0.471^{***}
	(-9.506)	(-5.459)	(94.247)	(88.242)	(2.237)	(9.447)
Lev	0.031^{***}	0.013^{***}	-0.064^{***}	0.048^{**}	-2.537^{***}	-3.586^{***}
	(9.196)	(3.573)	(-2.764)	(2.428)	(-5.935)	(-14.174)
Cfo	-0.185^{***}	-0.099^{***}	0.069	0.026	1.868^{*}	2.032^{***}
	(-12.701)	(-6.818)	(1.403)	(0.553)	(1.893)	(3.020)
Roa	0.155^{***}	-0.084^{***}	-0.415^{***}	-0.520^{***}	9.042^{***}	5.785^{***}
	(8.272)	(-4.348)	(-5.584)	(-8.180)	(7.142)	(9.001)
Growth	0.023^{***}	0.018^{***}	-0.003	-0.006	0.271	0.005
	(12.849)	(9.728)	(-0.328)	(-0.691)	(0.840)	(0.038)
Tat	0.007^{***}	0.008^{***}	0.111^{***}	0.125^{***}	0.048	0.503^{***}
	(4.892)	(6.057)	(12.440)	(15.222)	(0.291)	(3.384)
H10	0.011^{**}	0.007	-0.121^{***}	-0.475^{***}	-0.377	4.226^{***}
	(2.131)	(0.531)	(-3.200)	(-5.763)	(-0.577)	(3.638)
Indep	0.019^{**}	0.020^{**}	0.289^{***}	0.061	-1.099	0.957
	(2.146)	(2.027)	(4.414)	(0.968)	(-0.951)	(1.141)
Ssr	0.000	-0.011^{**}	-0.069^{***}	-0.040	0.697^{**}	0.386
	(0.129)	(-2.234)	(-3.136)	(-1.282)	(2.136)	(0.856)
Loss	0.040^{***}	0.028^{***}	0.063^{***}	0.066^{***}	-0.872^{***}	-0.997^{***}
	(16.560)	(12.368)	(3.939)	(5.291)	(-4.042)	(-7.799)
_cons	0.126^{***}	0.110^{***}	4.836^{***}	5.517^{***}	1.504	-6.006^{***}
	(11.317)	(8.432)	(55.499)	(62.682)	(1.036)	(-5.285)
Industry	Yes	Yes	Yes	Yes	Yes	Yes
Year	Yes	Yes	Yes	Yes	Yes	Yes
N	15645	15779	15645	15779	15527	15779
adj. R^{2}	0.152	0.124	0.726	0.673		
pseudo R^{2}					0.240	0.286

资料来源:作者整理制作。表中括号内为 t 值,***、**、*所表示的显著性水平分别对应 1%、5%和 10%。

另外,进一步组间差异性检验(应用 Chow 检验)结果显示,在变量 Fee 作为被解释变量的回归方程中,组间系数检验结果 Chi2＝9.961,p 值＝0.000＜0.01,即在 1％水平上组间存在显著差异。在变量 Opinion 作为被解释变量的回归方程中,组间系数检验结果 Chi2＝16.304,p 值＝0.000＜0.01,即在 1％水平上组间存在显著差异。

具有排名"前十"(Big10)审计师声誉的分组回归结果(见表 4.13)显示:对不同股权集中度(H10)上市公司的审计费用测量的审计质量存在 1％水平的显著影响,进一步对股权集中度高组影响幅度更大(0.177＞0.110)。另外在股权集中度高组的审计意见测量的审计质量也表现出一定显著性,即排名"前十"审计师声誉对股权集中度高组上市公司的审计意见发表谨慎性具有影响。

表 4.13　会计师事务所排名"前十"按股权集中度 H10 分组后的回归分析(根据中位数判断)

变量名称	DA		Fee		Opinion	
	股权集中度高组	股权集中度低组	股权集中度高组	股权集中度低组	股权集中度高组	股权集中度低组
Big10	−0.001 (−0.605)	−0.002* (−1.691)	0.177*** (17.120)	0.110*** (11.138)	−0.272* (−1.749)	−0.087 (−0.748)
MSA	−0.005 (−0.477)	−0.006 (−0.435)	−0.080 (−0.761)	−0.059 (−0.586)	1.541 (1.039)	1.162 (0.965)
Lna	−0.005*** (−10.697)	−0.004*** (−6.299)	0.440*** (105.981)	0.390*** (87.796)	0.218*** (3.337)	0.441*** (8.827)
Lev	0.031*** (9.389)	0.013*** (3.683)	−0.174*** (−6.974)	0.007 (0.343)	−2.670*** (−6.351)	−3.568*** (−14.069)
Cfo	−0.185*** (−12.739)	−0.099*** (−6.845)	0.186*** (3.567)	0.068 (1.384)	1.939* (1.954)	2.017*** (3.018)
Roa	0.155*** (8.282)	−0.084*** (−4.328)	−0.450*** (−5.586)	−0.554*** (−8.380)	9.000*** (7.042)	5.748*** (8.995)
Growth	0.023*** (12.874)	0.018*** (9.709)	−0.012 (−1.301)	−0.006 (−0.704)	0.262 (0.806)	0.008 (0.063)
Tat	0.007*** (4.865)	0.008*** (6.057)	0.123*** (12.524)	0.128*** (15.111)	0.063 (0.381)	0.488*** (3.288)
H10	0.010** (2.066)	0.005 (0.422)	−0.034 (−0.828)	−0.332*** (−3.712)	−0.285 (−0.436)	4.146*** (3.585)
Indep	0.018** (2.093)	0.019** (2.002)	0.412*** (5.699)	0.084 (1.284)	−0.938 (−0.816)	0.895 (1.070)

续表

变量名称	DA		Fee		Opinion	
	股权集中度高组	股权集中度低组	股权集中度高组	股权集中度低组	股权集中度高组	股权集中度低组
Ssr	0.001 (0.199)	−0.011** (−2.169)	−0.123*** (−5.213)	−0.076** (−2.291)	0.633* (1.945)	0.408 (0.903)
Loss	0.040*** (16.547)	0.028*** (12.337)	0.070*** (4.134)	0.074*** (5.711)	−0.864*** (−3.971)	−1.001*** (−7.845)
_cons	0.130*** (12.493)	0.116*** (9.273)	3.666*** (40.428)	4.779*** (49.725)	0.202 (0.150)	−5.391*** (−4.729)
Industry	Yes	Yes	Yes	Yes	Yes	Yes
Year	Yes	Yes	Yes	Yes	Yes	Yes
N	15645	15779	15645	15779	15527	15779
adj. R^2	0.151	0.124	0.687	0.637		
pseudo R^2					0.238	0.284

资料来源:作者整理制作。表中括号内为 t 值，***、**、* 所表示的显著性水平分别对应 1%、5%和 10%。

另外,进一步组间差异性检验(应用 Chow 检验)结果显示,在变量 Fee 作为被解释变量的回归方程中,组间系数检验结果 Chi2＝21.764,p 值＝0.000＜0.01,即在 1%水平上组间存在显著差异。

六、内生性检验

在 H1 和 H2 关于国内外审计师声誉与审计质量的正相关关系假设及检验中,审计师声誉与审计质量之间可能存在内生性。因为在理论上,会计师事务所的审计师声誉是审计质量的外在体现,审计质量是审计师声誉的内在品质。而且,在资本市场上,上市公司在选聘会计师事务所时一般就会认为,审计质量高的会计师事务所审计师声誉就会高。反之,而审计师声誉高的会计师事务所审计质量也会高,二者存在外表与内核的联系性。

1.工具变量法内生性检验

使用同行业里面其他公司的变量均值作为工具变量,进行两阶段回归的内生性检验(见表 4.14)。

表 4.14 同行业 Ind_Big10 的工具变量法内生性检验

变量名称	第一阶段回归	第二阶段回归		
	(1)	(2)	(3)	(4)
	Big10	DA	Fee	Opinion
Big10		−0.003*	0.698***	−1.680***
		(−1.937)	(3.634)	(−3.074)
Ind_Big10	−0.362***			
	(−6.368)			
MSA	6.107***	−0.033	−3.435***	10.415***
	(138.952)	(−0.241)	(−2.920)	(3.126)
Lna	0.028***	−0.004***	0.403***	0.187***
	(12.261)	(−6.158)	(64.596)	(9.631)
Lev	−0.054***	0.020***	−0.058***	−1.282***
	(−4.040)	(7.419)	(−2.780)	(−5.779)
Cfo	0.071**	−0.136***	0.112***	0.767***
	(2.203)	(−13.072)	(2.677)	(3.331)
Roa	0.051	0.014	−0.553***	3.048***
	(1.159)	(0.967)	(−9.539)	(5.015)
Growth	−0.020***	0.021***	0.002	−0.027
	(−4.322)	(15.398)	(0.235)	(−0.622)
Tat	0.025***	0.008***	0.113***	0.166***
	(4.576)	(6.887)	(13.230)	(4.006)
H10	0.098***	0.007*	−0.070**	0.660***
	(4.796)	(1.815)	(−2.140)	(4.366)
Indep	0.024	0.021***	0.275***	0.004
	(0.583)	(3.238)	(4.965)	(0.014)
Ssr	−0.039**	−0.002	−0.089***	0.038
	(−2.390)	(−0.564)	(−4.045)	(0.351)
Loss	0.016*	0.035***	0.073***	−0.335***
	(1.849)	(20.618)	(6.180)	(−3.655)
_cons	−0.713***	0.127***	4.542***	−2.455***
	(−13.398)	(6.758)	(27.618)	(−6.814)
Industry	Yes	Yes	Yes	Yes

续表

变量名称	第一阶段回归	第二阶段回归		
	（1）	（2）	（3）	（4）
	Big10	DA	Fee	Opinion
Year	Yes	Yes	Yes	Yes
N	31424	31424	31424	31424
adj. R^2	0.446	0.122	0.586	

资料来源:作者整理制作。表中括号内为 t 值,***、**、*所表示的显著性水平分别对应 1%、5%和10%。

同行业 Ind_Big10 和 Ind_Big4 的工具变量法内生性检验,消除内生性的影响,实证结果仍然显著(见表 4.15)。

表 4.15 同行业 Ind_Big4 的工具变量法内生性检验

变量名称	第一阶段回归	第二阶段回归		
	（1）	（2）	（3）	（4）
	Big4	DA	Fee	Opinion
Big4		−0.064***	0.566***	0.346
		（−2.730）	（3.781）	（0.341）
Ind_Big4	−0.901***			
	（−10.520）			
MSA	−0.125***	−0.007	0.888***	0.254
	（−4.357）	（−0.907）	（17.634）	（0.738）
Lna	0.075***	−0.009***	0.380***	0.148*
	（40.394）	（−5.093）	（33.098）	（1.816）
Lev	−0.118***	0.028***	−0.028	−1.446***
	（−16.140）	（7.330）	（−1.198）	（−7.661）
Cfo	0.133***	−0.145***	0.082**	0.763**
	（8.162）	（−13.075）	（2.078）	（2.543）
Roa	−0.045*	0.017	−0.492***	3.714***
	（−1.851）	（1.166）	（−10.098）	（12.547）
Growth	−0.012***	0.022***	−0.006	0.012
	（−4.588）	（16.441）	（−0.882）	（0.236）

续表

变量名称	第一阶段回归	第二阶段回归		
	(1)	(2)	(3)	(4)
	Big4	DA	Fee	Opinion
Tat	0.016***	0.007***	0.122***	0.149***
	(5.015)	(6.381)	(18.645)	(2.869)
H10	0.168***	−0.003	−0.096***	0.558**
	(12.396)	(−0.634)	(−2.869)	(2.161)
Indep	0.130***	0.013*	0.219***	−0.099
	(5.110)	(1.716)	(4.399)	(−0.295)
Ssr	−0.075***	0.003	−0.075***	0.158
	(−7.252)	(1.036)	(−3.679)	(1.091)
Loss	0.019***	0.033***	0.074***	−0.462***
	(4.011)	(19.354)	(7.207)	(−8.808)
_cons	−1.561***	0.224***	4.891***	−0.877
	(−39.022)	(5.978)	(20.335)	(−0.533)
Industry	Yes	Yes	Yes	Yes
Year	Yes	Yes	Yes	Yes
N	31424	31424	31424	31424
adj. R^2	0.161	0.068	0.702	

资料来源：作者整理制作。表中括号内为 t 值，***、**、*所表示的显著性水平分别对应 1%、5% 和 10%。

2.滞后一期法内生性检验

通过考察检验滞后一期的审计质量，消除内生性对模型的影响，检验会计师事务所具有国际"四大"或中国"十大"审计师声誉与其审计质量的正相关关系，结果发现，计算的数据仍然支持本书观点。

3.缩小样本的内生性检验

对变量中的极值进一步处理，对所有连续变量的最大值与最小值进行 5% 范围的数据极值处理，比较 5%、1% 与不做极值处理的三种样本情况下实证结果差异，重新检验研究假说，发现实证结果基本保持一致。

七、稳健性检验

为了检验审计师声誉与审计质量关系研究模型与结论的稳健性，基于文中通过修正 Jones 模型可操纵性应计利润、审计费用、审计意见类型三个方法测量审计质量回归结果。本节采用倾向值评分匹配法（PSM）和替换被解释变量（审计费用测量的审计质量）的方法进行稳健性检验。

1.倾向值评分匹配法（PSM）是适用于计量中非实验数据或观测数据进行有条件人工假定事实改变干预后对比其效应分析的一类统计计量方法。在观察数据的研究中，不可避免出现数据偏差（Bias）和混杂变量（Confounding Variable）的情况，PSM 可以减少偏差和混杂变量影响，在数量上实现对实验组和对照组进行更合理的比较研究。分别使用 Big10 和 Big4 作为分组变量进行匹配，然后分别对审计质量测量的三种不同值进行配对比较（见表 4.16、表 4.17、表 4.18）。

表 4.16　PSM 匹配中使用 Big10 作为分组变量进行匹配的检验过程

变量名称	匹配前后	处理组	控制组	%bias	t 值	p 值
MSA	匹配前	0.096	0.029	167.0	148.29	0.000
	匹配后	0.096	0.096	0.3	0.18	0.856
Lna	匹配前	22.236	21.794	35.4	31.36	0.000
	匹配后	22.236	22.345	−8.7	−7.37	0.000
Cfo	匹配前	0.048	0.044	5.3	4.67	0.000
	匹配后	0.048	0.048	−0.8	−0.71	0.480
Roa	匹配前	0.059	0.053	9.3	8.25	0.000
	匹配后	0.059	0.061	−3.0	−2.71	0.007
Indep	匹配前	0.373	0.366	11.9	10.58	0.000
	匹配后	0.373	0.368	8.2	7.12	0.000
Ssr	匹配前	0.066	0.114	−26.3	−23.30	0.000
	匹配后	0.066	0.091	−13.8	−12.69	0.000
Loss	匹配前	0.094	0.112	−6.0	−5.35	0.000
	匹配后	0.094	0.087	2.1	2.00	0.046

资料来源：作者整理制作。

表 4.17　PSM 匹配中使用 Big4 作为分组变量进行匹配的检验过程

变量名称	匹配前后	处理组	控制组	％bias	t 值	p 值
MSA	匹配前	0.065	0.062	4.8	2.14	0.032
	匹配后	0.065	0.065	−0.3	−0.10	0.920
Lna	匹配前	23.780	21.906	141.8	64.85	0.000
	匹配后	23.780	23.803	−1.8	−0.49	0.627
Cfo	匹配前	0.071	0.044	37.1	14.88	0.000
	匹配后	0.071	0.066	6.5	2.01	0.045
Roa	匹配前	0.074	0.055	28.6	11.18	0.000
	匹配后	0.074	0.069	7.1	2.23	0.025
Indep	匹配前	0.376	0.369	12.4	5.53	0.000
	匹配后	0.376	0.373	4.9	1.40	0.161
Ssr	匹配前	0.124	0.088	17.9	7.99	0.000
	匹配后	0.124	0.132	−4.3	−1.17	0.242
Loss	匹配前	0.057	0.106	−17.7	−6.56	0.000
	匹配后	0.057	0.066	−3.3	−1.11	0.268

资料来源:作者整理制作。

表 4.18　PSM 匹配后的回归结果(分别使用 Big10 和 Big4 作为分组变量进行匹配)

变量名称	(1) DA	(2) Fee	(3) Opinion	(4) DA	(5) Fee	(6) Opinion
Big4	−0.006*** (−2.993)	0.618*** (32.871)	−0.091** (−2.253)			
Big10				−0.001* (−1.940)	0.145*** (17.102)	−0.268** (−2.033)
MSA	−0.048*** (−2.622)	0.456** (2.340)	−0.308 (−0.090)	−0.005 (−0.577)	0.052 (0.657)	0.228 (0.220)
Lna	−0.003*** (−3.725)	0.506*** (56.286)	0.187 (1.241)	−0.004*** (−10.036)	0.453*** (123.195)	0.396*** (7.863)
Lev	0.020*** (2.717)	−0.233*** (−3.400)	−3.323*** (−2.956)	0.017*** (5.322)	−0.134*** (−6.120)	−3.692*** (−11.967)
Cfo	−0.143*** (−4.146)	−0.029 (−0.188)	4.495 (1.234)	−0.160*** (−12.127)	0.193*** (3.962)	1.976** (2.445)
Roa	0.151*** (3.937)	−0.699*** (−3.320)	14.075*** (3.411)	0.045** (2.417)	−0.518*** (−7.694)	6.454*** (8.578)

续表

变量名称	(1)	(2)	(3)	(4)	(5)	(6)
	DA	Fee	Opinion	DA	Fee	Opinion
Growth	0.027***	0.015	1.668	0.023***	−0.003	0.213
	(6.269)	(0.632)	(0.918)	(13.165)	(−0.373)	(0.939)
Tat	0.007***	0.165***	0.623	0.007***	0.134***	0.147
	(2.582)	(8.192)	(1.330)	(6.079)	(15.287)	(1.052)
H10	0.007	−0.468***	3.824**	0.007*	0.026	1.111**
	(0.872)	(−6.616)	(2.344)	(1.822)	(0.839)	(2.127)
Indep	0.004	−0.043	1.059	0.015**	0.210***	1.576*
	(0.211)	(−0.275)	(0.342)	(1.984)	(3.366)	(1.780)
Ssr	−0.001	0.018	1.630*	0.001	−0.106***	0.542
	(−0.230)	(0.318)	(1.658)	(0.415)	(−3.857)	(1.325)
Loss	0.033***	0.096**	−0.221	0.037***	0.080***	−1.034***
	(6.628)	(2.206)	(−0.369)	(18.142)	(5.712)	(−7.019)
_cons	0.108***	2.733***	9.221***	0.132***	3.468***	−4.215***
	(4.229)	(12.126)	(3.112)	(13.795)	(42.088)	(−3.774)
Industry	Yes	Yes	Yes	Yes	Yes	Yes
Year	Yes	Yes	Yes	Yes	Yes	Yes
N	3210	3210	3019	19847	19847	19847
adj. R^2	0.351	0.726		0.233	0.665	
pseudo R^2			0.305			0.364

资料来源:作者整理制作。表中括号内为 t 值,***、**、* 所表示的显著性水平分别对应 1%、5% 和 10%。

通过国际"四大"与中国会计师事务所排名"十大"的配对,进行倾向值评分匹配法(PSM)稳健性检验发现,"反事实推断模型"中审计师声誉对审计质量的影响仍然显著,即 H1 和 H2 假设仍然成立,模型具有稳健性。

2.审计报告激进度(ARAgg)作为审计质量替代指标。审计质量的度量指标可能对实证结论产生干扰,以审计报告激进度作为审计质量的替代指标进行稳健性检验(陈曾洁,2017;吴伟荣,2018)。稳健性检验实证结果(见表4.19),证明模型仍然成立。

表 4.19　审计报告激进度(ARAgg)替代审计质量的稳健性检验

变量名称	(1) ARAgg	(2) ARAgg
Big10	−0.005** (−2.096)	
Big4		−0.007* (−1.750)
MSA	0.032 (1.397)	0.002 (0.088)
Lna	0.001 (1.157)	0.002 (1.343)
Lev	−0.010 (−1.172)	−0.010 (−1.221)
Cfo	0.065*** (3.503)	0.066*** (3.525)
Roa	−0.059* (−1.899)	−0.059* (−1.916)
Growth	0.002 (0.601)	0.002 (0.608)
Tat	0.005** (1.983)	0.005** (1.977)
H10	0.019** (2.418)	0.020** (2.463)
Indep	−0.006 (−0.310)	−0.005 (−0.269)
Ssr	0.001 (0.242)	0.001 (0.192)
Loss	−0.001 (−0.208)	−0.001 (−0.201)
_cons	−0.014 (−0.574)	−0.020 (−0.774)
Industry	Yes	Yes
Year	Yes	Yes
N	31424	31424
adj. R^2	0.002	0.002

资料来源:作者整理制作。表中括号内为 t 值,***、**、*所表示的显著性水平分别对应 1%、5%和10%。

3.用审计复杂度(Complex)替代审计质量。审计复杂度体现审计能力,复杂度越高,审计难度越大,审计质量可能降低,所以用审计复杂度(Complex)反向替代审计质量。本书用上市公司应收账款与存货占总资产的比例来计算审计复杂度。因为在上市公司的财务报表审计中,应收账款和存货的审计业务都属于审计风险大和审计成本投入较多的项目。稳健性检验实证结果(见表4.20),证明模型仍然成立。

表 4.20　审计复杂度(Complex)替代审计质量的稳定性检验

变量名称	(1)	(2)
	Complex	Complex
Big10	−0.004* (−1.906)	
Big4		−0 014*** (−4.034)
MSA	0.061*** (3.256)	0.037** (2.497)
Lna	−0.023*** (−28.179)	−0.022*** (−25.250)
Lev	0.210*** (39.215)	0.209*** (33.812)
Cfo	−0.544*** (−40.638)	−0.542*** (−40.479)
Roa	0.138*** (8.210)	0.137*** (8.167)
Growth	−0.001 (−0.689)	−0.002 (−0.726)
Tat	0.057*** (27.300)	0.057*** (27.336)
H10	0.015** (2.097)	0.017** (2.351)
Indep	−0.028** (−1.971)	−0.026* (−1.853)
Ssr	−0.014*** (−2.716)	−0.015*** (−2.872)
Loss	−0.033*** (−9.556)	−0.033*** (−9.511)

续表

变量名称	(1)	(2)
	Complex	Complex
_cons	0.704 *** (38.921)	0.686 *** (35.722)
Industry	Yes	Yes
Year	Yes	Yes
N	31424	31424
adj. R^2	0.415	0.416

资料来源：作者整理制作。表中括号内为 t 值，***、**、* 所表示的显著性水平分别对应 1%、5% 和 10%。

4.用陆建桥(1999)模型重新计算可操纵性应计利润替代审计质量测量。陆建桥(1999)进一步建立新模型的原因是他认为修正 Jones 模型仍有缺陷，即修正 Jones 模型和 Jones 模型计算的结果都忽视了上市公司无形资产和其他长期资产对非操纵性应计利润的作用，因为上市公司无形资产和其他长期资产摊销额都最终构成非操纵性应计利润的重要影响数。这一忽视导致了修正 Jones 模型和 Jones 模型计算的结果都会少算上市公司的非操纵性应计利润数，即造成审计质量测量不准确，高估了公司的盈余管理行为。陆建桥模型计算可操纵性应计利润：

$$\text{NDA}_{it}/A_{it-1} = a_i[1/A_{it-1}] + \beta_{1i}[\Delta \text{REV}_{it}/A_{it-1} - \Delta \text{REC}_{it}/A_{it-1}] + \beta_{2i}[\text{FA}_{it}/A_{it-1}] + \beta_{3i}[\text{IA}_{it}/A_{it-1}] \tag{4.10}$$

公式中的 FA_{it} 表示 i 上市公司第 t 年的固定资产金额；IA_{it} 表示上市公司第 t 年的无形资产金额和其他长期资产金额。

陆建桥模型扩展后的操纵性应计利润额和非操纵性应计利润额，预期模型是：

$$\text{TA}_{it}/\text{TA}_{it-1} = \alpha_i[1/\text{TA}_{it-1}] + \beta_{1i}[\Delta \text{REV}_{it}/A_{it-1} - \Delta \text{REV}_{it}/A_{it-1}] + \beta_{2i}[\text{FA}_{it}/A_{it-1}] + \beta_{3i}[\text{IA}_{it}/A_{it-1}] + \varepsilon_{it} \tag{4.11}$$

使用陆建桥模型计算可操纵性应计利润重新测量审计质量后的回归结果（见表 4.21），国际"四大"审计师声誉与审计质量在 10% 的显著性水平上负相关，全国会计师事务所排名"前十"测量的审计师声誉与审计质量在 1% 的显著性水平上负相关，与前文回归检验的结果保持一致，H1 与 H2 假设仍然成立。

表 4.21　使用陆建桥模型计算可操纵性应计利润

变量名称	(1) DA2	(2) DA2
Big10	−0.004 *** (−3.158)	
Big4		−0.001 * (−1.674)
MSA	−0.014 ** (−2.136)	−0.006 (−0.770)
Lna	−0.004 *** (−10.942)	−0.004 *** (−12.446)
Lev	0.020 *** (8.193)	0.021 *** (8.408)
Cfo	−0.120 *** (−11.830)	−0.121 *** (−11.879)
Roa	0.003 (0.242)	0.004 (0.259)
Growth	0.018 *** (14.737)	0.018 *** (14.742)
Tat	0.008 *** (8.186)	0.008 *** (8.149)
H10	0.008 ** (2.560)	0.008 ** (2.388)
Indep	0.024 *** (3.844)	0.024 *** (3.765)
Ssr	−0.002 (−0.720)	−0.001 (−0.612)
Loss	0.035 *** (21.627)	0.035 *** (21.594)
_cons	0.119 *** (14.337)	0.124 *** (15.918)
Industry	Yes	Yes
Year	Yes	Yes
N	31424	31424
adj. R^2	0.320	0.319

　　资料来源：作者整理制作。表中括号内为 t 值，*** 、** 、* 所表示的显著性水平分别对应 1%、5% 和 10%。

5.使用审计费用与收入比(Fee2)作为审计费用度量审计质量的替代变量。因为审计费用绝对值在不同上市公司之间的差距较大,使用审计费用与收入比去度量审计费用可以反映会计师事务所客户依赖度(刘俊、冯倩,2016),比直接使用审计费用更加合理地测量审计质量。回归结果(见表4.22)显示在1%显著性水平上正相关,即 H1 与 H2 假设仍然成立。

表 4.22　使用审计费用与收入比替代审计费用的稳健性检验

变量名称	(1)	(2)
	Fee2	Fee2
Big10		0.000***
		(7.910)
Big4	0.001***	
	(23.454)	
MSA	0.000**	−0.000***
	(2.394)	(−2.707)
Lna	−0.000***	−0.000***
	(−44.122)	(−43.270)
Lev	−0.000*	−0.000***
	(−1.818)	(−3.008)
Cfo	−0.001***	−0.001***
	(−7.829)	(−7.110)
Roa	−0.001***	−0.001***
	(−6.246)	(−6.386)
Growth	−0.000***	−0.000***
	(−3.648)	(−3.851)
Tat	−0.001***	−0.001***
	(−41.433)	(−41.169)
H10	−0.000***	−0.000**
	(−4.068)	(−2.129)
Indep	0.001***	0.001***
	(7.782)	(8.356)
Ssr	−0.000	−0.000*
	(−0.218)	(−1.656)
Loss	0.000***	0.000***
	(10.951)	(11.115)
_cons	0.011***	0.010***
	(52.407)	(52.117)
Industry	Yes	Yes

续表

变量名称	（1）	（2）
	Fee2	Fee2
Year	Yes	Yes
N	31424	31424
adj. R^2	0.352	0.341

资料来源：作者整理制作。表中括号内为 t 值，***、**、* 所表示的显著性水平分别对应 1%、5% 和 10%。

6.用审计费用与总资产比作为度量审计费用的替代变量。年度审计收费占上市公司资产总额的比例是衡量审计收费水平的重要指标，通过这一比例衡量审计质量更加准确（张睿、田高良、齐保垒，2018）。实践也证明这一替代指标具有现实性，据 2019 年度全国统计数据[①]，上市公司审计收费均值为166.6 万元，资产均值为 731 亿元，审计收费均值与资产均值的比例为0.0023%，与 2018 年的 0.0024% 基本持平，但是随着上市公司资产规模增大，审计收费占公司资产总额的比例明显降低。上市公司审计收费中位数为91.0万元，资产中位数为 39.6 亿元，两者比例为 0.023%，与 2018 年的 0.022% 也基本持平。2019 年度上市公司年报审计收费与资产总额比例分析如表 4.23 所示。

表 4.23　全国 2019 年度年报审计费用与总资产比重

审计收费/总资产/%	上市总资产每公司均值/万元	审计费用每公司均值/万元	审计费用均值/总资产均值/%	上市公司公司数量/家	上市公司数量比重/%
＞0.04	155280.3	98.2	0.0632	1075	28.0
0.02～0.04	409679.4	111.8	0.0273	1118	29.1
0.01～0.02	958245.4	135.6	0.0142	825	21.5
＜0.01	32275979.6	360.6	0.0011	827	21.5

数据来源：《2019 年度证券审计市场分析报告》，中国证监会网站 http://www.csrc.gov.cn/pub/newsite/kjb/gzdt/202008/t20200820_381950.html。

替代后的稳健性检验回归结果（见表 4.24）显示：审计费用与总资产比作为度量审计费用（Fee3）的替代变量进而测量审计质量后，审计师声誉与审计质量关系假设在 1% 显著水平上仍然成立，模型具有稳健性。

---

① 数据来源：《2019 年度证券审计市场分析报告》，中国证监会网站，http://www.csrc.gov.cn/pub/newsite/kjb/gzdt/202008/t20200820_381950.html。

表 4.24　用审计费用与总资产比替代审计费用的稳健性检验

变量名称	(1) Fee3	(2) Fee3
Big10	0.000 *** (42.950)	
Big4		0.000 *** (15.678)
MSA	0.000 *** (12.872)	−0.000 (−0.806)
Lna	−0.000 *** (−110.351)	−0.000 *** (−103.618)
Lev	0.000 *** (5.642)	0.000 *** (2.636)
Cfo	0.000 (0.042)	0.000 (1.567)
Roa	−0.000 *** (−10.754)	−0.000 *** (−10.824)
Growth	−0.000 (−0.636)	−0.000 (−1.196)
Tat	0.000 *** (11.194)	0.000 *** (11.610)
H10	0.000 *** (4.483)	0.000 *** (7.905)
Indep	0.000 *** (9.684)	0.000 *** (10.670)
Ssr	−0.000 *** (−3.919)	−0.000 *** (−6.006)
Loss	0.000 *** (7.982)	0.000 *** (8.407)
_cons	0.004 *** (121.460)	0.004 *** (115.073)
Industry	Yes	Yes
Year	Yes	Yes
N	31424	31424
adj. R^2	0.572	0.545

资料来源:作者整理制作。表中括号内为 t 值,***、**、* 所表示的显著性水平分别对应 1%、5% 和 10%。

第四节　审计师声誉对审计质量的内部驱动治理

依据本书构建的"审计师声誉对审计质量内部驱动理论分析框架",本章讨论了审计师声誉对审计质量的正相关影响,以及审计师声誉在不同审计行业专长及国有与非国上市公司的组间对审计质量表现出的不同作用机理。本章具体结果:具有国际"四大"和具有全国事务所排名"前十"的审计师声誉都对审计质量具有正向的内在驱动作用。根据审计质量具体体现,具有国际"四大"和全国事务所排名"前十"审计师声誉都可以显著抑制可操纵性应计利润,但是国际"四大"的抑制显著性更高,即审计质量更高。会计师事务所具有任一种声誉都有显著的声誉溢价效应,比不具有相关声誉的事务所获得更高的审计收费,进一步比较发现,具有国际"四大"审计师声誉比具有全国事务所排名"前十"审计师声誉产生的声誉溢价更加显著,且差距较大。

进一步依据"审计师声誉对审计质量内部驱动理论分析框架",从会计师事务所视角审计行业专长、上市公司视角的所有权性质、股权集中度分组,通过 Chow 检验进行组间系数差异性检验,检验审计师声誉对审计质量的作用机理研究发现,具有国际"四大"审计师声誉和会计师事务所排名"前十"审计师声誉对审计行业专长高组与低组都有显著声誉溢价效应,但是系数不同。具有国际"四大"审计师声誉的坚定支持者是审计行业专长高组的上市公司,他们是高额审计服务的购买者,更是国际"四大"的重要审计费用收入来源和审计师声誉溢价体现最显著的客户群。但是具有会计师事务所排名"前十"审计师声誉溢价最显著的是低审计行业专长组。具有国际"四大"审计师声誉和具有会计师事务所排名"前十"审计师声誉会计师事务所对于操纵性应计利润的抑制作用对国有和非国有上市公司审计质量影响程度无差别。国有上市公司比非国有上市公司对国际"四大"审计师声誉更加追捧,更愿意为国际"四大"审计师声誉体现高审计质量支付超额审计费用。

本章内生性检验方面,通过使用同行业里面其他公司的变量均值作为工具变量、滞后一期、样本缩小范围等消除内生性影响。稳健性检验方面,审计报告激进度替代审计质量、审计复杂度替代审计质量,通过用 PSM 和陆建桥模型重新计算可操纵性应计利润,使用审计费用与收入比作为审计费用的替代变量,取审计费用与总资产比作为审计费用的替代变量等多个方法进行稳健性检验后结论依然成立。

　　本章的研究验证了依据本书构建的"审计师声誉对审计质量内部驱动理论分析框架"分析提出的研究假设，会计师事务所的审计师声誉对审计质量的正相关影响。研究结论为资本市场的会计师事务所塑造审计师声誉、资本市场完善审计师声誉的基础性作用、强化上市公司对高审计师声誉的需求，最终通过审计师声誉内在驱动实现资本市场整体的审计质量提高。

第五章　政府监管对审计质量提升的外部压力

依据前文构建的"政府监管、审计师声誉与审计质量理论分析框架",政府监管会对审计质量产生强烈外部压力。代表性的观点:Firth(2004)用 1996—2002 年中国证监会处罚数据实证发现,政府监管处罚前,被处罚及未被处罚的会计师事务所一样都习惯出具非标意见的审计报告,但是被政府监管处罚后,受处罚的会显著比自己及未受罚的出具更多的非标意见审计报告,即审计意见变得谨慎。根据布罗代尔市场化理论,政府监管作用,在短期和长期对审计质量的效果存在差异。因为在审计市场不完善的情况下,会计师事务所未来面临政府监管惩戒风险与再次审计失败成本很低(Firth,2005;吴溪,2007;陈晓,2011),因而可能存在暂时"应付"政府监管的现象(Jin,2011),即在行政处罚公告后的短期内立刻恢复以往采用的审计质量标准,极力表现出对政府监管的服从与接受。但是长期则还是可能回到为了争取审计客户放低审计质量的发展"老路"。所以,本章将区分政府监管对审计质量的外部压力分短期方面与长期方面进行实证检验,去证实是否存在政府监管效果短期效果与长期效果存在差异的可能。

本章研究发现短期与长期确实存在外部压力的作用差异。政府监管短期作用方面:政府监管处罚在短期并不能对抑制可操纵性应计利润产生立竿见影的效果。会计师事务所受到监管处罚后审计收费会马上明显下降,即资本市场会有快速的反应。受处罚的会计师事务所会在短期出具审计意见马上变得谨慎,受处罚当年更易出具非标审计意见。长期作用方面:政府监管处罚后会计师事务所会在操纵性应计利润的审计质量方面有所反映,受到处罚后审计收费议价能力会长期下降。

本章研究结论为资本市场政府监管提供了决策参考,有助于推动中国审计市场的健康规范发展。

第一节 理论分析与假设提出

根据前文构建的"政府监管、审计师声誉与审计质量理论分析框架",审计市场失灵是审计职业道德品质、交易审计意见合谋获利动机、审计市场舞弊机会、被政府监管发现与处罚可能性、政府监管惩罚的性质与程度等因素契合后的结果。原红旗、张楚君、孔德松等(2020)实证发现会计师事务所审计失败受到政府监管处罚时会导致其审计师声誉损失,其所审计的客户会受到显著的影响,说明审计市场对政府监管有敏感反应。此外,王崇锋、柳润泽(2019)案例研究发现中国不同时期政府监管审计市场的严厉程度和惩戒力度存在差异,惩戒后审计行为发生的短期变化和最终长期审计质量作用存在差异。由于审计市场不完善和失灵,会计师事务所审计失败受到政府监管处罚后审计费用溢价会受损,但是当期迫于增加审计收入的压力,一方面可能更有动机来放宽审计标准去争取市场份额,另一方面可能受制于会计师事务所内部的群体规范,也有动机收紧审计标准,努力抑制可操纵性应计利润(Fafatas,2010),最终勤勉尽责提高审计质量。张俊民、刘孟迪、石玉(2014)实证研究了审计市场的政府监管外部压力的有效性及差异性,认为政府监管会引发会计师事务所自我斗争。那么,会计师事务所的审计行为和审计质量最终会倒向哪边?政府监管外部压力是否能提升审计质量,有必要进行数据的实证检验。

根据布罗代尔市场化理论,政府监管外部压力在短期和长期对审计质量作用效果存在差异。所以本书希望能在现有研究上做理论增量贡献,进一步细分政府监管对审计质量影响的短期与长期效果差异。并根据审计师行业专长、客户所有权性质、上市公司股权集中度(Tepalagul and Lin,2015)等分组检验,通过 Chow 检验进行组间系数差异性检验,探讨具体作用机理。

根据前文构建的"政府监管、审计师声誉与审计质量理论分析框架",政府监管对审计质量存在短期影响,Firth(2004)对 1996—2002 年中国证监会处罚会计师事务所数据实证发现,被政府监管处罚后会马上显著地出具更多的保留意见审计报告,即审计意见更加谨慎。刘笑霞(2013)认为行政处罚后,事务所审计的上市公司可操纵性应计绝对值在计量上立即显著下降。程文莉、张银花、谢依梦(2019)用 2013—2017 年数据实证发现政府监管一定程度上对审计市场竞争导致的审计质量异化具有及时的抑制作用。

据此本章提出假设三,H3:在其他条件不变的情况下,短期内政府监管对审计质量具有显著的提高影响。

根据前文构建的"政府监管、审计师声誉与审计质量理论分析框架",政府监管对审计质量具有长期影响,受罚后会计师事务所会做出长远的竞争策略改变,理论上会在较长时期的审计中增加审计投入使得审计质量上升(Clive and Lennox,1999;周兰、廉芬芬,2020)。从长远发展考虑,会计师事务所受到政府监管处罚后已成为资本市场所有参与者的重点关注对象,如果任由审计质量长期低迷或再有任何个别舞弊现象出现,被发现的可能性和受罚加重程度将显著提高。所以,理性的会计师事务所将在政府监管受到处罚后更可能主动约束审计行为,长期地主动整改并提高审计质量。

现有研究存在矛盾性结论,部分观点对于政府监管对审计质量长期效果持消极结论,曹细钟(2009)实证发现政府强化审计监管和加重行政处罚对提高审计质量十分有限。刘峰、赵景文、涂国前等(2010)实证 1993—2004 年证监会处罚数据发现资本市场的政府监管力度和作用不足,需要进一步加大。丁红燕(2013)应用 2006—2010 年数据实证发现上市公司审计失败要持续较长年限才可能会被发现,证监会对上市公司与会计师事务所的处罚有些滞后。

但是,长期作用研究也有积极的结论,严文龙、陈宋生、田至立(2020)实证表明审计市场政府监管有助于建设新时代审计市场交易规则,培育自发良性交易的长远审计市场。查道林、费娟英(2004)研究认为政府监管长期作用能培育对高质量审计可以识别的未来资本市场环境。杨金凤、陈智、吴霞等(2018)实证发现政府监管处罚决定在会计师事务所内部呈现出波纹式递减的长期审计质量溢出效应。

据此本章提出假设四,H4:在其他条件不变的情况下,长期内政府监管对审计质量具有显著的提高影响。

第二节　模型构建与变量定义

一、变量选取与定义说明

1.被解释变量

审计质量具有一定的特殊性,难以直接衡量。现有研究中有多种不同测量方式并存,对审计质量进行测量(Sinha and Hunt,2013),本书选取三个不同方法进行系统化测量,以比较审计质量的不同差异性。审计质量测量指标:修正Jones模型可操纵性应计利润(DA)、审计收费(Fee)、审计意见(Opinion)。具体变量定义详见第四章第二节。

2.政府监管的变量定义与度量取值

根据前文政府监管的概念界定,政府监管指中国证监会行政处罚会计师事务所。所以本书对政府监管的变量定义与度量取值选用中国证监会对于会计师事务所的行政处罚。

政府监管测量指标一:行政处罚虚拟变量(Penalty),短期作用方面,上市公司审计失败后会计师事务所受到中国证监会的行政处罚。刘笑霞、李明辉(2013)应用2008—2010年数据实证发现受政府监管处罚的会计师事务所在受罚前审计质量确实较低,即证监会的处罚依据和判断是恰当的。程文莉、张银花、谢依梦(2019)应用2013—2017年数据发现政府监管短期内一定程度上对审计市场和审计质量变化具有抑制作用。

政府监管测量指标二:行政处罚前后虚拟变量(Post),会计师事务所因上市公司审计失败受到中国证监会行政处罚后,长期作用方面,会计师事务所会做出审计质量的调整行为,行政处罚前后的对比可以反映出这一审计行为变化的审计质量改变效果。陈晓、邱昱芳、徐永新(2010)实证发现受到政府处罚的主要原因是审计质量低下,所以受处罚后审计质量在长期作用下应当会发生显性变化。钱爱民、朱大鹏、郁智(2018)实证发现监管机构处罚会对提供证券服务业务的审计师声誉及审计质量产生长期作用的处罚溢出效应。程文莉、张银花、谢依梦(2019)实证表明长期作用下,证监会政府监管与审计质量显著相关。

3.控制变量

控制变量有审计行业专长(MSA)、公司规模(Lna)、财务杠杆(Lev)、经营资金(Cfo)、收益水平(Roa)、成长性(Growth)、资产周转率(Tat)、股权分布状态(H10)、独董比例(Indep)、控制人属性(Ssr)、盈利能力(Loss)、年度(Year)、行业(Industry)。控制变量定义(见表5.1)同第四章,详见第二节"变量选取与定义说明",本处略。

表 5.1　变量定义表

变量类型	变量名称	变量度量	变量符号	变量取值
被解释变量	审计质量	修正 Jones 模型可操纵性应计利润	DA	应用 Jones 模型回归,取值可操纵性应计利润的绝对值表示
		审计费用	Fee	会计师事务所对上市公司财务报告审计收取的审计费用金额,数值取自然对数表示
		审计意见	Opinion	会计师事务所对上市公司财报出具有审计意见的虚拟变量,标准无保留意见取值为1,非标准意见则取值为0
解释变量	政府监管	行政处罚虚拟变量	Penalty	上市公司审计失败被政府监管,会计师事务所受到证监会行政处罚的情况,受到处罚取值为1,没有受到处罚取值为0
		行政处罚前后虚拟变量	Post	上市公司审计失败被政府监管,当年度是会计师事务所受到证监会行政处罚以后年份取值为1,不是则取值为0
控制变量	行业专长	审计行业专长	MSA	行业客户集中度,通过计算会计师事务所审计客户行业审计收入所占全部行业总审计收入的比重
	公司规模	上市公司规模	Lna	上市公司当年年末总资产,取自然对数
	财务杠杆	资产负债率水平	Lev	上市公司当年年末资产负债率
	经营资金	经营性现金流比例	Cfo	被审计上市公司经营活动产生现金流与总资产的比率
	收益水平	资产报酬率水平	Roa	上市公司当年年末资产报酬率
	成长性	营业收入增长率	Growth	上市公司年当年末营业收入增长率
	资产周转率	总资产周转率	Tat	上市公司的年度总销售收入净额与平均资产总额的比率
	股权分布状态	股权集中度	H10	采用样本上市公司的股权集中度指标 Herfindahl10 指数,取上市公司前10位大股东持股比例的平方和
	独董比例	独立董事比例	Indep	独立董事在董事会中所占的比例
	控制人属性	国有股占股比例	Ssr	样本上市公司的股权结构中限售国有股股份数与总股份数的比例
	盈利能力	净利润	Loss	上市公司利润表净利润为正取值为1,净利润为负取值为0
	年度	年度虚拟变量	Year	按上市公司所在区间年度数－1,取值虚拟变量
	行业	行业虚拟变量	Industry	按上市公司的证监会行业分类－1,取值虚拟变量

资料来源:作者整理制作。

二、模型构建

根据研究假设,结合可能影响审计质量的因素,本书构建模型,分别对研究假设 H3 和 H4 假设实证检验。

$$
\begin{aligned}
DA = {} & \beta_0 + \beta_1 \times Penalty + \beta_2 \times MSA + \beta_3 \times Lna + \beta_4 \times Lev + \beta_5 \times Cfo + \\
& \beta_6 \times Roa + \beta_7 \times Growth + \beta_8 \times Tat + \beta_9 \times H10 + \beta_{10} \times Indep + \\
& \beta_{11} \times Ssr + \beta_{12} \times Loss + \beta_{13} \times Year + \beta_{14} \times Industry + \varepsilon
\end{aligned} \tag{5.1}
$$

$$
\begin{aligned}
Fee = {} & \beta_0 + \beta_1 \times Penalty + \beta_2 \times MSA + \beta_3 \times Lna + \beta_4 \times Lev + \beta_5 \times Cfo + \\
& \beta_6 \times Roa + \beta_7 \times Growth + \beta_8 \times Tat + \beta_9 \times H10 + \beta_{10} \times Indep + \\
& \beta_{11} \times Ssr + \beta_{12} \times Loss + \beta_{13} \times Year + \beta_{14} \times Industry + \varepsilon
\end{aligned} \tag{5.2}
$$

$$
\begin{aligned}
Opinion = {} & \beta_0 + \beta_1 \times Penalty + \beta_2 \times MSA + \beta_3 \times Lna + \beta_4 \times Lev + \beta_5 \times Cfo + \\
& \beta_6 \times Roa + \beta_7 \times Growth + \beta_8 \times Tat + \beta_9 \times H10 + \beta_{10} \times Indep + \\
& \beta_{11} \times Ssr + \beta_{12} \times Loss + \beta_{13} \times Year + \beta_{14} \times Industry + \varepsilon
\end{aligned} \tag{5.3}
$$

$$
\begin{aligned}
DA = {} & \beta_0 + \beta_1 \times Post + \beta_2 \times MSA + \beta_3 \times Lna + \beta_4 \times Lev + \beta_5 \times Cfo + \\
& \beta_6 \times Roa + \beta_7 \times Growth + \beta_8 \times Tat + \beta_9 \times H10 + \beta_{10} \times Indep + \\
& \beta_{11} \times Ssr + \beta_{12} \times Loss + \beta_{13} \times Year + \beta_{14} \times Industry + \varepsilon
\end{aligned} \tag{5.4}
$$

$$
\begin{aligned}
Fee = {} & \beta_0 + \beta_1 \times Post + \beta_2 \times MSA + \beta_3 \times Lna + \beta_4 \times Lev + \beta_5 \times Cfo + \\
& \beta_6 \times Roa + \beta_7 \times Growth + \beta_8 \times Tat + \beta_9 \times H10 + \beta_{10} \times Indep + \\
& \beta_{11} \times Ssr + \beta_{12} \times Loss + \beta_{13} \times Year + \beta_{14} \times Industry + \varepsilon
\end{aligned} \tag{5.5}
$$

$$
\begin{aligned}
Opinion = {} & \beta_0 + \beta_1 \times Post + \beta_2 \times MSA + \beta_3 \times Lna + \beta_4 \times Lev + \beta_5 \times Cfo + \\
& \beta_6 \times Roa + \beta_7 \times Growth + \beta_8 \times Tat + \beta_9 \times H10 + \beta_{10} \times Indep + \\
& \beta_{11} \times Ssr + \beta_{12} \times Loss + \beta_{13} \times Year + \beta_{14} \times Industry + \varepsilon
\end{aligned} \tag{5.6}
$$

第三节　实证过程与结果分析

一、样本选择与数据来源

实证数据选自 2000—2019 年沪深 A 股上市公司披露的财务数据和来自国泰安(CSMAR)数据库的会计师事务所各类档案数据。会计师事务所受到监管处罚的数据手工收集整理自中国证券监督管理委员会的网站（http：www.csrc.gov.cn/ pub/newsite）披露的"行政处罚决定"信息公开目录中数据，另外部分数据由人工计算取得。对实证数据做出如下处理与筛选。

1.在数据处理过程中，剔除了金融和保险行业相关上市公司与会计师事务所数据，因为金融和保险行业的资产负债率水平及会计师事务所审计要求与普通行业上市公司及审计要求存在明显差异。

2.剔除了实证样本数据中各年度 ST 公司和 PT 公司，因为本章采用修正 Jones 模型回归，取值可操纵性应计利润的绝对值表示因变量审计质量，以往研究证明 ST 公司和 PT 上市公司为了避免退市，更易出现显著的盈余管理和操纵性管理行为的动机，所以予以数据剔除。

3.剔除了新上市公司当年上市产生的财务报告及审计数据，因为测量审计质量的可操纵性应计利润的模型计算时需要使用上年度的增量信息。

4.剔除了实证样本数据中的数据缺失的上市公司相关观测值。

5.对变量 Fee、Lna、Lev、Cfo、Roa、Growth、Tat、H10、Indep、Ssr 在 1％内做缩尾处理。

经五步样本筛选后共得到了 31424 个年度混合样本的数据。

其中解释变量，行政处罚虚拟变量（Penalty）与行政处罚前后虚拟变量（Post）数据手工整理的思路是：为计量受到政府监管处罚后审计质量变化效果，至少需要保留会计师事务所第二年的审计变化差量信息。因为"行政处罚决定"信息公开目录中数据只能查询到 2000 年以后的，所以本书手工统计 2000—2019 年会计师事务所受处罚信息（见表5.2）。对于已被合并入新会计师事务所的旧所行政受罚决定放弃统计，因为被合并的会计师事务所的审计质量将受到合并后的会计师事务所的管理，纳入合并会计师事务所的审计质量控制体系中，所以旧所受处罚信息予以去除。另外，对同一家会计师事务所在同一年度多次受罚不重复计算，因为本书对行政处罚采用虚拟变量计量，只区分受不受处罚，不区分受处罚几次与处的程度。

表 5.2　2000—2019 年手工整理受处罚的会计师事务所信息

年份	受处罚的会计师事务所名称	数据收集纳入情况	备注
2001 年	湖南开元会计师事务所	纳入	
	福建华兴会计师事务所	纳入	
	四川德阳会计师事务所	纳入	
	山东临沂天成会计师事务所	纳入	

续表

年份	受处罚的会计师事务所名称	数据收集纳入情况	备注
2002 年	河南华为会计师事务所	纳入	
2003 年	无锡公证会计师事务所	纳入	
	广东康元会计师事务所	纳入	
	正中珠江会计师事务所	纳入	
2004 年	四川华信会计师事务所	纳入	
	上海东华会计师事务所	纳入	
2007 年	天职孜信会计师事务所有限公司	不纳入	被其他会计师事务所合并
	北京中天华正会计师事务所	不纳入	被其他会计师事务所合并
	北京天华会计师事务所	不纳入	被其他会计师事务所合并
	中勤万信会计师事务所	纳入	
2008 年	岳华会计师事务所	纳入	
	深圳大华天诚会计师事务所	不纳入	被其他会计师事务所合并
	深圳市鹏城会计师事务所	纳入	
	山东正源和信会计师事务所	纳入	
	上海东华会计师事务所	不纳入	2004 年已出现
2009 年	利安达会计师事务所	纳入	
	山东正源和信会计师事务所	纳入	
	福建立信闽都会计师事务所	不纳入	被其他会计师事务所合并
	万隆会计师事务所	不纳入	被其他会计师事务所合并
	天健华证中洲(北京)会计师事务所	不纳入	样本量不足
2010 年	中兴财光华会计师事务所	纳入	
	深圳市鹏城会计师事务所	纳入	
	南京立信永华会计师事务所	不纳入	被其他会计师事务所合并
2011 年	中兴华会计师事务所	纳入	
	华寅会计师事务所	不纳入	被其他会计师事务所合并
2012 年	山东正源和信会计师事务所	不纳入	2009 年已出现
	利安达会计师事务所	不纳入	2009 年已出现
2013 年	大信会计师事务所	纳入	
	大华会计师事务所	纳入	
	深圳市鹏城会计师事务所	不纳入	2010 年已出现
	中磊会计师事务所	不纳入	被其他会计师事务所合并

续表

年份	受处罚的会计师事务所名称	数据收集纳入情况	备注
2014 年	利安达会计师事务所	不纳入	2009 年已出现
	河北华安会计师事务所有限公司	纳入	
	亚太(集团)会计师事务所有限公司	纳入	
2015 年	利安达会计师事务所	不纳入	2009 年已出现
2016 年	立信会计师事务所	纳入	
	北京兴华会计师事务所	纳入	
	利安达会计师事务所	不纳入	2009 年已出现
2017 年	瑞华会计师事务所	纳入	
	信永中和会计师事务所	纳入	
	立信会计师事务所	不纳入	2016 年已出现
	中兴华会计师事务所	不纳入	2011 年已出现
	利安达会计师事务所	不纳入	2009 年已出现
2018 年	立信会计师事务所	不纳入	2016 年已出现
	大华会计师事务所	不纳入	2013 年已出现
	中天运会计师事务所	纳入	
	立信会计师事务所	不纳入	2016 年已出现
	瑞华会计师事务所	不纳入	2017 年已出现
2019 年	众华会计师事务所	纳入	
	众华会计师事务所	不纳入	2019 年重复出现
	北京兴华会计师事务所	不纳入	2016 年已出现
合计	55 条记录,纳入 29 条,不纳入 26 条		

数据来源:根据中国证监会网站信息手工整理。

二、描述性统计

通过对数据初步统计分析,运用 STATA 软件运行得到结果,描述性统计表(见表 5.3)中的指标有样本的数量、样本的平均值、样本的标准差、样本的最大值和样本的最小值。

表 5.3　描述性统计表

变量名称	样本量	均值	标准差	最小值	中位数	最大值
DA	31424	0.061	0.062	0.000	0.041	0.551
Fee	31424	13.630	0.733	11.918	13.528	16.439
Opinion	31424	0.965	0.184	0.000	1.000	1.000
Penalty	31424	0.477	0.499	0.000	0.000	1.000
Post	31424	0.081	0.273	0.000	0.000	1.000
MSA	31424	0.063	0.052	0.000	0.045	0.403
Lna	31424	22.013	1.268	19.185	21.844	26.408
Lev	31424	0.446	0.204	0.035	0.446	1.143
Cfo	31424	0.046	0.073	−0.235	0.045	0.283
Roa	31424	0.056	0.069	−0.421	0.053	0.338
Growth	31424	0.189	0.456	−0.716	0.117	4.728
Tat	31424	0.666	0.470	0.048	0.557	3.205
H10	31424	0.170	0.119	0.012	0.140	0.593
Indep	31424	0.369	0.053	0.143	0.333	0.600
Ssr	31424	0.090	0.185	0.000	0.000	0.765
Loss	31424	0.103	0.304	0.000	0.000	1.000

资料来源:作者整理制作。

描述性统计表反映本章研究中上市公司与会计师事务所 31424 个样本观测相关变量的简单统计情况。可操纵性应计利润(DA)最大值为 0.551,最小值为 0,根据均值 0.061 判断,最大值与最小值间波动较大,说明不同上市公司的审计质量有较大差异。审计收费(Fee)最大值 16.439,最小值为 11.918。审计意见(Opinion)作为 0～1 变量,均值为 0.965 说明非标意见占比较小,标准无保留审计意见为绝大多数。解释变量行政处罚虚拟变量(Penalty)均值为 0.477,说明近半数的会计师事务所曾经受到过政府监管处罚。而变量行政处罚前后虚拟变量(Post)均值为 0.081,说明会计师事务所未受到政府监管处罚前的审计客户数量远多于受到处罚后的客户数量。

三、相关性分析

相关性分析是进行回归分析必不可少的一步，为了直观表示解释变量和被解释变量的相关程度，做出 Pearson 相关系数分析（见表 5.4）。

表 5.4　Pearson 相关系数

变量名称	DA	Fee	Opinion	Penalty	Post	MSA	Lna	Lev
DA	1.000							
Fee	−0.049***	1.000						
Opinion	−0.135***	0.001	1.000					
Penalty	0.020***	−0.083***	−0.044***	1.000				
Post	0.009**	−0.117***	0.010**	0.311***	1.000			
MSA	−0.034***	0.220***	0.024***	0.297***	0.285***	1.000		
Lna	−0.054***	0.766***	0.070***	−0.034***	0.070***	0.149***	1.000	
Lev	0.116***	0.261***	−0.142***	0.012**	−0.032***	−0.033***	0.417***	1.000
Cfo	−0.201***	0.044***	0.099***	−0.033***	0.017***	0.025***	0.048***	−0.157***
Roa	−0.125***	0.010*	0.307***	−0.048***	−0.024***	0.042*	0.031***	−0.267***
Growth	0.139***	0.012**	0.070***	0.004	−0.007	−0.002	0.051***	0.036***
Tat	0.027***	0.078***	0.060***	−0.054***	−0.044***	−0.041***	0.044***	0.134***
H10	−0.025***	0.114***	0.068***	−0.006	−0.025***	0.029***	0.204***	0.037***
Indep	0.024***	0.103***	−0.002	−0.010*	0.043***	0.061***	0.055***	−0.025***
Ssr	−0.002	−0.123***	0.011*	0.051***	−0.088***	−0.131***	0.004	0.105***
Loss	0.170***	−0.011*	−0.299***	0.036***	0.007	−0.031***	−0.086***	0.190***

变量名称	Cfo	Roa	Growth	Tat	H10	Indep	Ssr	Loss
Cfo	1.000							
Roa	0.372***	1.000						
Growth	0.023***	0.236***	1.000					
Tat	0.137***	0.201***	0.119***	1.000				
H10	0.107***	0.134***	0.034***	0.086***	1.000			
Indep	−0.029***	−0.026***	−0.004	−0.037***	0.006	1.000		
Ssr	0.058***	0.014**	0.055***	0.058***	0.361***	−0.146***	1.000	
Loss	−0.173***	−0.619***	−0.173***	−0.112***	−0.088***	0.012**	−0.014**	1.000

　　资料来源：作者整理制作。表中括号内为 t 值，***、**、* 所表示的显著性水平分别对应 1%、5% 和 10%。

从 Pearson 相关系数表中,相关性分析发现 Penalty、Post 及 DA、Fee、O-pinion 系数与预期完全一致,下一步将联系中国政府监管实践情况进行具体回归分析。为了避免后面回归检验过程中控制变量之间存在多重共线性,在每个回归之后都进行了 VIF 的检验,检验结果均小于 2,远低于 VIF 小于 10 的要求,故变量定义表的所有控制变量之间不存在多重共线性。

四、多元回归分析

1.政府监管与审计质量的回归

检验两者之间是否存在显著相关关系,即受到政府监管处罚的会计师事务所确实审计质量比较低。

采用 OLS 混有面板数据,回归结果(OLS)表(见表 5.5)中呈现的是政府监管与审计质量之间短期效应关系影响的实证结果,第(1)、(2)、(3)栏分别是用行政处罚虚拟变量(Penalty)测量的政府监管与用三个测量方法:修正 Jones 模型可操纵性应计利润(DA)、审计费用(Fee)、审计意见(Opinion)测量的审计质量之间三组回归结果。

表 5.5 政府监管与审计质量回归结果(OLS)

变量名称	(1) DA	(2) Fee	(3) Opinion	(4) DA	(5) Fee	(6) Opinion
Penalty	0.002 ** (2.192)	−0.112 *** (−21.342)	−0.449 *** (−5.828)			
Post				0.001 ** (2.691)	−0.072 *** (−7.283)	0.148 * (1.919)
MSA	−0.019 *** (−2.743)	1.197 *** (21.652)	1.880 ** (2.299)	−0.016 ** (−2.237)	0.926 *** (17.065)	0.104 (0.131)
Lna	−0.004 *** (−11.775)	0.418 *** (138.078)	0.366 *** (9.400)	−0.004 *** (−11.905)	0.421 *** (136.683)	0.375 *** (9.639)
Lev	0.020 *** (8.001)	−0.086 *** (−5.281)	−3.299 *** (−15.197)	0.020 *** (8.041)	−0.093 *** (−5.700)	−3.321 *** (−15.169)
Cfo	−0.136 *** (−13.202)	0.147 *** (4.081)	2.045 *** (3.739)	−0.136 *** (−13.218)	0.159 *** (4.414)	2.075 *** (3.787)
Roa	0.014 (1.003)	−0.542 *** (−10.518)	6.372 *** (11.326)	0.014 (0.981)	−0.519 *** (−10.043)	6.466 *** (11.536)
Growth	0.021 *** (16.229)	−0.010 (−1.564)	0.101 (0.795)	0.021 *** (16.238)	−0.012 * (−1.810)	0.090 (0.704)

续表

变量名称	(1)	(2)	(3)	(4)	(5)	(6)
	DA	Fee	Opinion	DA	Fee	Opinion
Tat	0.008*** (8.126)	0.125*** (19.015)	0.291** (2.536)	0.008*** (8.060)	0.130*** (19.636)	0.312*** (2.737)
H10	0.008** (2.387)	−0.017 (−0.688)	1.456*** (3.654)	0.007** (2.327)	−0.002 (−0.098)	1.537*** (3.863)
Indep	0.021*** (3.270)	0.285*** (5.841)	0.050 (0.074)	0.021*** (3.256)	0.291*** (5.900)	0.195 (0.292)
Ssr	−0.002 (−0.794)	−0.094*** (−4.939)	0.257 (0.989)	−0.002 (−0.670)	−0.116*** (−6.090)	0.188 (0.727)
Loss	0.035*** (21.143)	0.086*** (8.262)	−1.008*** (−9.295)	0.035*** (21.152)	0.084*** (8.060)	−1.012*** (−9.345)
_cons	0.123*** (15.510)	4.113*** (62.703)	−3.096*** (−3.609)	0.124*** (15.724)	4.019*** (60.082)	−3.463*** (−4.055)
Industry	Yes	Yes	Yes	Yes	Yes	Yes
Year	Yes	Yes	Yes	Yes	Yes	Yes
N	31424	31424	31424	31424	31424	31424
adj.R^2	0.323	0.664		0.313	0.660	
pseudo R^2			0.275			0.271

资料来源:作者整理制作。表中括号内为 t 值,***、**、* 所表示的显著性水平分别对应 1%、5%和 10%。

第(1)栏结果显示行政处罚虚拟变量(Penalty)测量的政府监管与修正 Jones 模型可操纵性应计利润(DA)测量的审计质量在 5%显著性水平上正相关。系数为 0.002,短期作用方面,政府监管与审计质量绝对值存在相关关系。

第(2)栏结果显示行政处罚虚拟变量(Penalty)测量的政府监管与用审计费用(Fee)测量的审计质量在 1%显著性水平上负相关。系数为 0.112,即审计师声誉每增加 1 个单位,可获得审计费用溢价 0.112 个单位。说明短期作用方面,受到监管处罚后审计收费会马上明显下降,即资本市场会有快速的反应。

第(3)栏结果显示行政处罚虚拟变量(Penalty)测量的政府监管与用审计意见类型(Opinion)测量的审计质量在 1%显著性水平上负相关。短期作用方面,受处罚的会计师事务所会马上在短期内谨慎出具审计意见,受处罚当年更易出现对上市公司出具非标意见。

综合第(1)、(2)和(3)栏结果,假设 H3 得到证实,短期内政府监管对审计质量存在显著提升作用。

第(4)、(5)、(6)栏分别使用行政处罚前后虚拟变量(Post)测量的政府监管与对用三个测量方法:修正 Jones 模型可操纵性应计利润(DA)、审计费用(Fee)、审计意见类型(Opinion)测量的长期作用方面,审计质量改变效果的三组回归结果。

第(4)栏结果显示行政处罚前后虚拟变量(Post)测量的政府监管与修正 Jones 模型可操纵性应计利润(DA)测量的审计质量在 5% 显著性水平上正相关,系数绝对值为 0.001,即长期作用方面,政府监管处罚后会计师事务所会在操纵性应计利润审计中有所反映。

第(5)栏结果显示行政处罚前后虚拟变量(Post)测量的政府监管与用审计费用(Fee)测量的审计质量在 1% 显著性水平上负相关,系数为 0.072,即长期作用方面,会计师事务所受到处罚后审计收费会产生长期的下降。

第(6)栏结果显示行政处罚前后虚拟变量(Post)测量的政府监管与用审计意见类型(Opinion)测量的审计质量在 10% 显著性水平上正相关。

综合第(4)和(5)栏结果,研究假设 H4 检验通过,即政府监管对审计质量具有长期的提升作用。

2.政府监管变量交乘(Penalty×Post)后回归

检验政府监管对审计质量的作用与影响。变量交乘(Penalty×Post)数据显示政府监管对审计质量的三种测量值都具有不同程度的显著作用,具体见表 5.6。

表 5.6　政府监管对审计质量的作用

变量名称	(1)	(2)	(3)
	DA	Fee	Opinion
Penalty×Post	0.000^{*}	-0.008^{**}	0.404^{***}
	(1.662)	(-1.795)	(2.722)
MSA	-0.020^{***}	1.204^{***}	1.316
	(-2.706)	(21.481)	(1.564)
Lna	-0.004^{***}	0.418^{***}	0.369^{***}
	(-11.768)	(138.020)	(9.442)
Lev	0.020^{***}	-0.086^{***}	-3.304^{***}
	(7.998)	(-5.272)	(-15.216)
Cfo	-0.136^{***}	0.147^{***}	2.032^{***}
	(-13.202)	(4.086)	(3.710)
Roa	0.014	-0.542^{***}	6.397^{***}
	(1.003)	(-10.515)	(11.338)

续表

变量名称	(1) DA	(2) Fee	(3) Opinion
Growth	0.021*** (16.230)	−0.010 (−1.560)	0.095 (0.746)
Tat	0.008*** (8.126)	0.125*** (19.010)	0.298*** (2.582)
H10	0.008** (2.387)	−0.016 (−0.683)	1.454*** (3.645)
Indep	0.021*** (3.271)	0.285*** (5.837)	0.075 (0.111)
Ssr	−0.002 (−0.794)	−0.094*** (−4.940)	0.250 (0.961)
Loss	0.035*** (21.142)	0.086*** (8.256)	−1.006*** (−9.280)
_cons	0.123*** (15.511)	4.113*** (62.701)	−3.104*** (−3.607)
Industry	Yes	Yes	Yes
Year	Yes	Yes	Yes
N	31424	31424	31424
adj. R^2	0.123	0.664	
pseudo R^2			0.276

资料来源:作者整理制作。表中括号内为 t 值,***、**、* 所表示的显著性水平分别对应 1%、5% 和 10%。

3.倾向值评分匹配法(PSM)反事实推断模型检验

通过受到政府监管与未受到政府监管两类会计师事务所的审计质量结果比较,检验政府监管的作用效果。证明政府监管在短期和长期作用的外部压力下提高审计质量。

为了对受到政府监管与未受到政府监管的两组会计师事务所进行比较分析,本书采用倾向值评分匹配法(PSM)基于"反事实推断模型"对实验组和对照组进行更合理的比较研究。

倾向值评分匹配法(PSM)是适用于计量中非实验数据或观测数据进行有条件人工假定事实改变干预后对比其效应分析的一类计量方法。在观察数据的研究中(见表 5.7、表 5.8),不可避免出现数据偏差(Bias)和混杂变量(Confounding Variable)的情况,PSM 方法可以减少偏差和混杂变量影响,在数量上实现了对实验组和对照组进行更合理的比较研究,即计量了如果没有政府监管的影响,审计质量结果会如何。

表 5.7　PSM 匹配中使用 Penalty 作为分组变量进行匹配的检验过程

变量名称	匹配前后	处理组	控制组	%bias	t 值	p 值
MSA	匹配前	0.079	0.048	61.8	55.11	0.000
	匹配后	0.079	0.079	−0.3	−0.21	0.836
Lna	匹配前	21.968	22.054	−6.9	−6.07	0.000
	匹配后	21.968	21.986	−1.5	−1.24	0.216
Cfo	匹配前	0.043	0.048	−6.6	−5.83	0.000
	匹配后	0.043	0.046	−3.4	−2.94	0.003
Roa	匹配前	0.053	0.059	−9.6	−8.47	0.000
	匹配后	0.053	0.054	−1.4	−1.18	0.239
Indep	匹配前	0.369	0.370	−2.0	−1.77	0.076
	匹配后	0.369	0.369	0.0	−0.02	0.986
Ssr	匹配前	0.100	0.081	10.1	8.97	0.000
	匹配后	0.100	0.104	−2.2	−1.80	0.072
Loss	匹配前	0.114	0.092	7.1	6.33	0.000
	匹配后	0.114	0.108	2.0	1.64	0.102

资料来源:作者整理制作。

表 5.8　政府监管处罚与审计质量的 PSM 匹配回归结果

变量名称	(1) DA	(2) Fee	(3) Opinion	(4) DA	(5) Fee	(6) Opinion
Penalty	0.002** (2.115)	−0.112*** (−17.804)	−0.394*** (−4.366)			
Post				0.000* (1.741)	−0.068*** (−6.421)	0.211* (1.687)
MSA	−0.016* (−1.950)	1.173*** (18.815)	2.347*** (2.698)	−0.013 (−1.522)	1.063*** (16.827)	1.198 (1.363)
Lna	−0.005*** (−10.478)	0.401*** (111.115)	0.395*** (8.896)	−0.005*** (−10.523)	0.402*** (109.450)	0.394*** (8.877)
Lev	0.021*** (7.049)	−0.056*** (−2.930)	−3.480*** (−14.445)	0.021*** (7.057)	−0.056*** (−2.924)	−3.482*** (−14.330)

续表

变量名称	（1）	（2）	（3）	（4）	（5）	（6）
	DA	Fee	Opinion	DA	Fee	Opinion
Cfo	−0.133***	0.074*	1.959***	−0.133***	0.082*	1.966***
	(−10.899)	(1.766)	(3.176)	(−10.909)	(1.951)	(3.188)
Roa	−0.007	−0.561***	6.141***	−0.007	−0.546***	6.241***
	(−0.407)	(−9.392)	(9.820)	(−0.420)	(−9.158)	(9.996)
Growth	0.022***	0.004	0.260*	0.022***	0.004	0.250*
	(14.430)	(0.525)	(1.725)	(14.433)	(0.460)	(1.655)
Tat	0.007***	0.114***	0.369***	0.007***	0.115***	0.374***
	(6.109)	(14.213)	(2.749)	(6.076)	(14.361)	(2.811)
H10	0.012***	−0.028	1.855***	0.012***	−0.019	1.389***
	(3.035)	(−0.978)	(4.103)	(3.003)	(−0.642)	(4.180)
Indep	0.019**	0.296***	−0.023	0.019**	0.298***	0.085
	(2.447)	(5.037)	(−0.030)	(2.438)	(5.001)	(0.113)
Ssr	−0.003	−0.096***	0.165	−0.003	−0.102***	0.155
	(−1.151)	(−4.388)	(0.576)	(−1.109)	(−4.627)	(0.541)
Loss	0.034***	0.084***	−0.979***	0.034***	0.082***	−0.975***
	(17.261)	(6.967)	(−8.148)	(17.266)	(6.833)	(−8.112)
_cons	0.134***	4.493***	−3.576***	0.135***	4.421***	−3.778***
	(13.827)	(57.467)	(−3.697)	(13.983)	(55.284)	(−3.913)
Industry	Yes	Yes	Yes	Yes	Yes	Yes
Year	Yes	Yes	Yes	Yes	Yes	Yes
N	22565	22565	22565	22565	22565	22565
adj. R^2	0.331	0.651		0.335	0.647	
pseudo R^2			0.286			0.283

资料来源：作者整理制作。表中括号内为 t 值，***、**、* 所表示的显著性水平分别对应 1%、5% 和 10%。

使用行政处罚虚拟变量（Penalty）作为分组变量进行匹配，数据结果显示政府监管对审计质量的短期效应（Penalty）对可操纵性应计利润测量（DA）、审计费用（Fee）、审计意见（Opinion）三种方法测量的审计质量都有效。特别是审计费用（Fee）和审计意见（Opinion）在 1% 显著性水平上负相关，政府监管的短期和长期效果对审计费用（Fee）在 1% 显著性水平上负相关，即政府监管确实可以提高审计质量。另外，几组回归都在不同显著性水平上证明了政府监管提升审计质量的长期与短期作用。

五、进一步测试

根据本书构建的"政府监管、审计师声誉与审计质量理论分析框架",政府监管是审计质量提升的外部压力。政府监管在不同审计行业专长(MSA)、上市公司控制人属性(Ssr)和股权集中度(H10)的具体情境下,政府监管对审计质量的作用机理呈现不同。另外样本数据以 2010 年前后分组检验政府监管的 2010 年前后变化。

1.按审计行业专长分组进一步测试

审计行业专长的高低体现会计师事务所审计经验和市场集中度,影响审计失败受到政府监管处罚的可能性,Kanagaretnam、Krishnan 等(2009)实证发现审计行业专长可以提高审计质量。Martinez、Garcia(2018)实证发现审计行业专长越强,提供审计技能和培训方面越丰富,会增加审计意见准确性。本书将对审计行业专长按中位数分为高与低两组,检验高与低组中政府监管与审计质量的作用机理。

政府监管短期作用方面,分组回归数据(见表 5.9)显示:政府监管处罚虚拟变量(Penalty)与通过审计费用(Fee)测量的审计质量,在审计行业专长高组与低组都在 1% 显著性水平上显著负相关,证明无论在审计行业专长高还是低的组别,政府监管处罚短期内都会导致审计收费溢价显著下降。特别是审计行业专长高组,短期内审计收费议价能力下降更加剧烈。

表 5.9　审计行业专长分组的政府监管处罚虚拟变量与审计质量

变量名称	DA		Fee		Opinion	
	审计师行业专长高组	审计师行业专长低组	审计师行业专长高组	审计师行业专长低组	审计师行业专长高组	审计师行业专长低组
Penalty	0.002** (2.388)	0.001 (0.615)	−0.136*** (−17.757)	−0.077*** (−10.952)	−0.121 (−0.974)	−0.671*** (−7.042)
MSA	0.018 (1.329)	−0.039 (−1.477)	1.854*** (16.194)	1.323*** (7.057)	−0.947 (−0.615)	7.789*** (2.647)
Lna	−0.004*** (−7.800)	−0.004*** (−8.130)	0.429*** (100.556)	0.399*** (93.472)	0.371*** (6.292)	0.373*** (7.102)
Lev	0.019*** (5.263)	0.020*** (5.836)	−0.116*** (−4.756)	−0.033 (−1.521)	−3.476*** (−9.666)	−3.323*** (−11.918)
Cfo	−0.165*** (−10.908)	−0.113*** (−8.020)	0.095* (1.776)	0.179*** (3.701)	0.810 (0.920)	2.869*** (4.052)

续表

变量名称	DA		Fee		Opinion	
	审计师行业专长高组	审计师行业专长低组	审计师行业专长高组	审计师行业专长低组	审计师行业专长高组	审计师行业专长低组
Roa	0.056** (2.565)	−0.019 (−0.976)	−0.612*** (−7.889)	−0.428*** (−6.221)	6.753*** (7.410)	6.118*** (8.368)
Growth	0.022*** (11.014)	0.020*** (12.062)	0.000 (0.021)	−0.018** (−2.151)	0.378 (1.387)	−0.024 (−0.177)
Tat	0.007*** (4.724)	0.009*** (6.666)	0.132*** (12.975)	0.118*** (13.596)	0.105 (0.656)	0.484*** (2.866)
H10	0.010** (2.234)	0.006 (1.327)	−0.030 (−0.873)	−0.048 (−1.427)	0.878 (1.570)	2.175*** (3.705)
Indep	0.022** (2.386)	0.021** (2.276)	0.260*** (3.843)	0.265*** (3.892)	2.446** (2.160)	−1.766** (−2.090)
Ssr	0.001 (0.356)	−0.006* (−1.778)	−0.148*** (−5.258)	−0.048* (−1.960)	0.927** (2.245)	−0.419 (−1.244)
Loss	0.037*** (15.411)	0.033*** (14.703)	0.059*** (3.941)	0.105*** (7.410)	−1.100*** (−6.456)	−0.932*** (−6.557)
_cons	0.112*** (9.764)	0.126*** (11.246)	3.884*** (42.155)	4.475*** (48.559)	−3.622*** (−2.749)	−2.797** (−2.431)
Industry	Yes	Yes	Yes	Yes	Yes	Yes
Year	Yes	Yes	Yes	Yes	Yes	Yes
N	14834	16590	14834	16590	14834	16590
adj. R^2	0.137	0.115	0.678	0.657		
pseudo R^2					0.272	0.294

资料来源：作者整理制作。表中括号内为 t 值，***、**、* 所表示的显著性水平分别对应 1%、5% 和 10%。

政府监管处罚虚拟变量（Penalty）与通过审计意见（Opinion）测量的审计质量在审计行业专长的低组在 1% 显著性水平上显著负相关，但是高组不显著。说明政府监管对会计师事务所的处罚短期内形成了强大外部压力，使会计师事务所对非审计行业专长领域的上市公司报告意见更加谨慎，监管压力之下敢于对非行业集中领域的边缘客户发表非标审计意见去维护审计质量。

对于政府监管处罚虚拟变量（Penalty）与通过可操纵性应计利润（DA）测量的审计质量在审计行业专长高组在 5% 显著性水平上正相关，系数绝对值为0.002，说明在审计行业专长高组，政府监管处罚短期内对审计质量具有影响。

另外,进一步组间差异性检验(应用 Chow 检验)结果显示,在变量 Fee 作为被解释变量的回归方程中,组间系数检验结果 Chi2＝ 32.488,p 值＝0.000＜0.01,即在 1％水平上组间存在显著差异。在变量 Opinion 作为被解释变量的回归方程中,组间系数检验结果 Chi2＝12.269,p 值＝0.000＜0.01,即在 1％水平上组间存在显著差异。

政府监管长期作用方面,分组回归数据(见表 5.10)显示:政府监管处罚前后虚拟变量(Post)测量的政府监管与通过审计费用(Fee)测量的审计质量在审计行业专长高组与低组都在 1％显著性水平上显著负相关。证明在政府监管后的更长时间里,政府监管处罚的影响力无论在审计行业专长高还是低的组别,政府监管处罚都会导致审计收费显著下降。特别是审计行业专长高组,审计收费议价能力下降更加剧烈。但是与上表中的政府监管处罚虚拟变量(Penalty)结果对比,系数由−0.136 回落到−0.078,说明政府监管处罚后,对会计师事务所审计议价能力的削弱在随着时间慢慢淡化。

表 5.10 审计行业专长分组的政府监管处罚前后虚拟变量与审计质量

变量名称	DA		Fee		Opinion	
	审计师行业专长高组	审计师行业专长低组	审计师行业专长高组	审计师行业专长低组	审计师行业专长高组	审计师行业专长低组
Post	0.002 (1.246)	−0.000 (−0.025)	−0.078*** (−6.529)	−0.046* (−1.918)	0.383** (1.992)	−0.188 (−0.638)
MSA	0.022* (1.664)	−0.038 (−1.433)	1.570*** (13.824)	1.187*** (6.336)	−1.813 (−1.217)	6.887** (2.353)
Lna	−0.004*** (−7.959)	−0.004*** (−8.153)	0.433*** (99.783)	0.400*** (92.942)	0.378*** (6.376)	0.374*** (7.152)
Lev	0.020*** (5.297)	0.020*** (5.848)	−0.124*** (−5.029)	−0.038* (−1.749)	−3.516*** (−9.702)	−3.305*** (−11.778)
Cfo	−0.165*** (−10.958)	−0.113*** (−8.020)	0.132** (2.457)	0.178*** (3.674)	0.825 (0.933)	2.853*** (4.009)
Roa	0.056** (2.559)	−0.019 (−0.989)	−0.604*** (−7.741)	−0.404*** (−5.876)	6.863*** (7.437)	6.222*** (8.567)
Growth	0.022*** (11.019)	0.020*** (12.070)	−0.001 (−0.087)	−0.019** (−2.331)	0.372 (1.364)	−0.038 (−0.275)
Tat	0.007*** (4.668)	0.009*** (6.644)	0.137*** (13.401)	0.122*** (13.949)	0.120 (0.747)	0.503*** (2.982)
H10	0.010** (2.148)	0.006 (1.318)	−0.007 (−0.192)	−0.042 (−1.235)	0.916 (1.639)	2.282*** (3.913)

续表

变量名称	DA		Fee		Opinion	
	审计师行业专长高组	审计师行业专长低组	审计师行业专长高组	审计师行业专长低组	审计师行业专长高组	审计师行业专长低组
Indep	0.021 ** (2.366)	0.021 ** (2.271)	0.271 *** (3.931)	0.268 *** (3.908)	2.461 ** (2.186)	−1.515 * (−1.815)
Ssr	0.002 (0.474)	−0.006 * (−1.740)	−0.174 *** (−6.074)	−0.066 *** (−2.678)	0.909 ** (2.194)	−0.538 (−1.610)
Loss	0.037 *** (15.434)	0.033 *** (14.703)	0.054 *** (3.624)	0.105 *** (7.376)	−1.094 *** (−6.406)	−0.940 *** (−6.631)
_cons	0.115 *** (10.024)	0.126 *** (11.282)	3.759 *** (39.910)	4.422 *** (47.493)	−3.751 *** (−2.846)	−3.209 *** (−2.813)
Industry	Yes	Yes	Yes	Yes	Yes	Yes
Year	Yes	Yes	Yes	Yes	Yes	Yes
N	14834	16590	14834	16590	14834	16590
adj. R^2	0.137	0.115	0.672	0.654		
pseudo R^2					0.273	0.284

资料来源:作者整理制作。表中括号内为 t 值,***、**、* 所表示的显著性水平分别对应 1%、5% 和 10%。

政府监管处罚前后虚拟变量(Post)测量的政府监管与通过审计意见(Opinion)测量的审计质量在审计行业专长的高组 5% 显著性水平上显著相关,但是低组不显著。结合上表中的政府监管处罚虚拟变量(Penalty)结果,说明政府监管对会计师事务所的处罚形成了强大外部压力,短期内使会计师事务所对非审计行业专长领域的上市公司报告意见更加谨慎,但长期后,政府监管外部压力对审计行业专长组中产生的发表非标审计意见去维护审计质量的作用在淡化。

对于政府监管处罚前后虚拟变量(Post)测量的政府监管与通过可操纵性应计利润(DA)测量的审计质量在审计行业专长高组与低组都不显著。

2.按上市公司股权性质分组进一步测试

根据本书构建的"政府监管、审计师声誉与审计质量理论分析框架",中国审计市场中,刘文军、刘婷、李秀珠(2019)实证发现政府监管处罚的溢出效应大小与上市公司控制人属性有关。基于此,本书对控制人属性分组,检验政府监管对审计质量外部压力在不同控制人属性组的作用机理。

回归结果(见表 5.11)显示政府监管短期作用方面,非国有上市公司组的行政处罚虚拟变量（Penalty）测量的政府监管对于可操纵性应计利润（DA）的抑制作用在1%显著性水平上正相关,但在国有上市公司组则不相关。说明政府监管处罚外部压力在短期内会在非国有上市公司组取得立竿见影的效果。

表 5.11　控制人属性分组的政府监管处罚虚拟变量与审计质量

变量名称	DA		Fee		Opinion	
	国有	非国有	国有	非国有	国有	非国有
Penalty	−0.001	0.004***	−0.150***	−0.063***	−0.419***	−0.559***
	(−0.577)	(4.214)	(−17.567)	(−10.148)	(−3.238)	(−5.646)
MSA	−0.014	−0.028***	1.552***	0.742***	1.182	2.872***
	(−1.428)	(−2.823)	(16.489)	(12.053)	(0.866)	(2.799)
Lna	−0.004***	−0.004***	0.473***	0.372***	0.379***	0.291***
	(−7.288)	(−6.238)	(99.820)	(94.698)	(5.905)	(5.832)
Lev	0.020***	0.026***	−0.267***	0.098***	−3.680***	−3.296***
	(6.004)	(7.349)	(−9.783)	(5.070)	(−8.556)	(−12.670)
Cfo	−0.099***	−0.164***	0.035	0.240***	1.393	2.170***
	(−6.354)	(−12.217)	(0.584)	(5.533)	(1.436)	(3.267)
Roa	0.085***	−0.018	−0.726***	−0.415***	11.418***	4.873***
	(4.228)	(−1.007)	(−7.363)	(−7.132)	(8.516)	(7.895)
Growth	0.020***	0.020***	−0.052***	0.007	0.550	0.066
	(9.725)	(11.866)	(−4.777)	(0.932)	(1.612)	(0.485)
Tat	0.005***	0.011***	0.156***	0.089***	0.373**	0.151
	(4.372)	(7.556)	(15.573)	(10.690)	(1.974)	(1.049)
H10	0.006	0.016***	−0.120***	0.007	−0.309	2.596***
	(1.322)	(3.514)	(−3.095)	(0.241)	(−0.485)	(4.632)
Indep	−0.001	0.030***	0.274***	0.113**	0.425	0.005
	(−0.146)	(3.351)	(3.307)	(2.028)	(0.353)	(0.007)
Ssr	0.008**	−0.018**	−0.017	0.007	0.335	−0.070
	(2.562)	(−2.306)	(−0.651)	(0.139)	(0.843)	(−0.120)
Loss	0.030***	0.039***	0.060***	0.096***	−0.436**	−1.185***
	(13.923)	(16.545)	(3.626)	(7.499)	(−2.140)	(−8.832)
_cons	0.119***	0.094***	3.081***	5.025***	−3.320**	−1.485
	(11.208)	(7.307)	(31.307)	(57.370)	(−2.454)	(−1.277)
Industry	Yes	Yes	Yes	Yes	Yes	Yes
Year	Yes	Yes	Yes	Yes	Yes	Yes

续表

变量名称	DA		Fee		Opinion	
	国有	非国有	国有	非国有	国有	非国有
N	13512	17912	13512	17912	13486	17912
adj. R^2	0.113	0.147	0.699	0.635		
pseudo R^2					0.297	0.284

资料来源:作者整理制作。表中括号内为 t 值,***、**、* 所表示的显著性水平分别对应 1%、5%和10%。

国有与非国有组通过行政处罚虚拟变量(Penalty)测量的政府监管与审计费用(Fee)测量的审计质量在1%显著性水平上负相关,说明短期内政府监管处罚效果对审计费用议价能力产生显著负向影响,特别是国有上市公司组更加明显。

国有与非国有组的行政处罚虚拟变量(Penalty)测量的政府监管与审计意见(Opinion)测量的审计质量在1%显著性水平上负相关,另外系数-0.419和-0.559都较大,说明政府监管外部压力在短期内产生影响,会计师事务所对国有与非国有上市公司的审计意见都变得谨慎,敢于出具非标审计意见。

另外,进一步组间差异性检验(应用 Chow 检验)结果显示,在变量 DA 作为被解释变量的回归方程中,组间系数检验结果 Chi2=11.822,p 值=0.000<0.01,即在1%水平上组间存在显著差异。在变量 Fee 作为被解释变量的回归方程中,组间系数检验结果 Chi2=67.969,p 值=0.000<0.01,即在1%水平上组间存在显著差异。

长期方面,如表 5.12 所示,通过政府监管处罚前后虚拟变量(Pcst)测量政府监管与通过审计费用(Fee)测量审计质量在1%显著性水平上负相关,说明从长期方面,政府监管处罚的外部压力对国有与非国有客户都产生了长期的审计议价能力下降影响,国有企业更加明显。结合表 5.11 的结果,政府监管处罚外部压力对审计费用议价能力的下降随着时间长推移在减弱。

表 5.12 控制人属性分组的政府监管处罚前后虚拟变量与审计质量

变量名称	DA		Fee		Opinion	
	国有	非国有	国有	非国有	国有	非国有
Post	0.001	0.001	-0.092***	-0.048***	-0.120	0.165
	(0.362)	(0.680)	(-4.925)	(-4.276)	(-0.355)	(1.015)
MSA	-0.017*	-0.014	1.235***	0.577***	0.104	0.476
	(-1.694)	(-1.420)	(13.031)	(9.686)	(0.073)	(0.480)

续表

变量名称	DA		Fee		Opinion	
	国有	非国有	国有	非国有	国有	非国有
Lna	−0.004***	−0.004***	0.480***	0.374***	0.385***	0.309***
	(−7.260)	(−6.463)	(99.349)	(94.389)	(6.078)	(6.150)
Lev	0.020***	0.027***	−0.270***	0.095***	−3.678***	−3.323***
	(5.998)	(7.405)	(−9.845)	(4.932)	(−8.461)	(−12.700)
Cfo	−0.099***	−0.165***	0.048	0.246***	1.386	2.227***
	(−6.350)	(−12.226)	(0.796)	(5.664)	(1.452)	(3.325)
Roa	0.085***	−0.019	−0.698***	−0.407***	11.359***	5.028***
	(4.237)	(−1.036)	(−6.988)	(−7.004)	(8.549)	(8.181)
Growth	0.020***	0.020***	−0.052***	0.005	0.539	0.048
	(9.727)	(11.935)	(−4.796)	(0.676)	(1.588)	(0.355)
Tat	0.005***	0.011***	0.158***	0.094***	0.391**	0.183
	(4.391)	(7.326)	(15.673)	(11.291)	(2.082)	(1.286)
H10	0.006	0.015***	−0.115***	0.020	−0.243	2.755***
	(1.331)	(3.324)	(−2.921)	(0.683)	(−0.385)	(4.862)
Indep	−0.001	0.031***	0.313***	0.102*	0.669	0.089
	(−0.127)	(3.434)	(3.698)	(1.827)	(0.555)	(0.107)
Ssr	0.008**	−0.017**	−0.031	0.000	0.325	−0.093
	(2.531)	(−2.239)	(−1.182)	(0.005)	(0.828)	(−0.160)
Loss	0.030***	0.040***	0.058***	0.095***	−0.449**	−1.184***
	(13.927)	(16.579)	(3.509)	(7.375)	(−2.193)	(−8.880)
_cons	0.118***	0.098***	2.878***	4.976***	−3.665***	−2.088*
	(11.244)	(7.588)	(28.688)	(56.391)	(−2.769)	(−1.783)
Industry	Yes	Yes	Yes	Yes	Yes	Yes
Year	Yes	Yes	Yes	Yes	Yes	Yes
N	13512	17912	13512	17912	13486	17912
adj. R^2	0.113	0.147	0.692	0.633		
pseudo R^2					0.294	0.278

资料来源:作者整理制作。表中括号内为 t 值,***、**、* 所表示的显著性水平分别对应 1%、5%和10%。

另外,进一步组间差异性检验(应用 Chow 检验)结果显示,在变量 Fee 作为被解释变量的回归方程中,组间系数检验结果 Chi2＝4.07,p 值＝0.043＜0.05,即在 5%水平上组间存在显著差异。

3.按股权集中度(H10)分组进一步测试

根据前文构建的"政府监管、审计师声誉与审计质量理论分析框架"分析,股权集中度(H10)体现不同上市公司的公司治理结构,股权集中度低更易形成投资者间的互相制衡和合理的公司治理。

据股权集中度(H10)中位数判断分组回归数据表 5.13 显示:政府监管短期作用,行政处罚虚拟变量(Penalty)测量的短期政府监管对审计质量的作用在股权集中度(H10)高组与低组都具有显著性。进一步观察系数,政府监管短期效果在股权集中度高组对审计费用(Fee)溢价比股权集中度低组有更显著的负向影响。但是,政府监管导致会计师事务所审计股权集中度低组将更加谨慎发表审计意见。

表 5.13　按股权集中度分组的政府监管处罚虚拟变量与审计质量

变量名称	DA		Fee		Opinion	
	股权集中度高组	股权集中度低组	股权集中度高组	股权集中度低组	股权集中度高组	股权集中度低组
Penalty	0.001 * (1.940)	0.002 * (1.848)	−0.129 *** (−16.811)	−0.091 *** (−12.953)	−0.307 ** (−2.325)	−0.529 *** (−5.538)
MSA	−0.013 (−1.434)	−0.027 ** (−2.525)	1.344 *** (17.021)	0.982 *** (13.110)	0.904 (0.661)	2.412 ** (2.393)
Lna	−0.005 *** (−10.755)	−0.004 *** (−6.229)	0.443 *** (105.036)	0.388 *** (87.803)	0.198 *** (3.028)	0.431 *** (8.656)
Lev	0.031 *** (9.395)	0.013 *** (3.659)	−0.179 *** (−7.134)	0.010 (0.496)	−2.618 *** (−6.276)	−3.562 *** (−14.196)
Cfo	−0.185 *** (−12.741)	−0.099 *** (−6.829)	0.197 *** (3.758)	0.058 (1.175)	1.911 * (1.927)	1.956 *** (2.944)
Roa	0.155 *** (8.293)	−0.084 *** (−4.313)	−0.470 *** (−5.795)	−0.568 *** (−8.574)	8.891 *** (6.982)	5.671 *** (3.835)
Growth	0.023 *** (12.888)	0.018 *** (9.719)	−0.014 (−1.549)	−0.006 (−0.643)	0.276 (0.846)	0.022 (0.166)
Tat	0.007 *** (4.868)	0.009 *** (6.128)	0.124 *** (12.514)	0.123 *** (14.562)	0.051 (0.306)	0.451 *** (3.036)
H10	0.010 ** (2.060)	0.006 (0.493)	−0.027 (−0.649)	−0.375 *** (−4.216)	−0.294 (−0.446)	3.752 *** (3.243)
Indep	0.018 ** (2.121)	0.019 ** (1.993)	0.395 *** (5.545)	0.088 (1.354)	−1.057 (−0.920)	0.711 (0.847)

续表

变量名称	DA		Fee		Opinion	
	股权集中度高组	股权集中度低组	股权集中度高组	股权集中度低组	股权集中度高组	股权集中度低组
Ssr	0.000 (0.114)	−0.011** (−2.245)	−0.101*** (−4.286)	−0.057* (−1.714)	0.699** (2.125)	0.477 (1.060)
Loss	0.040*** (16.531)	0.028*** (12.326)	0.076*** (4.455)	0.076*** (5.838)	−0.864*** (−4.004)	−0.995*** (−7.777)
_cons	0.130*** (12.577)	0.116*** (9.206)	3.598*** (39.495)	4.807*** (50.187)	0.787 (0.586)	−4.920*** (−4.326)
Industry	Yes	Yes	Yes	Yes	Yes	Yes
Year	Yes	Yes	Yes	Yes	Yes	Yes
N	15645	15779	15645	15779	15527	15779
adj. R^2	0.152	0.124	0.685	0.638		
pseudo R^2					0.239	0.289

资料来源:作者整理制作。表中括号内为 t 值,***、**、*所表示的显著性水平分别对应 1%、5%和 10%。

另外,进一步组间差异性检验(应用 Chow 检验)结果显示,在变量 Fee 作为被解释变量的回归方程中,组间系数检验结果 Chi2＝13.557,p 值＝0.000＜0.01,即在 1%水平上组间存在显著差异。

长期作用方面,据股权集中度的中位数判断分组回归(见表 5.14),政府监管处罚前后虚拟变量(Post)测量长期政府监管作用,对审计费用溢价的影响幅度在股权集中度高组更大(−0.083 的绝对值大于−0.059 的绝对值)。

表 5.14　按股权集中度分组的政府监管处罚前后虚拟变量与审计质量

变量名称	DA		Fee		Opinion	
	股权集中度高组	股权集中度低组	股权集中度高组	股权集中度低组	股权集中度高组	股权集中度低组
Post	−0.002 (−0.895)	0.004* (1.896)	−0.083*** (−5.903)	−0.059*** (−4.281)	0.050 (0.195)	0.183 (1.038)
MSA	−0.007 (−0.775)	−0.026** (−2.485)	1.054*** (13.451)	0.744*** (10.210)	−0.105 (−0.081)	0.232 (0.230)
Lna	−0.005*** (−10.910)	−0.004*** (−6.271)	0.447*** (104.360)	0.390*** (86.715)	0.207*** (3.183)	0.442*** (8.817)

续表

变量名称	DA		Fee		Opinion	
	股权集中度高组	股权集中度低组	股权集中度高组	股权集中度低组	股权集中度高组	股权集中度低组
Lev	0.031 *** (9.441)	0.013 *** (3.686)	−0.186 *** (−7.360)	0.005 (0.247)	−2.635 *** (−6.273)	−3.565 *** (−14.054)
Cfo	−0.186 *** (−12.748)	−0.100 *** (−6.851)	0.208 *** (3.954)	0.070 (1.417)	1.942 ** (1.968)	2.009 *** (3.009)
Roa	0.155 *** (8.277)	−0.084 *** (−4.324)	−0.434 *** (−5.297)	−0.554 *** (−8.392)	8.935 *** (7.027)	5.772 *** (8.994)
Growth	0.023 *** (12.896)	0.018 *** (9.716)	−0.017 * (−1.783)	−0.007 (−0.781)	0.268 (0.824)	0.006 (0.042)
Tat	0.006 *** (4.843)	0.008 *** (6.051)	0.125 *** (12.486)	0.130 *** (15.374)	0.049 (0.301)	0.490 *** (3.305)
H10	0.010 ** (2.060)	0.006 (0.486)	−0.027 (−0.655)	−0.345 *** (−3.840)	−0.269 (−0.410)	4.180 *** (3.609)
Indep	0.018 ** (2.084)	0.020 ** (2.017)	0.419 *** (5.792)	0.081 (1.239)	−0.966 (−0.845)	0.917 (1.099)
Ssr	0.001 (0.226)	−0.011 ** (−2.185)	−0.126 *** (−5.322)	−0.079 ** (−2.336)	0.641 ** (1.973)	0.397 (0.880)
Loss	0.040 *** (16.541)	0.028 *** (12.339)	0.073 *** (4.269)	0.074 *** (5.733)	−0.873 *** (−4.013)	−0.999 *** (−7.826)
_cons	0.131 *** (12.753)	0.117 *** (9.289)	3.474 *** (37.459)	4.746 *** (48.637)	0.495 (0.372)	−5.396 *** (−4.730)
Industry	Yes	Yes	Yes	Yes	Yes	Yes
Year	Yes	Yes	Yes	Yes	Yes	Yes
N	15645	15779	15645	15779	15527	15779
adj. R^2	0.151	0.124	0.680	0.634		
pseudo R^2					0.237	0.284

资料来源:作者整理制作。表中括号内为 t 值,*** 、** 、* 所表示的显著性水平分别对应 1%、5%和 10%。

另外,进一步组间差异性检验(应用 Chow 检验)结果显示,在变量 DA 作为被解释变量的回归方程中,组间系数检验结果 Chi2=4.179,p 值=0.040< 0.05,即在 5%水平上组间存在显著差异。

4.按 2010 年前后样本分组进一步测试

文献综述发现,政府监管在 2010 年前后对于审计质量的影响存在明显差异,本书样本区间为 2000—2019 年,本书以 2010 年为节点划分为两个时间段来考察,变量(Post)的数值主要是 2010 年以后,即无法形成比较,所以只对变量(Penalty)进行了检验(见表 5.15)。

表 5.15 以 2010 年前后样本检验政府监管的作用差异

变量名称	2010 年以前			2010 年以后		
	(1)	(2)	(3)	(4)	(5)	(6)
	DA	Fee	Opinion	DA	Fee	Opinion
Penalty	-0.000	-0.110^{***}	-0.525^{***}	0.002^{***}	-0.105^{***}	-0.524^{***}
	(-0.026)	(-11.146)	(-3.875)	(2.823)	(-16.103)	(-5.480)
MSA	-0.037^{*}	2.431^{***}	-0.366	-0.021^{***}	0.983^{***}	1.606^{*}
	(-1.871)	(15.110)	(-0.168)	(-2.627)	(16.604)	(1.764)
Lna	-0.004^{***}	0.445^{***}	0.237^{***}	-0.004^{***}	0.406^{***}	0.389^{***}
	(-5.089)	(62.691)	(2.872)	(-10.271)	(121.499)	(8.769)
Lev	0.031^{***}	-0.197^{***}	-2.237^{***}	0.019^{***}	-0.040^{**}	-3.549^{***}
	(6.393)	(-5.907)	(-4.978)	(6.364)	(-2.153)	(-14.497)
Cfo	-0.142^{***}	0.147^{**}	1.754^{*}	-0.133^{***}	0.174^{***}	1.798^{***}
	(-7.402)	(2.282)	(1.855)	(-11.035)	(4.029)	(2.634)
Roa	0.134^{***}	-0.418^{***}	11.417^{***}	-0.025	-0.593^{***}	5.586^{***}
	(5.600)	(-3.731)	(7.713)	(-1.485)	(-10.324)	(9.105)
Growth	0.019^{***}	-0.055^{***}	0.067	0.021^{***}	0.004	0.087
	(7.688)	(-4.289)	(0.295)	(13.931)	(0.527)	(0.574)
Tat	0.003^{*}	0.109^{***}	0.224	0.009^{***}	0.128^{***}	0.337^{**}
	(1.850)	(9.397)	(0.993)	(8.067)	(15.957)	(2.473)
H10	0.037^{***}	-0.019	-0.244	-0.001	-0.012	2.625^{***}
	(5.090)	(-0.394)	(-0.363)	(-0.311)	(-0.424)	(4.940)
Indep	0.015	0.511^{***}	-0.107	0.022^{***}	0.205^{***}	0.044
	(0.997)	(4.595)	(-0.081)	(3.097)	(3.832)	(0.057)
Ssr	-0.011^{***}	-0.187^{***}	0.387	0.002	0.013	1.343^{**}
	(-2.868)	(-7.198)	(1.132)	(0.437)	(0.436)	(2.000)

续表

变量名称	2010 年以前			2010 年以后		
	(1)	(2)	(3)	(4)	(5)	(6)
	DA	Fee	Opinion	DA	Fee	Opinion
Loss	0.041***	0.091***	−0.772***	0.032***	0.082***	−0.990***
	(12.461)	(4.490)	(−3.296)	(17.302)	(6.745)	(−7.877)
_cons	0.114***	3.502***	−0.681	0.123***	4.526***	−4.346***
	(6.789)	(23.567)	(−0.399)	(13.344)	(61.006)	(−4.216)
Industry	Yes	Yes	Yes	Yes	Yes	Yes
Year	Yes	Yes	Yes	Yes	Yes	Yes
N	8407	8407	8407	23017	23017	23017
adj. R^2	0.130	0.568		0.127	0.639	
pseudo R^2			0.316			0.270

资料来源:作者整理制作。表中括号内为 t 值,*** 、** 、* 所表示的显著性水平分别对应 1%、5% 和 10%。

　　2010 年前后样本分组回归显示,确实在 2010 年前后政府监管作用存在差异,2010 年后的政府监管对审计质量的作用更有效。但是,在审计质量的三种不同测量方法下表现存在不同。其中,2010 年后政府监管对审计费用(Fee)和审计意见(Opinion)测量的审计质量效程度更加明显,证明 2010 年后"有为政府"的资本市场政府改革取得了明显效果。

六、稳健性检验

　　采用审计报告激进度替代审计质量、审计复杂度替代审计质量、陆建桥模型重新计算[可操纵性应计利润测量(DA)的审计质量],使用审计费用与收入比(Fee2)作为度量审计费用(Fee)的替代变量,取审计费用与总资产比(Fee3)作为度量审计费用(Fee)的替代变量等方法进行稳健性检验,验证政府监管与审计质量关系模型的稳健性情况。

　　1.用陆建桥(1999)模型重新计算可操纵性应计利润。修正 Jones 模型可操纵性应计利润测量审计质量是 H1 和 H2 假设的主测量方法,所以本书使用陆建桥模型重新计算可操纵性应计利润,并进行回归。

　　陆建桥(1999)认为修正 Jones 模型仍有缺陷,即修正 Jones 模型和 Jones

模型计算的结果都忽视了上市公司无形资产和其他长期资产对非操纵性应计利润的作用,因为上市公司的无形资产和其他长期资产摊销额都最终构成非操纵性应计利润的重要影响数,这一忽视导致了修正 Jones 模型和 Jones 模型计算的结果都会少算上市公司的非操纵性应计利润数,即造成审计质量测量不准确,高估了公司的盈余管理行为。陆建桥模型计算可操纵性应计利润为:

$$\mathrm{NDA}_{it}/A_{it-1} = a_i[1/A_{it-1}] + \beta_{1i}[\Delta\mathrm{REV}_{it}/A_{it-1} - \Delta\mathrm{REC}_{it}/A_{it-1}] +$$
$$\beta_{2i}[\mathrm{FA}_{it}/A_{it-1}] + \beta_{3i}[\mathrm{IA}_{it}/A_{it-1}] \tag{5.7}$$

公式中的 FA_{it} 表示 i 上市公司第 t 年的固定资产金额; IA_{it} 表示上市公司第 t 年的无形资产金额和其他长期资产金额。陆建桥模型扩展后的操纵性应计利润额和非操纵性应计利润额,预期模型是:

$$\mathrm{TA}_{it}/\mathrm{TA}_{it-1} = \alpha_i[1/\mathrm{TA}_{it-1}] + \beta_{1i}[\Delta\mathrm{REV}_{it}/A_{it-1} - \Delta\mathrm{REV}_{it}/A_{it-1}] +$$
$$\beta_{2i}[\mathrm{FA}_{it}/A_{it-1}] + \beta_{3i}[\mathrm{IA}_{it}/A_{it-1}] + \varepsilon_{it} \tag{5.8}$$

使用陆建桥模型计算可操纵性应计利润重新测量审计质量后的回归结果(见表 5.16)显示,政府监管对审计质量的短期与长期作用仍然在 5% 与 10% 显著性水平上相关。H3 与 H4 假设仍然成立,本章模型通过稳健性检验。

表 5.16 使用陆建桥模型重新计算可操纵性应计利润的稳健性检验

变量名称	(1) DA2	(2) DA2
Penalty	0.001** (1.978)	
Post		0.001* (1.835)
MSA	−0.018*** (−2.616)	−0.015** (−2.223)
Lna	−0.004*** (−12.405)	−0.004*** (−12.519)
Lev	0.021*** (8.383)	0.021*** (8.415)
Cfo	−0.121*** (−11.873)	−0.121*** (−11.887)
Roa	0.004 (0.276)	0.004 (0.256)

续表

变量名称	（1）	（2）
	DA2	DA2
Growth	0.018*** (14.756)	0.018*** (14.770)
Tat	0.008*** (8.190)	0.008*** (8.132)
H10	0.008** (2.409)	0.007** (2.355)
Indep	0.024*** (3.777)	0.024*** (3.765)
Ssr	−0.002 (−0.714)	−0.001 (−0.606)
Loss	0.035*** (21.578)	0.035*** (21.588)
_cons	0.124*** (15.890)	0.125*** (16.083)
Industry	Yes	Yes
Year	Yes	Yes
N	31424	31424
adj. R^2	0.319	0.349

资料来源：作者整理制作。表中括号内为 t 值，***、**、* 所表示的显著性水平分别对应 1%、5% 和 10%。

2.审计报告激进度（ARAgg）作为审计质量替代指标。审计质量的度量指标可能对实证结论产生干扰，以审计报告激进度作为审计质量的替代指标进行稳健性检验（陈曾洁，2017；吴伟荣，2018）。稳健性检验实证结果（见表5.17），证明模型仍然成立。

表 5.17　审计报告激进度（ARAgg）替代审计质量的稳健性检验

变量名称	（1）	（2）
	ARAgg	ARAgg
Penalty	−0.010*** (−4.779)	−0.012*** (−5.378)
Penalty×Post		0.012*** (2.665)

续表

变量名称	(1)	(2)
	ARAgg	ARAgg
MSA	0.036* (1.680)	0.025 (1.138)
Lna	0.001 (0.749)	0.001 (0.792)
Lev	−0.009 (−1.045)	−0.009 (−1.068)
Cfo	0.064*** (3.432)	0.063*** (3.418)
Roa	−0.061** (−1.976)	−0.061** (−1.982)
Growth	0.002 (0.689)	0.002 (0.675)
Tat	0.005* (1.761)	0.005* (1.777)
H10	0.018** (2.200)	0.017** (2.179)
Indep	−0.007 (−0.359)	−0.006 (−0.347)
Ssr	0.004 (0.650)	0.004 (0.655)
Loss	−0.001 (−0.197)	−0.001 (−0.184)
_cons	−0.001 (−0.051)	−0.001 (−0.041)
Industry Year	Yes Yes	Yes Yes
N	31424	31424
adj. R^2	0.003	0.003

资料来源:作者整理制作。表中括号内为 t 值,***、**、*所表示的显著性水平分别对应 1%、5%和 10%。

3.用审计复杂度(Complex)替代审计质量。审计复杂度体现审计能力,复杂度越高,审计难度越大,审计质量可能降低,所以用审计复杂度(Complex)反向替代审计质量。本书用上市公司应收账款与存货占总资产的比例来计算审计复杂度。因为在上市公司的财务报表审计中,应收账款和存货的审计业务都属于审计风险大和审计成本投入较多的项目。稳健性检验实证结果(见表5.18),证明模型仍然成立。

表 5.18　审计复杂度(Complex)替代审计质量的稳健性检验

变量名称	(1)	(2)
	Complex	Complex
Penalty	−0.005***	−0.005***
	(−3.322)	(−3.148)
Penalty×Post		−0.000
		(−0.064)
MSA	0.056***	0.056***
	(3.567)	(3.495)
Lna	−0.024***	−0.024***
	(−28.544)	(−28.541)
Lev	0.211***	0.211***
	(39.354)	(39.353)
Cfo	−0.544***	−0.544***
	(−40.736)	(−40.735)
Roa	0.136***	0.136***
	(8.128)	(8.128)
Growth	−0.001	−0.001
	(−0.613)	(−0.613)
Tat	0.057***	0.057***
	(27.147)	(27.146)
H10	0.014*	0.014*
	(1.952)	(1.952)
Indep	−0.028**	−0.028**
	(−2.008)	(−2.008)
Ssr	−0.013**	−0.013**
	(−2.466)	(−2.466)
Loss	−0.033***	−0.033***
	(−9.554)	(−9.554)
_cons	0.712***	0.712***
	(39.409)	(39.407)
Industry	Yes	Yes

续表

变量名称	(1) Complex	(2) Complex
Year	Yes	Yes
N	31424	31424
adj. R^2	0.416	0.416

资料来源:作者整理制作。表中括号内为 t 值,***、**、* 所表示的显著性水平分别对应 1%、5% 和 10%。

4.用审计费用与收入比(Fee2)作为度量审计费用(Fee)的替代变量。回归结果(见表 5.19)显示在政府监管与审计质量在 1% 与 10% 显著性水平上相关,H3 与 H4 假设仍然成立。

表 5.19　审计费用与收入比替代审计费用的稳健性检验

变量名称	(1) Fee2	(2) Fee2
Penalty	−0.000*** (−2.864)	
Post		−0.000* (−1.708)
MSA	0.000** (2.530)	0.000* (1.692)
Lna	−0.000*** (−43.108)	−0.000*** (−43.041)
Lev	−0.000*** (−3.053)	−0.000*** (−3.105)
Cfo	−0.001*** (−7.078)	−0.001*** (−7.048)
Roa	−0.001*** (−6.399)	−0.001*** (−6.352)
Growth	−0.000*** (−3.928)	−0.000*** (−3.958)
Tat	−0.001*** (−41.327)	−0.001*** (−41.141)
H10	−0.000** (−1.996)	−0.000* (−1.903)

续表

变量名称	（1）	（2）
	Fee2	Fee2
Indep	0.001*** (8.358)	0.001*** (8.373)
Ssr	−0.000 (−1.551)	−0.000* (−1.802)
Loss	0.000*** (11.170)	0.000*** (11.155)
_cons	0.010*** (51.903)	0.010*** (51.831)
Industry	Yes	Yes
Year	Yes	Yes
N	31424	31424
adj. R^2	0.340	0.340

资料来源:作者整理制作。表中括号内为 t 值,***、**、* 所表示的显著性水平分别对应 1%、5%和 10%。

5.取审计费用与总资产比(Fee3)作为度量审计费用(Fee)的替代变量。年度审计收费占上市公司资产总额的比例是衡量审计收费水平的重要指标,通过这一比例衡量审计质量更加准确(张睿、田高良、齐保垒,2018)。取审计费用与总资产比作为度量审计费用的替代变量进而测量审计质量(Fee3)后,政府监管与审计质量关系假设在 1%显著水平仍然成立,模型稳健性通过检验(见表 5.20)。

表 5.20　审计费用与总资产比替代审计费用的稳健性检验

变量名称	（1）	（2）
	Fee3	Fee3
Penalty	−0.000*** (−10.619)	
Post		−0.000*** (−4.885)
MSA	0.000*** (14.007)	0.000*** (12.158)
Lna	−0.000*** (−103.081)	−0.000*** (−102.266)

续表

变量名称	(1)	(2)
	Fee3	Fee3
Lev	0.000***	0.000**
	(2.577)	(2.415)
Cfo	0.000	0.000*
	(1.591)	(1.740)
Roa	−0.000***	−0.000***
	(−10.907)	(−10.738)
Growth	−0.000	−0.000
	(−1.361)	(−1.464)
Tat	0.000***	0.000***
	(11.508)	(11.862)
H10	0.000***	0.000***
	(8.023)	(8.314)
Indep	0.000***	0.000***
	(10.667)	(10.694)
Ssr	−0.000***	−0.000***
	(−5.491)	(−6.155)
Loss	0.000***	0.000***
	(8.582)	(8.500)
_cons	0.004***	0.004***
	(114.668)	(113.488)
Industry	Yes	Yes
Year	Yes	Yes
N	31424	31424
adj. R^2	0.543	0.542

资料来源:作者整理制作。表中括号内为 t 值,***、**、*所表示的显著性水平分别对应1%、5%和10%。

第四节 政府监管对审计质量的外部治理

政府监管会对审计质量产生强烈外部压力,根据布罗代尔市场化理论,政府监管在短期和长期作用下对审计质量的效果产生差异。本章区分短期与长期作用对政府监管与审计质量的外部压力效果进行实证检验。

根据前文构建的"政府监管、审计师声誉与审计质量理论分析框架",本章实证设计中通过修正 Jones 模型可操纵性应计利润(DA)、审计费用(Fee)、审计意见类型(Opinion)三种方法测量审计质量。对政府监管的变量定义与度量取值选用中国证监会对会计师事务所行政处罚作为变量定义与度量取值。行政处罚虚拟变量(Penalty)测量政府监管短期的效应,行政处罚前后虚拟变量(Post)测量政府监管的长期影响,并提出两个基本假设。会计师事务所受到监管处罚数据,手工收集整理自中国证监会网站披露的"行政处罚决定"信息公开目录,另外部分数据由手工计算取得。

OLS 混合面板回归与 PSM 实验组与对照组方法的结果显示,政府监管整体上可以提高审计质量。具体表现为:政府监管短期作用方面,在政府监管处罚的短期内,会计师事务所受到监管处罚后审计收费会马上明显下降。即资本市场会有快速的反应,受处罚的会计师事务所会马上在短期谨慎出具审计意见,受处罚当年更易出现对上市公司出具非标意见。长期作用方面,会计师事务所受到处罚后审计收费会产生长期的下降。政府监管处罚后会计师事务所会在操纵性应计利润审计中有所反映,但不能产生明显抑制效果。会计师事务所受到处罚后长期作用方面,出具的审计意见并不会因受到处罚而发生长期变化。

根据前文构建的"政府监管、审计师声誉与审计质量理论分析框架",政府监管是审计质量提升的外部压力,在不同具体情境下作用机理呈现不同。

按审计行业专长分组进一步测试:无论在审计行业专长高还是低的组别政府监管处罚都会导致审计收费显著下降,特别是审计行业专长高组,审计收费议价能力下降更加剧烈;政府监管对会计师事务所的处罚形成了强大外部压力,使会计师事务所对非审计行业专长领域的上市公司报告意见更加谨慎,监管压力之下敢于对非行业集中领域的边缘客户发表非标审计意见去维护审计质量;审计行业专长高组,政府监管处罚并不能促使会计师事务对操纵性应计利润产生抑制作用;政府监管处罚后对会计师事务所审计议价能力的削弱在随着时间慢慢淡化;短期内使会计师事务所对非审计行业专长领域的上市公司报告意见更加谨慎。长期作用方面,政府监管压力对会计师事务所在审计行业专长组中产生的发表非标审计意见去维护审计质量的作用在淡化。

按上市公司股权性质分组进一步测试:政府监管处罚压力在短期内会在非国有上市公司组取得立竿见影的效果;短期内政府监管处罚效果对会计师事务所审计费用议价能力产生显著负向影响,特别是国有上市公司组更加明显;政府监管压力在短期内,会计师事务所对国有与非国有上市公司的审计意见都变得谨慎,敢于出具非标意见;政府监管处罚的压力对审计费用议价能力的下降随着时间推移在减弱。

按 2010 年前后数据样本分组进一步测试:政府监管的效力在 2010 年前后确实存在差异,2010 年后政府效力发挥得到改善,政府监管作用不断向好。

稳健性检验方面,用审计复杂度(Complex)替代审计质量、审计报告激进度替代审计质量、陆建桥模型重新计算可操纵性应计利润替代审计质量测量,使用审计费用与收入比(Fee2)作为度量审计费用(Fee)的替代变量,取审计费用与总资产比(Fee3)作为度量审计费用(Fee)的替代变量等方法,稳健性检验证明政府监管与审计质量存在相关性的研究结论具有一定稳健性。

第六章　政府监管与审计师声誉对审计质量的耦合作用

　　耦合(coupling)最初是电子物理学概念,后被广泛应用于社会科学领域进行概念关系的表述。根据系统论观点,耦合具体指两个相对独立运行的系统(或者循环),自己可以单独成为一个体系,但是两个体系之间又存在一定的关联程度,两个体系或两种运动形式间可以通过相互作用产生对彼此的影响。最终可以联合起来共同对一个现象产生影响变化。系统间的耦合关系可以是松散的,也可以是紧密的。

　　根据前文构建的"政府监管、审计师声誉与审计质量理论分析框架",审计师声誉对审计质量提高具有事前约束与内在驱动(原红旗 等,2020),政府监管对审计质量的外部压力具有处罚威慑和事后质量保障约束作用(武鹏、胡家勇,2020)。所以,审计质量是审计师声誉和政府监管及其他因素耦合互动的结果(Zimbelman and Waller,1999)。

　　吴联生(2011)认为中国资本市场与国外成熟资本市场有较大差异,审计市场无法完全由审计师声誉的内驱作用主导,但是政府监管外部压力主导模式易导致过度依赖政府,审计需求得不到培育,只有政府监管与审计师声誉耦合作用于审计质量,才能对审计市场产生内外驱动,实现平衡治理。现有研究发现政府监管部门对审计失败的行政处罚信号,会放大会计师事务所的审计师声誉损失代价,具体表现为审计费用溢价下降、审计行为更加谨慎、审计客户和事务所员工流失等,这也正是政府监管处罚向资本市场传递审计师声誉受损的信号(Davis and Simon,1992)。李莫愁(2017)研究证明政府监管处罚可以识别低质量审计,相关处罚都没有冤枉会计师事务所(陈晓,2011),最终政府监管外部治理审计师声誉失灵,耦合提高审计质量(刘笑霞,2013)。政府监管与审计师声誉对提升审计质量具有耦合作用,且不可偏废任何一方(方军雄,2011;李晓慧,2016)。

　　根据前文构建的"政府监管、审计师声誉与审计质量理论分析框架",本章对政府监管与审计师声誉耦合作用于审计质量的效应进行实证检验,并进一步从审计行业专长、上市公司产权信息、上市公司股权集中度等视角对耦合作用机理进行分析,最终证明政府监管与审计师声誉在提高审计质量中有耦合作用。

本章研究结论对通过"有效的市场"和"有为的政府"共同推动是中国审计市场的审计质量提高具有理论参考价值。

第一节　理论分析与假设提出

2015 年习近平对政府与市场的"有效的市场"和"有为的政府"关系论断,指出在简政放权背景下,让市场发挥资源配置的基础作用,政府规范和监督好市场运行,对市场失灵发挥好政府外部监管。陈俊、韩洪灵、陈汉文(2009)构建了政府监督强度和审计师声誉两个维度的研究模型。程文莉、张银花、谢依梦(2019)用 2013—2017 年数据实证发现政府监管与审计师声誉对审计质量提升具有耦合关系。

一方面,政府监管与审计师声誉耦合效应同方向对审计质量具有正向提高作用。审计师声誉受损后,会计师事务所会内在驱动地去约束可操纵性应计利润和谨慎审计报告意见,以期重新塑造资本市场对审计师声誉的信任,最终审计师声誉促进审计质量提高(Golden et al.,2006;王兵、李晶、苏文兵,2011)。基于不完全契约、代理理论、信息不对称理论,审计市场运行中会产生审计市场失灵,审计失败、审计合谋和审计职业谨慎性丧失等现象,需要政府监管外部压力去修正(刘笑霞,2013;李莫愁,2017)。特别是,之前曾拥有高审计师声誉的会计师事务所面对的政府监管处罚影响更大,Firth(1990)发现审计师声誉受损后审计收费溢价下降,审计违规行为的成本上升,因为审计师声誉损失所带来的间接损失往往远大于监管部门直接的罚款金额,即高审计师声誉将放大政府监管的效应(Benito and Candido,1997)。所以政府监管与高审计师声誉的同方向耦合作用在加速审计质量提高(陈运森、邓祎璐、李哲,2018)。

另一方面,政府监管与审计师声誉的耦合效应可能存在反方向的内部互耗。部分具有较高审计师声誉的会计师事务所会"有恃无恐"甚至对抗"政府监管",如"瑞华怒告证监会"的新闻消息曾是 2019 年资本市场的重大舆论事件,对政府监管警示效果产生消解作用。另外政府监管对于未受到处罚的会计师事务所警示作用也会因这些会计师事务所强大的审计师声誉而被消解。

当监管机构对某些会计师事务所发出政府监管处罚公告后,未受处罚而具有一定比较审计师声誉优势的会计师事务所会凭借比较审计师声誉优势,很可能采取对政府监管无作为的审计市场竞争策略,消解了政府监管对全行业提高审计质量的警示作用。

基于前文构建的"政府监管、审计师声誉与审计质量理论分析框架",政府监管与审计师声誉的耦合作用最终效果需要进行实证检验,本书基于此提出假设进行研究。进一步细分政府监管与审计师声誉耦合作用下不同的审计质量表现结果进行研究,同时考虑审计行业专长、上市公司控制人属性、客户股权集中度等异质性进行耦合作用运行机理的探索研究。

基于以上理论分析本章提出假设,H5:在其他条件不变的情况下,政府监管与审计师声誉对提高审计质量具有耦合的正向作用。

第二节 模型构建与变量定义

一、变量选取与定义说明

本章的核心变量是被解释变量审计质量的度量与解释变量的测量(见表6.1)。

表 6.1 变量定义表

变量类型	变量名称	变量度量	变量符号	变量取值
被解释变量	审计质量	修正 Jones 模型可操纵性应计利润	DA	应用 Jones 模型回归,取值可操纵性应计利润的绝对值表示
		审计费用	Fee	会计师事务所对上市公司财务报告审计收取的审计费用金额,数值取自然对数表示
		审计意见类型	Opinion	会计师事务所对上市公司财报出具有审计意见类型的虚拟变量,标准无保留意见取值为1,非标准意见则取值为 0
	政府监管	行政处罚虚拟变量	Penalty	上市公司审计失败受到政府监管的证监会行政处罚的情况,受到处罚取值为1,没有受到处罚取值为 0

续表

变量类型	变量名称	变量度量	变量符号	变量取值
被解释变量	审计师声誉	会计师事务所排名"前十"	Big10	根据中国注册会计师协会应用全国会计师事务报备数据中(事务所业务收入、注册会计师人数、综合评价、处罚和惩戒)四个权威指标计算的事务所前百家排名信息进行取值,排名前10的会计师事务所取值为1,排名在11名及以后的取值为0
	审计师声誉与政府监管交乘项	会计师事务所排名"前十"与行政处罚虚拟变量的交乘项	Big10×Penalty	根据中国注册会计师协会应用全国会计师事务报备数据中(事务所业务收入、注册会计师人数、综合评价、处罚和惩戒)四个权威指标计算的事务所前百家排名信息进行取值,排名前10的会计师事务所取值为1,排名在11名及以后的取值为0。会计师事务所受到证监会行政处罚的情况,受到处罚取值为1,没有受到处罚取值为0。进一步将两个变量相乘,即得到会计师事务所排名"前十"与行政处罚虚拟变量的交乘项数值
控制变量	行业专长	审计行业专长	MSA	行业客户集中度,通过计算会计师事务所审计客户行业审计收入所占全部行业总审计收入的比重
	总应计利润	总应计利润总额	Ta	样本上市公司的总应计利润由操纵性应计利润和非操纵性应计利润共同构成
	公司规模	上市公司规模	Lna	上市公司当年年末总资产,取自然对数
	财务杠杆	资产负债率水平	Lev	上市公司当年年末资产负债率
	经营资金	经营性现金流比例	Cfo	被审计上市公司经营活动产生现金流与总资产的比率
	收益水平	资产报酬率水平	Roa	上市公司当年年末资产报酬率
	成长性	营业收入增长率	Growth	上市公司当年年末营业收入增长率
	资产周转率	总资产周转率	Tat	上市公司的年度总销售收入净额与平均资产总额的比率
	股权分布状态	股权集中度	H10	采用样本上市公司的股权集中度指标 Herfindahl10 指数,取上市公司前 10 位大股东持股比例的平方和

续表

变量类型	变量名称	变量度量	变量符号	变量取值
控制变量	独董比例	独立董事比例	Indep	独立董事在董事会中所占的比例
	控制人属性	国有股占股比例	Ssr	样本上市公司的股权结构中限售国有股股份数与总股份数的比例
	盈利能力	净利润	Loss	上市公司利润表净利润为正取值为1,净利润为负取值为0
	年度	年度虚拟变量	Year	按上市公司所在区间年度数－1,取值虚拟变量
	行业	行业虚拟变量	Industry	按上市公司的证监会行业分类－1,取值虚拟变量

资料来源:作者整理制作。

1.被解释变量

审计质量具有一定的特殊性,难以直接衡量。现有研究中有多种不同测量方式并存,对审计质量进行测量(Sinha and Hunt,2013),本书选取三个不同方法进行系统化测量,以比较审计质量的不同差异性。审计质量测量指标:修正 Jones 模型可操纵性应计利润(DA)、审计收费(Fee)、审计意见(Opinion)。变量定义详见第四章第二节。

2.解释变量

政府监管与审计师声誉的交乘项反映了两个解释变量耦合对被解释变量审计质量是否有显著影响,通过中国会计师事务所排名"前十"审计师声誉与行政处罚虚拟变量的交乘项(Big10×Penalty)进行解释变量测量。

交乘项的基础项:会计师事务所排名"前十"(Big10)。

由于中注协每年的百家会计师事务所排名在学术与实践领域具有的巨大社会影响力,所以,本书应用中注协的会计师事务所排名"前十"(Big10)作为审计师声誉的测量批标,排名"前十"的会计师事务所取值为1,排名在11名及以后的取值为0。

交乘项的基础项:行政处罚虚拟变量(Penalty),上市公司审计失败后会计师事务所受到中国证监会的行政处罚。刘笑霞、李明辉(2013)应用2008—2010年数据实证发现受政府监管处罚的会计师事务所在受罚前审计质量确实较低,即证监会的处罚依据和判断是恰当的。程文莉、张银花、谢依梦(2019)2013—2017年数据实证发现证监会对违规审计政府监管处罚一定程度上对审计市场竞争导致审计质量变化具有抑制作用。

3.控制变量

控制变量有审计行业专长（MSA）、公司规模（Lna）、财务杠杆（Lev）、经营资金（Cfo）、收益水平（Roa）、成长性（Growth）、资产周转率（Tat）、股权分布状态（H10）、独董比例（Indep）、控制人属性（Ssr）、盈利能力（Loss）、年度（Year）、行业（Industry）。控制变量定义同第四章，详见第二节"变量选取与定义说明"，本处略。

二、模型构建

根据研究假设，结合政府监管与审计师声誉耦合影响审计质量的可能因素，本章构建模型，分别对研究假设 H5 进行实证检验。

$$
\begin{aligned}
DA = {} & \beta_0 + \beta_1 \times Penalty + \beta_2 \times Big10 + \beta_3 \times Big10 \times Penalty + \beta_4 \times MSA + \\
& \beta_5 \times Lna + \beta_6 \times Lev + \beta_7 \times Cfo + \beta_8 \times Roa + \beta_9 \times Growth + \\
& \beta_{10} \times Tat + \beta_{11} \times H10 + \beta_{12} \times Indep + \beta_{13} \times Ssr + \beta_{14} \times Loss + \\
& \beta_{15} \times Year + \beta_{16} \times Industry + \varepsilon
\end{aligned}
\tag{6.1}
$$

$$
\begin{aligned}
Fee = {} & \beta_0 + \beta_1 \times Penalty + \beta_2 \times Big10 + \beta_3 \times Big10 \times Penalty + \beta_4 \times MSA + \\
& \beta_5 \times Lna + \beta_6 \times Lev + \beta_7 \times Cfo + \beta_8 \times Roa + \beta_9 \times Growth + \\
& \beta_{10} \times Tat + \beta_{11} \times H10 + \beta_{12} \times Indep + \beta_{13} \times Ssr + \beta_{14} \times Loss + \\
& \beta_{15} \times Year + \beta_{16} \times Industry + \varepsilon
\end{aligned}
\tag{6.2}
$$

$$
\begin{aligned}
Opinion = {} & \beta_0 + \beta_1 \times Penalty + \beta_2 \times Big10 + \beta_3 \times Big10 \times Penalty + \\
& \beta_4 \times MSA + \beta_5 \times Lna + \beta_6 \times Lev + \beta_7 \times Cfo + \beta_8 \times Roa + \\
& \beta_9 \times Growth + \beta_{10} \times Tat + \beta_{11} \times H10 + \beta_{12} \times Indep + \\
& \beta_{13} \times Ssr + \beta_{14} \times Loss + \beta_{15} \times Year + \beta_{16} \times Industry + \varepsilon
\end{aligned}
\tag{6.3}
$$

第三节　实证过程与结果分析

一、样本选择与数据来源

本章所采用的相关数据主要来自国泰安数据库，另外政府监管数据由手工整理取得。研究中样本选取 2000—2019 年的上市公司披露的财务数据及会计师事务所的各类档案数据为来源。并对样本数据做出了如下筛选。

1.剔除资本市场中当年为 ST、PT 类上市公司数据。

2.剔除已退市上市公司样本数据、无效数据和有部分缺失的数据。

3.在数据处理过程中,剔除掉了金融和保险行业相关数据,因为这些行业的资产负债率、运营方式、聘请会计师事务所类型等同其他行业普通上市公司存在显著差异。

4.剔除了首年上市的公司相关数据,因为可操纵性应计利润的计算模型之中,需要使用增量信息,所以必须剔除相关上市公司的样本数据。

5.对变量 Fee、Lna、Lev、Cfo、Roa、Growth、Tat、H10、Indep、Ssr 在 1% 水平上做缩尾处理。

经五步样本筛选后共得到了 31424 个年度混合样本的数据。

二、描述性统计

通过对变量的统计分析,运用 STATA 软件运行得到结果,描述性统计表(见表 6.2)中的指标有样本的数量、样本的平均值、样本的标准差、样本的最大值和样本的最小值。

表 6.2　描述性统计表

变量名称	样本量	均值	标准差	最小值	中位数	最大值
DA	31424	0.061	0.062	0.000	0.041	0.551
Fee	31424	13.630	0.733	11.918	13.523	16.439
Opinion	31424	0.965	0.184	0.000	1.000	1.000
Big10	31424	0.496	0.500	0.000	0.000	1.000
Penalty	31424	0.477	0.499	0.000	0.000	1.000
Big10×Penalty	31424	0.486	0.497	0.000	0.000	1.000
MSA	31424	0.063	0.052	0.000	0.045	0.403
Lna	31424	22.013	1.268	19.185	21.844	26.408
Lev	31424	0.446	0.204	0.035	0.446	1.143
Cfo	31424	0.046	0.073	−0.235	0.045	0.283
Roa	31424	0.056	0.069	−0.421	0.053	0.338
Growth	31424	0.189	0.456	−0.716	0.117	4.728
Tat	31424	0.666	0.470	0.048	0.557	3.205
H10	31424	0.170	0.119	0.012	0.140	0.593

续表

变量名称	样本量	均值	标准差	最小值	中位数	最大值
Indep	31424	0.369	0.053	0.143	0.333	0.600
Ssr	31424	0.090	0.185	0.000	0.000	0.765
Loss	31424	0.103	0.304	0.000	0.000	1.000

资料来源：作者整理制作。

描述性统计表反映了本章研究的上市公司与会计师事务所 31424 个样本观测相关变量描述性统计情况。可操纵性应计利润（DA）最大值为 0.551，最小值为 0，根据均值 0.061 判断，最大值与最小值间波动较大，说明不同上市公司的审计质量较大差异。审计收费（Fee）最大值为 16.439，最小值为 11.918。审计意见（Opinion）作为 0～1 变量，均值为 0.965，说明非标意见占比较小，标准无保留审计意见为绝大多数。会计师事务所排名"前十"与行政处罚虚拟变量的交乘项 Big10×Penalty 平均值为 0.486，说明同时具有会计师事务所排名"前十"和受到过政府监管处罚两种情况的会计师事务所占到近一半的比例。

三、相关性分析

相关性分析是进行回归分析必不可少的一步，为了直观表示解释变量和被解释变量的相关程度，计算 Pearson 相关系数分析（见表 6.3）。

表 6.3　Pearson 相关系数

变量名称	DA	Fee	Opinion	Big10	Penalty	Big10×Penalty	MSA	Lna	Lev
DA	1.000								
Fee	−0.049 ***	1.000							
Opinion	−0.135 ***	0.001	1.000						
Big10	−0.041 ***	0.266 ***	−0.026 ***	1.000					
Penalty	0.020 ***	−0.083 ***	−0.044 ***	0.228 ***	1.000				
Big10×Penalty	0.010 **	−0.119 ***	−0.012 **	0.131 ***	0.211 ***	1.000			
MSA	−0.034 ***	0.220 ***	0.024 ***	0.642 ***	0.297 ***	0.285 ***	1.000		

续表

变量名称	DA	Fee	Opinion	Big10	Penalty	Big10×Penalty	MSA	Lna	Lev
Lna	−0.054 ***	0.766 ***	0.070 ***	0.174 ***	−0.034 ***	0.070 ***	0.149 ***	1.000	
Lev	0.116 ***	0.261 ***	−0.142 ***	−0.021 ***	0.012 **	−0.032 ***	−0.033 ***	0.117 ***	1.000
Cfo	−0.201 ***	0.044 ***	0.099 ***	0.026 ***	−0.033 ***	0.017 ***	0.025 ***	0.048 ***	−0.157 ***
Roa	−0.125 ***	0.010 *	0.307 ***	0.046 ***	−0.048 ***	−0.024 ***	0.042 ***	0.081 ***	−0.267 ***
Growth	0.139 ***	0.012 **	0.070 ***	−0.013 **	0.004	−0.007	−0.002	0.051 ***	0.036 ***
Tat	0.027 ***	0.078 ***	0.060 ***	0.007	−0.054 ***	−0.044 ***	−0.041 ***	0.044 ***	0.134 ***
H10	−0.025 ***	0.114 ***	0.068 ***	0.046 ***	−0.006	−0.025 ***	0.029 ***	0.204 ***	0.037 ***
Indep	0.024 ***	0.103 ***	−0.002	0.060 ***	−0.010 *	0.043 ***	0.061 ***	0.055 ***	−0.025 ***
Ssr	−0.002	−0.123 ***	0.011 *	−0.130 ***	0.051 ***	−0.088 ***	−0.131 ***	0.004	0.105 ***
Loss	0.170 ***	−0.011 *	−0.299 ***	−0.030 ***	0.036 ***	0.007	−0.031 ***	−0.086 ***	0.190 ***

	Lev	Cfo	Roa	Growth	Tat	H10	Indep	Ssr	Loss
Cfo	−0.157 ***	1.000							
Roa	−0.267 ***	0.372 ***	1.000						
Growth	0.036 ***	0.023 ***	0.236 ***	1.000					
Tat	0.134 ***	0.137 ***	0.201 ***	0.119 ***	1.000				
H10	0.037 ***	0.107 ***	0.134 ***	0.034 ***	0.086 ***	1.000			
Indep	−0.025 ***	−0.029 ***	−0.026 ***	−0.004	−0.037 ***	0.006	1.000		
Ssr	0.105 ***	0.058 ***	0.014 **	0.055 ***	0.058 ***	0.361 ***	−0.146 ***	1.000	
Loss	0.190 ***	−0.173 ***	−0.619 ***	−0.173 ***	−0.112 ***	−0.088 ***	0.012 **	−0.014 **	1.000

　　资料来源：作者整理制作。表中括号内为 t 值，*** 、** 、* 所表示的显著性水平分别对应 1％、5％和 10％。

　　从 Pearson 相关系数表中，解释变量与被解释变量：修正 Jones 模型可操纵性应计利润、审计费用、审计意见类型、会计师事务所排名"前十"、行政处罚虚拟变量、会计师事务所排名"前十"与行政处罚虚拟变量的交乘项等主要变量之间都在 1％显著性水平上相关。控制变量监管风险、公司规模、财务杠杆、经营资金、收益水平、资产周转率、股权分布状态、控制人属性都在 1％水平上显著相关。综上所述，说明变量的选择较为合理，各变量之间的关系与前文的预测基本相符。

四、多元回归分析

采用 OLS 混有面板数据,回归(OLS)结果表中呈现的是会计师事务所排名"前十"与行政处罚虚拟变量的交乘项与审计质量的实证结果,第(1)、(2)、(3)栏分别使用三个测量方法:修正 Jones 模型可操纵性应计利润、审计费用、审计意见类型测量审计质量,作为因变量的三组回归结果(见表 6.4)。

表 6.4　政府监管与审计师声誉交乘项与审计质量回归结果

变量名称	(1)	(2)	(3)
	DA	Fee	Opinion
Penalty	0.001* (1.776)	−0.058*** (−8.588)	−0.597*** (−6.232)
Big10	−0.002** (−2.066)	0.206*** (25.273)	−0.324*** (−2.817)
Penalty×Big10	0.002* (1.686)	−0.125*** (−12.217)	−0.384** (−2.547)
MSA	−0.012 (−1.414)	0.394*** (5.257)	2.205** (2.127)
Lna	−0.004*** (−11.533)	0.412*** (140.781)	0.374*** (9.608)
Lev	0.020*** (7.961)	−0.075*** (−4.679)	−3.320*** (−15.251)
Cfo	−0.136*** (−13.184)	0.129*** (3.615)	2.066*** (3.761)
Roa	0.014 (1.000)	−0.542*** (−10.611)	6.403*** (11.374)
Growth	0.021*** (16.195)	−0.007 (−1.024)	0.102 (0.796)
Tat	0.008*** (8.162)	0.121*** (18.721)	0.298*** (2.587)
H10	0.008** (2.444)	−0.035 (−1.490)	1.452*** (3.634)
Indep	0.021*** (3.283)	0.278*** (5.740)	0.062 (0.093)
Ssr	−0.002 (−0.824)	−0.085*** (−4.585)	0.250 (0.960)

续表

变量名称	(1)	(2)	(3)
	DA	Fee	Opinion
Loss	0.035*** (21.156)	0.084*** (8.117)	−1.004*** (−9.253)
_cons	0.121*** (15.252)	4.251*** (66.875)	−3.170*** (−3.689)
Industry	Yes	Yes	Yes
Year	Yes	Yes	Yes
N	31424	31424	31424
adj. R^2	0.323	0.672	
pseudo R^2			0.276

资料来源:作者整理制作。表中括号内为 t 值,*** 、** 、* 所表示的显著性水平分别对应 1%、5%和 10%。

第(2)栏结果显示,会计师事务所排名"前十"和行政处罚虚拟变量的交乘项(Big10×Penalty)与审计费用(Fee)测量的审计质量在 1%显著性水平上负相关,系数为−0.125,即政府监管与审计师声誉对审计质量提高具有耦合作用,并且两个耦合作用促使审计费用声誉溢价下降了 0.125 个单位。

联系会计师事务所排名"前十"(Big10)测量的审计师声誉与审计费用(Fee)测量的回归结果在 1%显著性水平上正相关,系数为 0.206,即审计师声誉(Big10)每提高一个单位,表现为声誉溢价提高 0.206 个单位。进一步联系政府监管的行政处罚虚拟变量(Penalty)与审计费用测量的审计质量(Fee)在 1%显著性水平上负相关,系数为−0.058,即政府监管处罚后审计收费溢价会下降 0.058 单位。一升一降综合对比可知,审计师声誉对审计收费具有促进声誉溢价作用,但审计失败后受到政府监管处罚会对审计收费具有跌价作用,而经政府监管与审计师声誉的耦合作用后,共同作用下审计师声誉溢价下降了 0.125 个单位,即这种耦合压力会促使会计师事务所警觉和必须有所行动。审计实践中耦合作用表现为一个具有高审计师声誉的会计师事务所受到处罚后将产生轰动效应,比原来就声誉不高或不知名的会计师事务所受到处罚后市场反应要大。如同第一大内资会计师事务所瑞华受到处罚后审计市场的地震式反应,而受到同样处罚的其他不知名会计师事务所的审计市场反应要小得多。所以综上所述,政府监管与审计师声誉对审计质量提升具有耦合作用。

第(1)栏结果显示,会计师事务所排名"前十"和行政处罚虚拟变量的交乘项（Big10×Penalty）与修正 Jones 模型可操纵性应计利润（DA）测量的审计质量在 10% 显著性水平上正相关，系数为 0.002，即政府监管与审计师声誉间具有耦合作用。

联系会计师事务所排名"前十"测量的审计师声誉（Big10）与修正 Jones 模型可操纵性应计利润（DA）测量的回归结果在 5% 显著性水平上负相关，系数为 −0.002，即审计师声誉（Big10）可以一定程度上抑制可操纵性应计利润。进一步联系政府监管的行政处罚虚拟变量（Penalty）与修正 Jones 模型可操纵性应计利润（DA）测量的审计质量（DA）在 10% 显著性水平上正相关的结果。根据系数绝对值，政府监管与审计师声誉对可操纵性应计利润（DA）测量的审计质量表现出了耦合作用，另外这一耦合作用需要下文进一步分组检验，判断其发挥作用的具体情景与作用机理。

第（3）栏结果显示，会计师事务所排名"前十"和行政处罚虚拟变量的交乘项（Big10×Penalty）与审计意见（Opinion）测量的审计质量在 5% 显著性水平上负相关，系数为 −0.384，即政府监管和审计师声誉的耦合作用对审计质量提高产生了影响。

联系会计师事务所排名"前十"测量的审计师声誉（Big10）与审计意见（Opinion）测量审计质量的回归结果在 1% 显著性水平上负相关，系数为 −0.324，即审计师声誉越高，出具审计意见越谨慎，对极差的财务报告敢于出具非标审计意见的勇气越大，审计质量越高。进一步联系政府监管的行政处罚虚拟变量（Penalty）与审计意见（Opinion）测量的审计质量在 1% 显著性水平上负相关，系数为 −0.597，即政府监管处罚会促使会计师事务所对极差的会计信息质量敢于出具非标审计意见的勇气更大。综合对比可知，审计师声誉可以促进审计质量提高，政府监管也可以提高审计质量，经政府监管与审计师声誉耦合作用后，审计质量提升动力更足。

综合第（1）、（2）和（3）栏结果，研究假设 H5 检验通过，即在其他条件不变的情况下，政府监管与审计师声誉共同对促进审计质量提高具有正向的耦合作用。

五、进一步测试

根据前文构建的"政府监管、审计师声誉与审计质量理论分析框架"，政府监管与审计师声誉对审计质量的耦合作用过程会因为会计师事务所角度的审计业务专长、上市公司视角的控制人属性不同、股权集中度下投资者互相制衡等异质性情景而产生差异，下面通过 Chow 检验进行组间系数差异性检验。

1.按审计行业专长分组进一步测试

分组回归数据(见表 6.5)显示,根据中位数判断分组后,在审计行业专长高组与低组中,行政处罚虚拟变量(Penalty)的政府监管与会计师事务所排名"前十"(Big10)的审计师声誉的交乘项与审计费用(Fee)测量的审计质量在1%显著性水平上负相关,系数为−0.097(高组)与−0.193(低组)。结合行政处罚虚拟变量(Penalty)与会计师事务所排名"前十"(Big10)分别与审计质量回归的系数的变化,交乘后比行政处罚虚拟变量(Penalty)的系数增加了−0.032单位(高组系数绝对值 0.097−0.065)与−0.152 单位(低组系数绝对值 0.193−0.041),即受到政府监管处罚的会计师事务所审计费用议价能力会下降,当该会计师事务所具有中国排名"前十"审计师声誉时,这一审计费用议价能力下降会被进一步加剧,即政府监管和审计师声誉耦合作用审计费用议价能力下降,两个作用力的结果增加了会计师事务所的议价下行速度。另外这种政府监管与审计师声誉的耦合加剧在审计行业专长低组比高组更加明显,即|−0.032|(高组)<|−0.152|(低组)。

表 6.5　审计行业专长分组政府监管与审计师声誉耦合作用的差异

变量名称	DA		Fee		Opinion	
	审计师行业专长高组	审计师行业专长低组	审计师行业专长高组	审计师行业专长低组	审计师行业专长高组	审计师行业专长低组
Penalty	0.001 (0.360)	0.001 (0.679)	−0.065 *** (−4.510)	−0.041 *** (−5.285)	−0.364 (−1.615)	−0.705 *** (−6.587)
Big10	−0.003 (−1.566)	−0.000 (−0.310)	0.207 *** (15.185)	0.272 *** (21.897)	−0.437 ** (−2.084)	−0.237 (−1.426)
Penalty×Big10	0.002 (0.852)	−0.001 (−0.253)	−0.097 *** (−5.730)	−0.193 *** (−11.165)	0.333 (1.259)	0.199 (0.886)
MSA	0.023 * (1.646)	−0.032 (−1.068)	1.377 *** (11.140)	−0.732 *** (−3.370)	−0.235 (−0.142)	9.283 *** (2.863)
Lna	−0.004 *** (−7.732)	−0.004 *** (−8.008)	0.426 *** (102.162)	0.387 *** (96.263)	0.375 *** (6.371)	0.377 *** (7.182)
Lev	0.019 *** (5.238)	0.020 *** (5.827)	−0.109 *** (−4.542)	−0.020 (−0.943)	−3.503 *** (−9.720)	−3.328 *** (−11.928)
Cfo	−0.165 *** (−10.912)	−0.113 *** (−8.013)	0.098 * (1.849)	0.149 *** (3.150)	0.789 (0.889)	2.884 *** (4.072)
Roa	0.056 ** (2.572)	−0.019 (−0.971)	−0.626 *** (−8.174)	−0.420 *** (−6.179)	6.782 *** (7.436)	6.138 *** (8.419)

续表

变量名称	DA		Fee		Opinion	
	审计师行业专长高组	审计师行业专长低组	审计师行业专长高组	审计师行业专长低组	审计师行业专长高组	审计师行业专长低组
Growth	0.022*** (10.992)	0.020*** (12.041)	0.002 (0.222)	−0.012 (−1.416)	0.378 (1.379)	−0.025 (−0.184)
Tat	0.007*** (4.730)	0.009*** (6.670)	0.131*** (12.908)	0.112*** (13.283)	0.115 (0.720)	0.489*** (2.888)
H10	0.010** (2.254)	0.006 (1.348)	−0.036 (−1.054)	−0.077** (−2.354)	0.868 (1.542)	2.176*** (3.704)
Indep	0.022** (2.410)	0.021** (2.275)	0.242*** (3.583)	0.251*** (3.747)	2.511** (2.209)	−1.760** (−2.082)
Ssr	0.001 (0.333)	−0.006* (−1.787)	−0.142*** (−5.107)	−0.039 (−1.632)	0.896** (2.157)	−0.417 (−1.237)
Loss	0.037*** (15.414)	0.033*** (14.712)	0.058*** (3.864)	0.099*** (7.163)	−1.100*** (−6.463)	−0.928*** (−6.535)
_cons	0.112*** (9.694)	0.125*** (11.048)	3.935*** (43.270)	4.741*** (54.506)	−3.591*** (−2.709)	−2.887** (−2.505)
Industry	Yes	Yes	Yes	Yes	Yes	Yes
Year	Yes	Yes	Yes	Yes	Yes	Yes
N	14834	16590	14834	16590	14834	16590
adj. R^2	0.137	0.115	0.684	0.670		
pseudo R^2					0.273	0.294

资料来源:作者整理制作。表中括号内为 t 值,***、**、* 所表示的显著性水平分别对应 1%、5%和 10%。

另外,按审计行业专长分组后,通过可操纵性应计利润(DA)和审计意见(Opinion)测量的审计质量的回归,高与低组都不显著。

进一步组间差异性检验(应用 Chow 检验)结果显示,在变量 DA 作为被解释变量的回归方程中,组间系数检验结果 Chi2=15.628,p 值=0.000＜0.01,即在 1%水平上组间存在显著差异。

2.按控制人属性分组进一步测试

分组回归数据(见表 6.6)显示,行政处罚虚拟变量(Penalty)的政府监管与会计师事务所排名"前十"(Big10)的审计师声誉的交乘项与审计费用(Fee)测量的审计质量,在国有与非国有上市公司都在 1%显著性水平上负相关,系数为－0.249(国有)与－0.063(非国有)。结合行政处罚虚拟变量(Penalty)与会计师事务所排名"前十"(Big10)分别与审计质量回归的系数的变化,交乘后比行政处罚虚拟变量(Penalty)的系数增加了－0.192(国有)与－0.031(非国有)个单位,即受到政府监管处罚的会计师事务所审计费用议价能力会下降。当该会计师事务所具有会计师事务所排名"前十"审计师声誉时,国有与非国有企业的这一审计费用议价能力的下降都会被进一步加剧,但国有企业的幅度更大,即政府监管和审计师声誉耦合加速了国有企业的审计费用议价能力的下降速度。

表 6.6　控制人属性分组政府监管与审计师声誉耦合作用的差异

变量名称	DA		Fee		Opinion	
	国有	非国有	国有	非国有	国有	非国有
Penalty	－0.002 (－1.307)	0.004*** (2.647)	－0.057*** (－5.605)	－0.032*** (－3.597)	－0.373** (－2.257)	－0.824*** (－6.867)
Big10	－0.002 (－1.168)	－0.002 (－1.202)	0.332*** (23.862)	0.132*** (13.318)	－0.214 (－1.011)	－0.358*** (－2.579)
Penalty×Big10	0.003 (1.427)	0.000 (0.071)	－0.249*** (－14.301)	－0.063*** (－5.202)	－0.079 (－0.299)	0.646*** (3.433)
MSA	－0.014 (－1.251)	－0.017 (－1.298)	0.694*** (6.080)	0.080 (0.902)	2.753 (1.632)	2.344* (1.753)
Lna	－0.004*** (－7.018)	－0.004*** (－6.179)	0.456*** (100.743)	0.369*** (95.952)	0.388*** (6.041)	0.303*** (6.048)
Lev	0.020*** (5.959)	0.026*** (7.343)	－0.230*** (－8.718)	0.099*** (5.147)	－3.697*** (－8.625)	－3.330*** (－12.697)
Cfo	－0.099*** (－6.341)	－0.164*** (－12.191)	0.031 (0.515)	0.217*** (5.042)	1.364 (1.403)	2.215*** (3.319)
Roa	0.084*** (4.192)	－0.018 (－0.991)	－0.641*** (－6.684)	－0.433*** (－7.457)	11.396*** (8.452)	4.927*** (7.951)
Growth	0.020*** (9.732)	0.020*** (11.827)	－0.051*** (－4.787)	0.010 (1.324)	0.541 (1.585)	0.066 (0.486)
Tat	0.005*** (4.420)	0.011*** (7.552)	0.140*** (14.603)	0.091*** (10.880)	0.389** (2.051)	0.144 (0.999)
H10	0.006 (1.345)	0.016*** (3.545)	－0.149*** (－3.956)	－0.004 (－0.135)	－0.310 (－0.485)	2.570*** (4.581)
Indep	－0.001 (－0.104)	0.030*** (3.351)	0.229*** (2.824)	0.116** (2.085)	0.495 (0.409)	0.003 (0.004)

续表

变量名称	DA		Fee		Opinion	
	国有	非国有	国有	非国有	国有	非国有
Ssr	0.008** (2.546)	−0.018** (−2.326)	−0.003 (−0.135)	0.017 (0.349)	0.318 (0.798)	−0.099 (−0.170)
Loss	0.030*** (13.907)	0.039*** (16.557)	0.061*** (3.812)	0.093*** (7.295)	−0.436** (−2.132)	−1.177*** (−8.756)
_cons	0.118*** (10.929)	0.093*** (7.214)	3.394*** (35.751)	5.092*** (59.578)	−3.587*** (−2.639)	−1.532 (−1.312)
Industry	Yes	Yes	Yes	Yes	Yes	Yes
Year	Yes	Yes	Yes	Yes	Yes	Yes
N	13512	17912	13512	17912	13486	17912
adj. R^2	0.113	0.147	0.713	0.639		
pseudo R^2					0.298	0.286

资料来源:作者整理制作。表中括号内为 t 值,***、**、* 所表示的显著性水平分别对应 1%、5% 和 10%。

另外,政府监管与审计师声誉的耦合作用在国有上市公司组比非国有更加明显,即 |−0.192|(国有)＞|−0.031|(非国有)。

进一步组间差异性检验(应用 Chow 检验)结果显示,在变量 Fee 作为被解释变量的回归方程中,组间系数检验结果 Chi2＝76.973,p 值＝0.000＜0.01,即在 1% 水平上组间存在显著差异。在变量 Opinion 作为被解释变量的回归方程中,组间系数检验结果 Chi2＝5.020,p 值＝0.025＜0.05,即在 5% 水平上组间存在显著差异。

3.按股权集中度分组进一步测试

股权集中度(H10)通过测量前 10 大股东占比体现股权集中程度和大股东控制力,股权适度的分散更有利于股东之间的制衡和公司治理,良好的股权结构对审计质量的评价具有影响。

回归结果(见表 6.7)显示,政府监管与审计师声誉对审计质量具有耦合作用,在审计费用溢价的股权集中度高与低组都在 1% 显著性水平上负相关,影响幅度在股权集中度高组更大。对审计意见测量的审计质量在股权集中度低组在 1% 显著性水平上正相关,即分散的股权结构有利于政府监管与审计师声誉对审计质量耦合作用的发挥。

表 6.7 股权集中度分组政府监管与审计师声誉耦合作用的差异

变量名称	DA		Fee		Opinion	
	股权集中度高组	股权集中度低组	股权集中度高组	股权集中度低组	股权集中度高组	股权集中度低组
Penalty	0.001 (0.445)	0.001 (0.575)	−0.075*** (−7.280)	−0.046*** (−5.175)	−0.290* (−1.666)	−0.743*** (−6.302)
Big10	−0.001 (−0.983)	−0.003** (−2.213)	0.241*** (21.133)	0.162*** (13.893)	−0.244 (−1.270)	−0.371** (−2.559)
Penalty×Big10	0.001 (0.643)	0.003 (1.308)	−0.123*** (−8.300)	−0.111*** (−7.911)	−0.010 (−0.033)	0.580*** (3.101)
MSA	−0.009 (−0.842)	−0.015 (−1.126)	0.367*** (3.498)	0.382*** (3.721)	2.311 (1.427)	2.041 (1.546)
Lna	−0.005*** (−10.498)	−0.003*** (−6.114)	0.432*** (106.799)	0.385*** (89.367)	0.209*** (3.164)	0.439*** (3.846)
Lev	0.031*** (9.344)	0.013*** (3.645)	−0.157*** (−6.397)	0.013 (0.634)	−2.652*** (−6.344)	−3.583*** (−14.187)
Cfo	−0.185*** (−12.728)	−0.099*** (−6.815)	0.167*** (3.226)	0.049 (1.007)	1.906* (1.917)	1.981*** (2.966)
Roa	0.155*** (8.292)	−0.084*** (−4.319)	−0.479*** (−6.050)	−0.563*** (−8.508)	8.944*** (6.984)	5.711*** (8.904)
Growth	0.023*** (12.863)	0.018*** (9.707)	−0.008 (−0.869)	−0.004 (−0.512)	0.271 (0.828)	0.025 (0.193)
Tat	0.007*** (4.885)	0.009*** (6.164)	0.120*** (12.470)	0.121*** (14.260)	0.064 (0.376)	0.449*** (3.032)
H10	0.010** (2.069)	0.007 (0.522)	−0.036 (−0.895)	−0.391*** (−4.434)	−0.305 (−0.463)	3.773*** (3.272)
Indep	0.018** (2.132)	0.019** (1.983)	0.378*** (5.360)	0.092 (1.426)	−1.026 (−0.888)	0.723 (0.857)
Ssr	0.000 (0.103)	−0.011** (−2.260)	−0.092*** (−3.984)	−0.052 (−1.596)	0.690** (2.093)	0.462 (1.020)
Loss	0.040*** (16.532)	0.028*** (12.336)	0.073*** (4.376)	0.075*** (5.785)	−0.857*** (−3.962)	−0.990*** (−7.740)
_cons	0.129*** (12.283)	0.115*** (9.123)	3.841*** (43.667)	4.858*** (51.922)	0.506 (0.372)	−4.925*** (−4.320)
Industry	Yes	Yes	Yes	Yes	Yes	Yes
Year	Yes	Yes	Yes	Yes	Yes	Yes

续表

变量名称	DA		Fee		Opinion	
	股权集中度高组	股权集中度低组	股权集中度高组	股权集中度低组	股权集中度高组	股权集中度低组
N	15645	15779	15645	15779	15527	15779
adj. R^2	0.151	0.124	0.695	0.643		
pseudo R^2					0.240	0.291

资料来源:作者整理制作。表中括号内为 t 值，*** 、** 、* 所表示的显著性水平分别对应 1%、5% 和 10%。

六、稳健性检验

本书通过倾向值评分匹配法（PSM）的"反事实推断模型"和替换被解释变量等方法进行耦合作用（Penalty×Big10）模型稳健性检验。

1.倾向值评分匹配法（PSM）基于"反事实推断模型"，对非实验数据或观测数据进行有条件人工假定事实改变干预后对比其效应分析，可以探讨某个变量（暴露或干预因素）与观测结果的关系。设立对照组的目的是控制其他变量因素的干扰，凸显某个变量因素的效应，即计量比较如果没有政府监管和审计师声誉（Penalty×Big10）耦合作用，审计质量结果会如何变化。使用 Penalty 作为分组变量进行匹配，PSM 匹配回归结果（见表 6.8）显示，政府监管和审计师声誉（Penalty×Big10）在三类审计质量测量方法下都显著，证明模型具有稳定性。

表 6.8　PSM 匹配回归结果（使用 Penalty 作为分组变量进行匹配）

变量名称	(1)	(2)	(3)
	DA	Fee	Opinion
Penalty	0.000 (0.160)	−0.061*** (−7.550)	−0.560*** (−4.865)
Big10	−0.004** (−2.482)	0.185*** (16.594)	−0.381** (−2.496)
Penalty×Big10	0.003* (1.901)	−0.109*** (−8.818)	−0.399** (−2.258)
MSA	−0.008 (−0.823)	0.574*** (6.877)	2.722** (2.445)

续表

变量名称	(1)	(2)	(3)
	DA	Fee	Opinion
Lna	−0.005*** (−10.311)	0.398*** (112.467)	0.399*** (9.012)
Lev	0.021*** (7.004)	−0.048** (−2.529)	−3.498*** (−14.477)
Cfo	−0.132*** (−10.887)	0.066 (1.571)	1.973*** (3.182)
Roa	−0.007 (−0.405)	−0.568*** (−9.564)	5.188*** (9.880)
Growth	0.022*** (14.392)	0.007 (0.924)	0.260* (1.719)
Tat	0.007*** (6.162)	0.110*** (13.829)	0.379*** (2.811)
H10	0.012*** (3.094)	−0.042 (−1.483)	1.866*** (4.115)
Indep	0.019** (2.445)	0.297*** (5.076)	−0.022 (−0.029)
Ssr	−0.004 (−1.204)	−0.088*** (−4.067)	0.149 (0.518)
Loss	0.034*** (17.262)	0.083*** (6.942)	−0.975*** (−8.114)
_cons	0.133*** (13.729)	4.550*** (59.089)	−3.572*** (−3.681)
Industry	Yes	Yes	Yes
Year	Yes	Yes	Yes
N	22565	22565	22565
adj. R^2	0.332	0.656	
pseudo R^2			0.287

资料来源:作者整理制作。表中括号内为 t 值,***、**、*所表示的显著性水平分别对应 1%、5% 和 10%。

2.用审计报告激进度(ARAgg)作为审计质量替代指标。审计质量的度量指标可能对实证结论产生干扰,以审计报告激进度作为审计质量的替代指标进行稳健性检验(陈曾洁,2017;吴伟荣,2018)。稳健性检验实证结果(见表6.9)证明模型仍然成立。

表 6.9　审计报告激进度(ARAgg)替代审计质量的稳健性检验

变量名称	ARAgg
Penalty×Big10	0.013 ***
	(3.223)
MSA	0.048 *
	(1.913)
Lna	0.001
	(1.043)
Lev	−0.009
	(−1.096)
Cfo	0.065 ***
	(3.491)
Roa	−0.062 **
	(−2.003)
Growth	0.002
	(0.650)
Tat	0.005 *
	(1.797)
H10	0.018 **
	(2.285)
Indep	−0.006
	(−0.337)
Ssr	0.004
	(0.614)
Loss	−0.001
	(−0.187)
_cons	−0.006
	(−0.242)
Industry	Yes
Year	Yes
N	31424
adj. R^2	0.003

资料来源:作者整理制作。表中括号内为 t 值,*** 、** 、* 所表示的显著性水平分别对应 1%、5%和10%。

3.用审计复杂度(Complex)作为审计质量替代指标。审计复杂度体现审计能力,复杂度越高,审计难度越大,审计质量可能降低,所以用审计复杂度(Complex)反向替代审计质量。本书用上市公司应收账款与存货占总资产的比例来计算审计复杂度。因为在上市公司的财务报表审计中,应收账款和存货的审计业务都属于审计风险大和审计成本投入较多的项目。稳健性检验实证结果(见表 6.10)证明模型仍然成立。

表 6.10　审计复杂度(Complex)替代审计质量的稳健性检验

变量名称	Complex
Penalty×Big10	−0.008** (−2.538)
MSA	0.083*** (4.262)
Lna	−0.024*** (−28.403)
Lev	0.211*** (39.337)
Cfo	−0.545*** (−40.748)
Roa	0.137*** (8.174)
Growth	−0.001 (−0.636)
Tat	0.057*** (27.207)
H10	0.014** (1.977)
Indep	−0.028** (−2.013)
Ssr	−0.013** (−2.499)
Loss	−0.033*** (−9.540)
_cons	0.710*** (39.084)
Industry	Yes
Year	Yes
N	31424
adj. R^2	0.416

资料来源:作者整理制作。表中括号内为 t 值,***、**、* 所表示的显著性水平分别对应 1%、5% 和 10%。

4.用陆建桥模型重新计算可操纵性应计利润作为审计质量替代指标。修正 Jones 模型可操纵性应计利润（DA）测量审计质量是 H5 假设的主测量方法，所以本书使用陆建桥模型重新计算可操纵性应计利润，并进行回归。陆建桥模型计算可操纵性应计利润为：

$$\mathrm{NDA}_{it}/A_{it-1} = a_i[1/A_{it-1}] + \beta_{1i}[\Delta \mathrm{REV}_{it}/A_{it-1} - \Delta \mathrm{REC}_{it}/A_{it-1}] + \beta_{2i}[\mathrm{FA}_{it}/A_{it-1}] + \beta_{3i}[\mathrm{IA}_{it}/A_{it-1}] \tag{6.4}$$

公式中的 FA_{it} 表示 i 上市公司第 t 年的固定资产金额；IA_{it} 表示上市公司第 t 年的无形资产金额和其他长期资产金额。陆建桥模型扩展后的操纵性应计利润额和非操纵性应计利润额，预期模型是：

$$\mathrm{TA}_{it}/\mathrm{TA}_{it-1} = \alpha_i[1/\mathrm{TA}_{it-1}] + \beta_{1i}[\Delta \mathrm{REV}_{it}/A_{it-1} - \Delta \mathrm{REV}_{it}/A_{it-1}] + \beta_{2i}[\mathrm{FA}_{it}/A_{it-1}] + \beta_{3i}[\mathrm{IA}_{it}/A_{it-1}] + \varepsilon_{it} \tag{6.5}$$

变量替换后行政处罚虚拟变量（Penalty）测量的政府监管与会计师事务所排名"前十"（Big10）测量的审计师声誉的交乘项，与可操纵性应计利润（DA）测量的审计质量回归结果（见表 6.11），在 5% 显著性水平上正相关，系数绝对值为 0.001，证明耦合作用存在，模型具有稳健性。

表 6.11　使用陆建桥模型计算可操纵性应计利润的稳健性检验

变量名称	(1) DA2
Big10	-0.002^* (-1.794)
Penalty	0.001^* (1.637)
Penalty×Big10	0.001^{**} (2.552)
MSA	-0.011 (-1.311)
Lna	-0.004^{***} (-12.206)
Lev	0.021^{***} (8.348)
Cfo	-0.121^{***} (-11.860)

续表

变量名称	(1)
	DA2
Roa	0.004
	(0.277)
Growth	0.018***
	(14.728)
Tat	0.008***
	(8.223)
H10	0.008**
	(2.455)
Indep	0.024***
	(3.786)
Ssr	−0.002
	(−0.742)
Loss	0.035***
	(21.587)
_cons	0.123***
	(15.656)
Industry	Yes
Year	Yes
N	31424
adj. R^2	0.319

资料来源：作者整理制作。表中括号内为 t 值，***、**、* 所表示的显著性水平分别对应 1%、5% 和 10%。

5.用审计费用与收入比作为度量审计费用的替代变量。回归结果（见表6.12）显示在 1% 显著性水平上负相关，H5 假设仍然成立。

表 6.12　审计费用与收入比替代审计费用的稳健性检验

变量名称	(1)
	Fee2
Big10	0.000***
	(9.957)
Penalty	−0.000*
	(−1.747)

续表

变量名称	(1)
	Fee2
Penalty×Big10	−0.000***
	(−4.683)
MSA	−0.000
	(−1.267)
Lna	−0.000***
	(−43.551)
Lev	−0.000***
	(−2.917)
Cfo	−0.001***
	(−7.206)
Roa	−0.001***
	(−6.397)
Growth	−0.000***
	(−3.799)
Tat	−0.001***
	(−41.362)
H10	−0.000**
	(−2.293)
Indep	0.001***
	(8.325)
Ssr	−0.000
	(−1.359)
Loss	0.000***
	(11.132)
_cons	0.010***
	(52.311)
Industry	Yes
Year	Yes
N	31424
adj. R^2	0.442

　　资料来源：作者整理制作。表中括号内为 t 值，*** 、** 、* 所表示的显著性水平分别对应 1%、5% 和 10%。

　　6.用审计费用与总资产比作为度量审计费用的替代变量。回归结果（见表 6.13）显示在 1% 显著性水平上负相关,模型通过稳健性检验。

表 6.13　审计费用与总资产比替代审计费用的稳健性检验

变量名称	(5)
	Fee2
Big10	0.000*
	(1.881)
Penalty	−0.000*
	(−1.671)
Penalty×Big10	−0.000*
	(−1.810)
MSA	0.000*
	(2.732)
Lna	−0.000*
	(−105.179)
Lev	0.000*
	(2.971)
Cfo	0.000
	(1.302)
Roa	−0.000*
	(−10.965)
Growth	−0.000
	(−0.989)
Tat	0.000*
	(11.152)
H10	0.000*
	(7.488)
Indep	0.000*
	(10.606)
Ssr	−0.000*
	(−5.165)
Loss	0.000*
	(8.470)
_cons	0.004*
	(116.911)
Industry	Yes
Year	Yes
N	31424
adj. R^2	0.548

　　资料来源:作者整理制作。表中括号内为 t 值，***、**、* 所表示的显著性水平分别对应 1%、5% 和 10%。

最后,重新截取样本区间由原来的 2000—2019 年变成 2009—2019 年,实证结果仍然显著(过程略去)。

综上所述,本书构建的模型具有稳健性,即政府监管与审计师声誉对审计质量提高具有耦合作用。

第四节　政府监管与审计师声誉对审计质量 内外部治理的耦合

依据前文构建的"政府监管、审计师声誉与审计质量理论分析框架",政府监管是审计质量提升的外部压力,审计师声誉是审计质量提高的内生动力。"有效的市场"和"有为的政府"关系论断指出了政府监管与审计师声誉具有耦合作用。本书根据理论分析认为审计师声誉对审计市场发挥内在驱动作用,会计师事务所为了维护长久审计师声誉的自发动机,会坚持审计投入,保持独立性和职业谨慎性,保障了审计质量持续提高。政府监管体现在,因为审计市场运行中存在不完全契约、代理理论、信息不对称理论所解释的那些原因,会计师事务所和上市公司之间会发生审计市场失灵、审计失败、审计合谋和审计职业谨慎性丧失等现象,需要政府监管的外部压力去处罚。所以,审计师声誉与政府监管耦合作用于审计质量。为了验证耦合的作用路径,本章提出假设 H5,验证在其他条件不变的情况下,政府监管与审计师声誉对审计质量提高具有耦合作用关系。

本章设定解释变量,行政处罚虚拟变量与中国会计师事务所排名"前十"的交乘项(Penalty×Big10)与审计质量的回归,可以检验审计师声誉与政府监管对审计质量的耦合作用,以及对不同审计质量表现形式产生的交互影响差异。实证发现:政府监管与审计师声誉对审计质量具有耦合的作用,并且耦合作用促使审计费用声誉溢价下降了 0.125 个单位。具体分析,审计师声誉对审计收费具有促进声誉溢价作用,但审计失败后受到政府监管处罚对审计收费具有跌价作用,经政府监管与审计师声誉耦合作用下的审计师声誉溢价下降了 0.125 个单位。审计实践中这种耦合作用表现为一个具有高声誉的事务所受到处罚后产生的影响将产生轰动效应,比原本声誉不高或不知名的事务所受到处罚后市场反应要大。

耦合作用会因会计师事务所角度审计业务专长、上市公司视角控制人属性和股权集中度不同而产生差异。根据中位数分成审计行业专长高组与低组后，受到政府监管处罚后审计费用议价能力会下降，当具有会计师事务所排名"前十"审计师声誉时，这一审计费用议价能力下降会被进一步加剧，即政府监管和审计师声誉耦合对审计费用议价能力会起到促降作用，加快了会计师事务所的议价能力下行速度。另外，政府监管与审计师声誉耦合作用在审计行业专长低组比高组更加明显。耦合作用加剧会计师事务所审计费用议价能力下降在国有客户组比非国有客户组更加明显，耦合作用在审计费用溢价的股权集中度高组与低组都显著负相关，影响幅度在股权集中度高组更大。审计意见测量审计质量在股权集中度低组显著相关，即分散的股权结构有利于政府监管与审计师声誉对审计质量耦合作用的发挥。

本章研究结论对审计市场提高审计质量，如何处理政府监管与审计师声誉的关系具有重要参考价值。在简政放权的政府改革大背景下，政府监管通过外部压力并耦合审计师声誉不断激发内在动力，共同耦合促进审计质量提高。

第七章 审计质量耦合治理的结论和对策建议

第一节 审计质量的耦合治理研究结论

审计质量是会计师事务所审计服务优劣的核心评价,但是非实物服务的审计质量难以衡量。审计师声誉向资本市场传递着"高审计师声誉会有高审计质量"的信号。高审计师声誉可以为会计师事务所带来审计费用溢价的现实回报,会计师事务所为了持续获得声誉溢价,高审计师声誉会内在驱动其提高审计质量,形成审计师声誉对审计质量促进的良性互动循环。审计师声誉在审计市场发挥着内在驱动作用,但长期博弈中会产生审计市场失灵,政府监管通过行政处罚对审计市场失灵形成外部压力,提高审计质量。另外,审计师声誉与政府监管对审计质量内外作用力相互耦合,共同实现对审计质量的平衡治理,推动资本市场的健康发展。

通过文献与理论分析,本书逐层递进地构建了"审计需求与审计质量的内外部治理概念框架""审计师声誉对审计质量内部驱动理论分析框架""政府监管、审计师声誉与审计质量理论分析框架"。基于理论框架,本书实证检验了审计师声誉、政府监管与审计质量三者间的关系,研究结论如下。

1.审计师声誉与审计质量具有显著正相关关系,审计师声誉是审计质量提升的内在驱动力,并且审计师声誉在不同审计行业专长、控制人属性和股权集中度异质性情景下存在不同作用机理。审计师声誉的内部驱动作用在于,审计质量越高,审计师声誉越好,审计市场机会越多,为了追求审计收费声誉溢价效应,会计师事务所就会更加重视提高审计质量。具有国际"四大"审计师声誉和全国事务所排名"前十"审计师声誉的会计师事务所可以显著抑制上市公司可操纵性应计利润,但是国际"四大"审计师声誉的抑制显著性更高,即审计质量更高。会计师事务所具有这两种声誉时都可以显著地享有审计收费声誉溢价效应,具有国际"四大"审计师声誉比具有全国事务所排名"前十"审计师声誉产生的审计收费声誉溢价更加显著并且差距较大。国际"四大"审计师声誉的审计需求者是高审计行业专长组的上市公司,但是具有会计师事务所排名"前十"的审计师声誉溢价最显著的是低行业专长组的上市公司客户群。国有上市公司比非国有上市公司对国际"四大"声誉更加追捧,国有上市公司更愿意为国际"四大"声誉代表的高审计质量支付超额审计费用。

2.政府监管与审计质量存在显著正相关关系。政府监管的外在压力作用在于,审计失败就会受到处罚,为了免于处罚,会计师事务所就会重视提高审计质量。具体表现为:从政府监管短期作用方面,会计师事务所受到监管处罚后审计收费会马上明显下降,即资本市场会有快速反应,受处罚的会计师事务所会在短期谨慎出具审计意见,受处罚当年更易出现对上市公司出具非标意见。无论在审计行业专长高还是低的组,政府监管处罚都会导致审计收费显著下降,特别是审计行业专长高组,审计收费议价能力下降更加剧烈;政府监管形成了强大的外部压力,使会计师事务所对非审计行业专长领域的审计报告意见更加谨慎,监管压力之下敢于对非行业集中领域的边缘客户发表非标审计意见去维护审计质量。从长期作用方面,会计师事务所受到处罚后审计收费会产生持续下降趋势。政府监管处罚后会计师事务所在抑制可操纵性应计利润效果中有所反应。政府监管压力使会计师事务所在审计行业专长低组中谨慎发表非标审计意见,维护审计质量的作用会淡化。

3.政府监管与审计师声誉对审计质量提升具有耦合作用。审计师声誉对审计质量的内在驱动力与政府监管对审计质量的外部压力,耦合作用构成审计质量的平衡治理之路。具体表现为:政府监管与审计师声誉对审计质量耦合作用促使审计费用声誉溢价下降了 0.125 个单位。审计师声誉对审计收费具有促进作用,体现为声誉溢价,审计失败后受到政府监管处罚会对审计收费具有跌价作用,而经政府监管与审计师声誉耦合作用下审计师声誉溢价下降会加速,即具有高声誉的事务所受到政府监管处罚将产生轰动效应。政府监管与审计师声誉的耦合作用对审计费用溢价下降,在审计行业专长低组比高组更加明显,国有上市公司客户组比非国有客户组更加明显。

第二节　提升审计师声誉与政府监管的耦合治理作用的建议

一、宏观方面

1.培养资本市场对高审计师声誉的内在需求

制度层面促进资本市场对会计信息质量的内在高要求,提高资本市场参与者间信息传递有效性。根据前文构建的"审计师声誉对审计质量内部驱动理论分析框架",资本市场在制度设计层面的完善会促进上市公司对高审计质量的自发需求。根据声誉溢价理论,公开透明的资本市场会对良好的审计师声誉具有快速识别和丰厚溢价回报,进一步激发出会计师事务所为维护审计师声誉而提高审计质量的内在驱动力,形成审计师声誉对审计质量促进的良性循环,促进资本市场健康发展。

2.加强市场监管和惩罚的有效实施

(1)积极贯彻落实《证券法》和国务院关于深化政府放管服改革,加强和规范事前事中监管的有关精神,推动会计师事务所强化管理,提升审计质量。

(2)资本市场需要有为政府的强化监管,对于审计市场失灵及时有效的监管惩罚可以让审计市场重回正轨。

(3)根据重复博弈理论和布罗代尔市场化程度理论,有效的市场与有为的政府相互协作,政府监管与审计师声誉耦合作用提高审计质量。

(4)清晰界定各监管机构的职权范围,建立各政府监管机关间的协调沟通机制,共同履行法定监管职责,承担党中央和国务院交办的审计监管任务,避免重复监管或者监管空白。

(5)根据前文构建的"政府监管、审计师声誉与审计质量理论分析框架",按照国家"互联网＋监管"系统建设审计监管信息化建设,最终实现审计师声誉发挥审计市场的内在驱动作用,政府监管发挥外部压力作用,两者耦合实现资本市场健康发展。

二、微观方面

1.会计师事务所

深入贯彻习近平总书记"紧紧抓住服务国家建设这个主题和诚信建设这条主线"不断增强审计自律性、报告公正性和审计职业化水平。

(1)审计师声誉是会计师事务所生存的生命线,审计师声誉的根基是高审计质量的专业服务。会计师事务所积极响应 2020 年 6 月 10 日财政部发布的《会计师事务所质量评估和分级分类办法(征求意见稿)》(以下简称《分类办法》)。执行财政部的"会计师事务所执业能力、业务规模、人力资源构成情况、内部管理情况、运行情况、信息化建设水平与安全水平、接受监管有关情况",对会计师事务所进行分类管理,深入理解分类的核心对会计师事务所审计质量的评估保障。

(2)审计师声誉的构建是长期积累的过程,需要在每一个审计业务中恪守审计独立性要求、遵守审计法规、不断加大审计投入、强化事务所内部治理和提高审计团队职业能力,重点关注高风险上市公司、新三板和金融类公司的审计业务,塑造良好的审计师声誉,最终通过扎实提高审计质量赢得资本市场认可。会计师事务所必须杜绝一些不良审计现象:为节约审计投入和降低成本,在上一家公司未能收集到充分审计证据时,注册会计师就匆忙地赶往下一家上市公司的审计现场,审计工作底稿细节多由实习生填写,重会计资料的文本检验而轻经营业务的现场实质性测试程度。以及三级复核制度难以落实,例行公事地对工作底稿进行复核,发现的问题追加审计程度的执行力度低下等。

(3)审计师声誉是易碎的,一个不爱惜审计师声誉的微小行为都可能让审计师声誉瞬间崩塌,会计师事务所需要恪守审计职业谨慎性,重点关注高风险审计项目、重点风险业务领域,兼顾不同规模的客户审计风险控制,并认真对待财务报告审计、验资和专项审计中的每一个审计风险点。会计师事务所的内部管理制度的完善度不仅对于其未来阶段的发展具有极为重要的影响,同时也是审计师声誉建设、维护的重要基础,因此,会计师事务所必须针对内部管理制度中存在的不足进行补充和完善,重视机构设置的合理性,建立和实施激励机制;秉持公平、公正、公开的原则;应用新型管理模式、精细业务流程,并且要提高各类文件的保密程度,降低客户机密被泄露出去的可能性。审计师声誉既能够让其在审计市场中拥有比较强的竞争力,还能够为事务所更好的发展创造条件,但是审计师声誉的建设并不是一蹴而就的,其是建立在高水平的内部管理基础之上的,因此,必须针对内部管理制度中存在的不足进行完善,从而为会计师事务所进一步的发展创造良好的环境。

2.上市公司

上市公司是会计信息生产与披露的源头,基础会计信息的真实有效才是资本市场公平交易的基础。

(1)依据《会计法》《证券法》等法律提供真实完整的财务信息,是产生高质量审计报告的前提。会计师事务所高审计质量服务只是对已有会计信息的鉴证与保障,但是会计责任与审计责任并不能相互抵免,高审计师声誉对会计信息的信号传递效应只是外因,只能在一定程度上缓解资本市场的信息不对称。

(2)较好审计师声誉的会计师事务所的审计质量更高,更能传递财报真实性信号,降低代理冲突。所以,上市公司应重视高审计师声誉与高审计质量在公司财务报告中的信息传递作用,充分利用好审计的第三方信息职能。

(3)利用好审计师行业专长的优势,充分获得其对上市公司发展的各类建设性管理意见,更好地促进上市公司的高质量发展。

3.投资者

投资者是财务报告与审计报告信息的接受者和使用者,也是会计师事务所高质量审计服务价值的体现对象,还是审计师声誉高低的评判者。

(1)中国资本市场中,审计师声誉受损之后将会采取措施显著提高其审计质量,资本市场也会做出恰当的股价反应。投资者不仅可以依据股权在股东大会上"用手投票",还能通过直接抛售股权"用脚投票",影响资本市场上审计师声誉的升降。投资者要不断增加对高质量审计的识别能力,给予具有高审计质量的会计师事务所良好的声誉评价与认可。

(2)投资者的控制人属性和股权集中度会影响到上市公司治理结构和高审计质量会计师事务所的选择。

(3)投资者要争取推动完善资本制度的投资者保护,应用好高审计质量的作用。

(4)有效地监督上市公司的经营管理行为,防止管理层的公司控制权过大,减少管理层的道德风险。

4.政府监管机关

政府监管旨在服务资本市场。

(1)不断丰富监管手段、加大监管力度、拓展监管功能,顺应中国社会经济及审计信息技术发展对当前审计质量监管提出的新要求和挑战,不断提高政府监管能力,集中解决审计质量监督与管理方面的突出问题。政府监管机关对丧失审计师声誉的行为要及时严厉处罚,发挥好有为政府的监管职能。发展数字化监管,对审计市场运行中存在不完全契约、委托代理关系、审计职业谨慎性丧失、信息不对称和审计合谋等导致的审计市场失灵,要坚决地给予处罚,形成强大外部压力,为会计师事务所发展守护公平竞争的市场环境。

(2)坚持监管与服务并重,监管机关对事务所的审查进入常态化、重点化、随机化,不断增加处罚力度。趋严的外力作用能根本提高审计质量和审计师声誉,让会计师事务所高管人员及普通注册会计师提高其胜任能力。指导与惩戒并重,既严格监管和惩戒,又要发挥服务功能,帮助会计师事务所完善审计质量管理体系,不断提高审计执业能力和质量。从对于审计师声誉和高审计质量的内在需求现状来看,上市公司对于审计质量的重视程度不够,大都是为了满足法律法规的要求,浮于合规性表面层次,甚至有极少数上市公司希望与会计师事务所合谋造假,而部分会计师事务所为了生存和发展,出现了降低标准执业质量和置审计师声誉于不顾的问题,在对高审计质量需求比较缺乏的背景下,监管机关应培育上市公司与投资者对于审计师声誉和高审计质量的内在需求,促使审计师声誉机制发挥自身应有的作用,所以政府应通过各种方式来提升市场参与主体对审计师声誉的需求。

(3)政府应该对积极建设审计师声誉的行为给予实质激励和政策扶持。必须改变"先做大再做强"这一国内会计师事务所面临的生存策略和发展路径,会计师事务所的合并浪潮之前多为政府主导,通过政府推动,规模快速扩张的国内注册会计师"航母",审计师声誉和审计质量都得到资本市场认可,政府监管对审计质量发挥效应。但是政府监管必须注意到,会计师事务所过快合并成超级规模获得竞争优势的同时会因外部竞争减小,合并后出现分所的审计质量内部质量治理不及时和(职业谨慎性失控、"X非效率"、原有资源配置效率下降、审计问题爆发等)动力下降的问题。另外,可以鼓励本土会计师事务所在"一带一路"倡议指引下扩展国际化业务与提高国际审计师声誉。

(4)随着逐渐理顺市场与政府的关系,政府职能改革后的政府监管对审计市场审计师声誉机制具有调节作用。当前财政部、证监会、中注协及其他机关都对会计师事务所进行监管,中注协偏重事前预防管理,证监会及各下属监察局以事后处罚为主。审计市场的监管机构众多,中注协、财政部、证监会等应形成合力,政府监管机构与部门都对会计师事务所进行合作监管,针对在监管过程中各个机构都比较独立、没有建立相应的协调沟通机制、重复监管或者监管空白等问题,应消除对注册会计师审计的监督效力产生的负面影响,有必要清晰界定各机构的监管范围和监管权责,以保证市场监管不仅有效而且全面,实现对会计师事务所的无漏洞监管,监管与服务并重。

第三节 审计质量治理研究的展望

本书研究审计师声誉与政府监管对审计质量的内外作用力影响,虽然取得了一定的研究结论与成果。但是限于能力、时间、数据、精力的不足,本书的研究在以下几点仍有遗憾:

(1)由于收集数据充分性的限制,本书无法用更多的角度测量审计质量、审计师声誉和政府监管。导致现有研究结论与现实存在一定的样本偏误。也无法进一步深入探究审计质量的更多影响因素。

(2)限于影响审计质量的事务所内部管理数据披露不足、调研困难,本书无法直接观测到会计师事务所内部的审计质量影响因素。依旧没有打开会计师事务所审计质量内部治理的"黑箱",无法从会计师事务所自身的直接视角观测审计师声誉对审计质量的作用。

(3)由于资本市场中审计业务变化较快,会计师事务所频繁发生合并与重组,并且更名现象时有发生,审计师声誉和政府监管长期作用研究存在困难。

未来研究可以从以下几个方面进一步开展:

(1)不同证监会领导上任后的政府监管风格发生变化,分时代测量政府监管前后审计质量的变化,研究不同政府监管风格对审计质量的影响差异。

(2)进一步收集数据对财政部、审计署、证监会三者的政府监管与审计质量的长短期作用进行比较研究,并对三个机关的联合监管效果进行研究。

(3)对审计师声誉的形成因素(如审计团队、内部声誉培训、声誉塑造策略、声誉时间积累、审计投入等)及因素对审计质量的影响进行实证检验。

参考文献

[1]DEANGELO L E.Audit size and audit quality[J].Journal of accounting and economics,1981,3(3):183-199.

[2]DATAR S M,FELTHAM G A,HUGHES J S.The role of audits and audit quality in valuing new issues[J].Journal of accounting and economics,1991,5(3):161-191.

[3]BECKER C L,DEFOND M L,JIAMBALVO J,et al.The effect of audit quality on earnings management[J].Contemporary accounting research,1998,15(1):1-24.

[4]陈信元,夏立军.审计任期与审计质量:来自中国证券市场的经验证据[J].会计研究,2006(1):44-53,93-94.

[5]刘峰,周福源.国际四大意味着高审计质量吗:基于会计稳健性角度的检验[J].会计研究,2007(3):79-87,94.

[6]庄飞鹏.非审计服务、制度环境与审计质量:基于企业联合购买审计服务与非审计服务的视角[J].管理评论,2019(10):212-221.

[7]HERRBACH,OLIVIE.Audit quality,auditor behaviour and the psychological contract [J]. European accounting review,2001(4):787-802.

[8]CRASWELL A T,FRANCISSL J R,TAYLOR S L,et al.Auditor brand name reputation and industry speciali zations[J]. Journal of accounting and economics,1995,4(20):297-322.

[9]CLIVE S, LENNOX. Audit quality and auditor size：an evaluation of reputation and deep pockets hypotheses[J]. Journal of business finance & accounting, 1999(5):151-186.

[10]查道林,费娟英.独立审计声誉机制研究[J].审计研究,2004(5):68-72.

[11]BARTON J.Who cares about auditor reputation? [J].Contemporary accounting research，2005,22(3):549-586.

[12]DOUGLAS J,SKINNER,SURAJ S.Audit quality and auditor reputation：evidence from Japan[J].Accounting review,2012(5):265-298.

[13]王静,郝东洋,张天西.新准则实施后的会计师事务所声誉与审计质量差异:基于应计和真实盈余管理的双重分析视角[J].上海经济研究,2013(9):89-99.

[14]陈智,徐泓.审计师行业专长、品牌声誉与审计费用[J].山西财经大学学报,2013(7):114-124.

[15]叶凡,方卉,于东,等.审计师规模与审计质量:声誉视角[J].会计研究,2017(3):75-81,95.

[16]郑建明,白霄,赵文耀."技术溢出"还是"声誉提升"?:会计师事务所国际加盟与审计质量提升[J].经济管理,2018(6):153-173.

[17]刘骏,冯倩.客户依赖度与审计质量:声誉机制的调节效应[J].河南社会科学,2016(7):23-30,123.

[18]张川,罗文波,樊宏涛.CFO背景特征对企业财务重述的影响:审计质量的调节效应[J].南京审计大学学报,2020(4):1-10.

[19]吴昊旻,王华.代理冲突及其制度渊源、事务所规模与审计质量[J].审计研究,2010(5):68-72.

[20]王兵,李晶,苏文兵,等.行政处罚能改进审计质量吗?:基于中国证监会处罚的证据[J].会计研究,2011(12):86-92.

[21]丁红燕.审计失败及其后果:基于证监会2006—2010年处罚公告的分析[J].中国海洋大学学报(社会科学版),2013(1):62-67.

[22]方军雄.转型经济中声誉机制有效性研究:来自中国审计市场的证据[J].财经研究,2011(12):16-26,38.

[23]FRANCIS J R.What do we know about audit quality? [J].British accounting review,2004(4):345-368.

[24]孙永军,丁莉娜.审计质量评价研究:基于我国100强事务所的数据分析[J].审计研究,2009(6):47-52.

[25]BENITO，ARRUNADA，CANDIDO,et al.Mandatory rotation of company auditors：a critical examination[J]. International review of law & economics，1997，17(1):31-61.

[26]刘笑霞,李明辉.行政处罚能提高审计质量吗?:基于中国证监会2008—2010年行政处罚案的经验研究[J].证券市场导报,2013(6):27-32,42.

[27]李莫愁,任婧.不痛不痒的行政处罚?:行政处罚与审计意见、审计收费的

关系研究[J].会计与经济研究,2017(1):84-101.

[28]原红旗,张楚君,孔德松,等.审计失败与会计师事务所声誉损失:来自 IPO 审核的证据[J].会计研究,2020(3):157-163.

[29]JOHNSON E,KHURANA I K,REYNOLDS J K. Audit-firm tenure and the quality of financial reports[J]. Contemporary accounting research,2002(12):98-120.

[30]SIMNETT R,CAREY P.Audit partner tenure and audit quality[J].The accounting review,2006,81(3):653-676.

[31]刘启亮.事务所任期与审计质量:来自中国证券市场的经验证据[J].审计研究,2006(4):40-49.

[32]许浩然,张雯,杨宜玮.分析师跟踪、审计任期与审计质量[J].现代管理科学,2016(7):51-53.

[33]LIM C Y,TAN H T.Non-audit service fees and audit quality:the impact of auditor specialization[J].Journal of accounting research,2007(11):236-264.

[34]刘文军,米莉,傅倞轩.审计师行业专长与审计质量:来自财务舞弊公司的经验证据[J].审计研究,2010(1):47-54.

[35]CHI W,MYERS L A,OMER T C,et al.The effects of audit partner pre-client and client-specific experience on audit quality and on perceptions of audit quality[J].Review of accounting studies,2016(22):1-31.

[36]谢雅璐.事务所转型、审计师关注度与审计质量[J].中央财经大学学报,2018(12):62-75.

[37]常京萍,侯晓红.审计成本、审计师变更与审计质量:基于重大资产重组的视角[J].山西财经大学学报,2015(10):114-124.

[38]蔡春,鲜文铎.会计师事务所行业专长与审计质量相关性的检验:来自中国上市公司审计市场的经验证据[J].会计研究,2007(6):1-47,95.

[39]张学勇,何姣,陶醉.会计师事务所声誉能有效降低上市公司权益资本成本吗?[J].审计研究,2014(5):86-93.

[40]许钊,张立民.审计师声誉作用机制研究:从审计需求的视角出发[J].北京交通大学学报(社会科学版),2016(2):71-79.

[41]王帆,张龙平.审计师声誉研究:述评与展望[J].会计研究,2012(11):74-78,95

[42]FRANCIS J R,YU M D.Big 4 office size and audit quality[J].Accounting review,2009,84(5):1521-1552.

[43]BILLS K L,CUNNINGHAM L M,MYERS L A.Small audit firm membership in associations,networks and alliances:implications for audit quality and audit fees[J]. Accounting review,2015,91(3):150-174.

[44]黄世忠,杜兴强,张胜芳.市场政府与会计监管[J].会计研究,2002(12):3-11,65.

[45]宋衍蘅,肖星.监管风险、事务所规模与审计质量[J].审计研究,2012(3):83-89.

[46]LAMOREAUX,PHILLIP T.Does PCAOB inspection access improve audit quality? An examination of foreign firms listed in the United States[J].Journal of accounting & economics,2016(5):156-198.

[47]程娟,程琳.我国 CPA 审计质量与监管博弈分析[J].税务与经济,2017(6):60-63.

[48]吴伟荣,李晶晶,包晓岚.签字注册会计师过度自信、政府监管与审计质量研究[J].审计研究,2017(5):70-77,86.

[49]CARCELLO J V,HERMANSON D R,NEAL T L,et al. Board characteristics and audit fees [J]. Contemporary accounting research,2002,19(3):365-384.

[50]毛丽娟,陶蕾.终极控制人、事务所变更与审计质量:来自中国上市公司的经验证据[J].审计与经济研究,2014,29(3):50-59.

[51]刘凤君,郭丽虹.发审委社会资本、产权性质与审计质量[J].山西财经大学学报,2020,42(7):99-113.

[52]DAVIDSON R A,NEU D.A note on the association between audit firm size and audit quality[J]. Contemporary accounting research,1993(9):214-256.

[53]漆江娜,陈慧霖,张阳.事务所规模・品牌・价格与审计质量:国际"四大"中国审计市场收费与质量研究[J].审计研究,2004(3):59-65.

[54]王咏梅,王鹏."四大"与"非四大"审计质量市场认同度的差异性研究[J].审计研究,2006(5):49-56.

[55]李青原,周汝卓."四大"审计师与审计质量的再审视[J].东南大学学报(哲学社会科学版),2016(1):41-51,143.

[56]吴水澎,李奇凤.国际四大、国内十大与国内非十大的审计质量:来自2003年中国上市公司的经验证据[J].当代财经,2006(2):114-118.

[57]LAWRENCE A,MINUTTIMEZA M,ZHANG P.Can big 4 versus non-

big 4 differences in audit quality proxies be attributed to client charac-teristics? [J]. Accounting review,2011(5):89-121.

[58]宋衍蘅,殷德全.会计师事务所变更、审计收费与审计质量:来自变更会计师事务所的上市公司的证据[J].审计研究,2005(2):72-77.

[59]MONIKA C,DENNIS J,CHAMBERS,etal. Future non-audit service fees and audit quality(forthcoming)[J].Contemporary accounting re-search, 2014,31(3):681-712.

[60]董小红,戴德明,李哲.或有事项信息披露、审计费用与审计质量[J].经济问题,2016(3):123-128.

[61]李明辉,沈真真.异常收费与审计质量:来自中国资本市场的经验证据[J].管理工程学报,2016(2):166-174.

[62]原红旗,李海建.会计师事务所组织形式、规模与审计质量[J].审计研究,2003(1):32-37.

[63]何琳洁,贺辰衎,李吟月.会计师事务所转制对审计质量的影响效应:基于A股上市公司的实证分析[J].湖南农业大学学报(社会科学版),2017(5):81-86.

[64]蒋尧明,唐衍军.事务所转制、法律风险与审计质量[J].商业经济与管理,2015(12):61-68,80.

[65]曾亚敏,张俊生.会计师事务所合并对审计质量的影响[J].审计研究,2010(5):53-60.

[66]刘文军,刘婷,李秀珠.审计师处罚在行业内的溢出效应研究[J].审计研究,2019(4):83-91.

[67]BAKER R A,AI-THUNEIBAT A.Auditor tenure and the equity risk premium: evidence from Jordan[J].International journal of accounting.2011(1):5-23.

[68]原红旗,韩维芳.会计师事务所的地区竞争优势与审计质量[J].审计研究,2012(2):67-74.

[69]唐衍军,蒋煦涵.审计师知识资本、进入权激励与审计质量[J].财贸研究,2020(4):97-109.

[70]李文颖,陈宋生,曹圆圆.签字CPA团队异质性与审计质量研究[J].当代财经,2019(10):120-129.

[71]LENNOX C S.Audit quality and auditor size: an evaluation of reputation and deep pockets hypotheses[J].Journal of business finance & account-

ing，2010，26(7/8)：779-805.

[72]袁春生，汪涛武，唐松莲.审计独立性、行业专长与财务舞弊行为：基于证监会处罚公告的经验证据[J].山西财经大学学报，2011(6)：114-124.

[73]乔贵涛，高平，赵洪宝.事务所规模、审计行业专长与事务所审计质量传染效应[J].财经理论与实践，2014(6)：70-77.

[74]逯颖.会计师事务所组织形式对审计质量的影响[J].审计与经济研究，2008(6)：47-50.

[75]聂曼曼.会计师事务所审计质量控制体系探析[J].当代财经，2008(11)：125-128.

[76]杜英.强制更换会计师事务所对审计质量的影响：对企业更换中天勤等事务所的实证分析[J].审计与经济研究，2010(1)：39-46.

[77]刘继红.高管会计师事务所关联、审计任期与审计质量[J].审计研究，2011(2)：63-70.

[78]宋衍蘅，付皓.事务所审计任期会影响审计质量吗？：来自发布补充更正公告的上市公司的经验证据[J].会计研究，2012(1)：75-80，97.

[79]张兆国，吴伟荣，陈雪芩.签字注册会计师背景特征影响审计质量研究：来自中国上市公司经验证据[J].中国软科学，2014(11)：95-104.

[80]闫焕民.签字会计师个人执业经验如何影响审计质量？：来自中国证券市场的经验证据[J].审计与经济研究，2016(3)：41-52.

[81]张健，魏春燕.法律风险、执业经验与审计质量[J].审计研究，2016(1)：85-93.

[82]FOMBRUN C，SHANLEY M.What is in a name？ Reputation building and corporate strategy［J］. Academy of management journal，1990（33）：233-259.

[83]SIMUNIC D.The pricing of audit services：theory and evidence[J].Journal of accounting research，1980(23)：183-226.

[84]FOMBURN C J.Reputation：realizing value from the corporate image［M］. Harvard Business School Press，1996：123-196.

[85]KYM B.Auditor appointment in compulsory audit tendering[J].Accounting research journal，2011(2)：104-149.

[86]THANYAWEE P.The effect of an audit firm's brand on security pricing［J].International journal of emerging markets，2012(4)：430-442.

[87]HOSSAIN S，MONROE G S，WILSON M，et al.The effect of net worked

clients'economic importance on audit quality[J].Auditing：a journal of practice & theory,2016,35(4)：79-103.

[88]KELLY G Y.Client importance and audit quality under civil law versus common law societies[J].Bioengineering and life sciences，2016,10(2)：689-692.

[89]BILLS K L,CUNNINGHAM L M,MYERS L A.Small audit firm member spin associations，networks，and alliances：implications for audit quality and audit fess[J].The accounting review,2016,91(3)：767-792.

[90]ZHANG R,CHEN S,WANG J F.PCAOB inspections,auditor reputation，and Chinese reverse merger frauds[J].China journal of accounting studies,2013(4)：221-235.

[91]FRENDY，Dan H.Japaneses to backmarker action to-announcements of new affectation auditors' reputation：the case of the Olympus fraud[J]. Journal of contemporary accounting & economics,2014,10(3)：206-224.

[92]傅绍正.注册会计师个人声誉机制有效性研究[D].天津：天津财经大学，2017：21-23.

[93]王奇帅.声誉损害对会计师事务所的影响研究[D].上海：东华大学,2017：32-33.

[94]易玄.审计声誉机制的作用机理、失效与治理[J].山东社会科学,2011(1)：104-106.

[95]LENNOX C.Audit quality and executive officers' affiliations with CPA firms[J].Journal of accounting & economics,2005,39(2)：201-231.

[96]王崇锋,柳润泽.审计师和客户私人关系对审计质量的影响：基于两家内资事务所的跨案例研究[J].管理案例研究与评论,2019(3)：290-300.

[97]SVANBERG J.Auditors' identification with their clients：effects on audit quality[J].British accounting review,2015(9)：395-408.

[98]肖小凤,王建成.审计声誉的市场条件与经济效应分析[J].求索,2010(9)：43-44,49.

[99]KANAGARETNAM K,LIM C Y,LOBO G J.Auditor reputation and earnings management：internalization evidence from the banking industry[J].Journal of banking and finance,2010,34(10)：23-27.

[100]ISABEL O C,INOCENCIA M.Influence of management style on employer views of corporate reputation.Application to audit firms[J]. BRQ business research quarterly,2014,17(4)：223-241.

[101]王小宝.注册会计师执业环境与审计质量[J].会计之友,2020(6):35-38.

[102]王雅茹,刘淑莲.企业声誉与并购溢价决策:基于业绩期望差距的调节效应[J].北京工商大学学报(社会科学版),2020(1):76-89.

[103]LENNOX C S,WU X,ZHANG T.Does mandatory rotation of audit partners improve audit quality? [J].Accounting review,2014,89(5):1775-1803.

[104]朱松,柯晓莉.审计行业监管有效性研究:基于证监会处罚公告后事务所策略选择的经验证据[J].财经研究,2018,44(3):56-67.

[105]胡南薇,曹强.审计师群体、群际互动与审计质量:基于客户重要性的经验证据[J].中央财经大学学报,2019(8):69-82.

[106]HUNTON J E,ROSE J M.Effects of anonymous whistle-blowing and perceived reputation threats on investigations of whistle-blowing allegations by audit committee members[J].Journal of management studies,2011(12):48-56.

[107]程璐,董沛武,于海瀛.区域会计师事务所数量对审计质量的影响研究[J].中国软科学,2019(5):104-115.

[108]胡耘通.依法治国背景下政府审计处罚制度探究[J].中国软科学,2018(5):6-14.

[109]钱爱民,朱大鹏,郁智.上市公司被处罚会牵连未受罚审计师吗? [J].审计研究,2018(3):63-70.

[110]杨金凤,陈智,吴霞,等.注册会计师惩戒的溢出效应研究:以与受罚签字注册会计师合作的密切关系为视角[J].会计研究,2018(8):65-71.

[111]AUTORE D M,BILLINGSLEY R S,SCHNELLER M I.Information uncertainty and auditor reputation[J].Journal of banking&finance,2009,33(2):183-192.

[112]倪小雅,戴德明.审计师行业专长、品牌声誉与分析师盈余预测[J].预测,2017(1):41-46.

[113]刘笑霞,李明辉.会计师事务所人力资本特征与审计质量:来自中国资本市场的经验证据[J].审计研究,2012(2):82-89.

[114]李晓慧,孙龙渊.更换成本与信号传递:证监会行政处罚视角的检验[J].管理评论,2018(9):199-208,267.

[115]张晓鹃.会计师事务所声誉毁损的经济后果研究[D].上海:东华大学,2018:5-8.

［116］王艳巍.审计师声誉、监管环境与审计聘约稳定性的案例分析［D］.长沙：湖南大学，2018：36-96.

［117］JINN U，CITRON D B，SUDARSANAM S，et al.Management going-concern disclosures：impact of corporate governance and auditor reputation［J］.European financial management，2010，12(5)：789-816.

［118］刘笑霞，李明辉.会计师事务所规模与审计质量：基于审计意见视角的经验研究［J］.商业经济与管理，2011(6)：74-82.

［119］于军华.审计师声誉对审计质量影响的实证研究［D］.青岛：青岛理工大学，2018：24-85.

［120］HEALYPK，PALE P R，RU B.Does corporate performance improve after mergers？［J］.Journal of financial economics，1992，31(2)：135-175.

［121］杨永淼，杨慧燕.客户重要性、会计师事务所声誉与财务重述［J］.山东社会科学，2019(9)：142-146.

［122］王帆.审计师声誉研究：述评与展望［J］.会计研究.2018(11)：74-78.

［123］谢获宝，刘芬芬，惠丽丽.能力不足还是独立性缺失：基于污点审计师审计质量的实证检验［J］.审计研究，2018(3)：71-79.

［124］王兵.注册会计师个人声誉效应研究［J］.中国内部审计，2018(17)：26-32.

［125］MCLENNAN A，PARK I U.The market for liars：Reputation and auditor honesty［J］.International journal of economic theory，2016，12(1)：49-66.

［126］BALACHANDRAN V T，RAMAKRISHNAN.Internal control and external auditing for incentive compensation schedules［J］.Journal of accounting research，1980，18(5)：140-171.

［127］刘猛.审计市场竞争、客户重要性与审计后果［D］.北京：对外经济贸易大学，2018：6-8.

［128］高凤莲，张天宇.声誉激励、财务重述与审计费用［J］.南京审计大学学报，2019(2)：1-9.

［129］MARTINEZ F J，GARCIA S I M.The level of sustainability assurance：the effects of brand reputation and industry specialization of assurance providers［J］.Journal of business ethics，2018，150(4)：971-990.

［130］BANNISTER J W，WIEST D N.Earnings management and auditor conservatism：effects of SEC enforcement action［J］.Managerial finance，2001，27(12):57-71.

[131]张久英.会计师事务所合并中的客户流失问题研究[D].上海:东华大学，2018:31.

[132]盛芯纯.我国会计师事务所合并对审计质量的影响[D].北京:北京交通大学,2018:3-5.

[133]王瑜,唐雪松,孙芳城.审计师政治身份的价值:声誉昭示抑或寻租工具[J].山西财经大学学报,2019(12):107-122.

[134]BIANCHI P A，Auditors' joint engagements and audit quality: evidence from Italian private companies[J].Contemporary accounting research，2017(5):15-41.

[135]狄盛超.RH 会计师事务所声誉毁损经济后果研究[D].上海:东华大学，2019:7.

[136]BLAY A D.Independence threats,litigation risk and theauditor's decision process[J]. Contemporary accounting research, 2005, 22(4): 759-789.

[137]HEALY P M,PALEPU K G.Information asymmetry,corporate disclosure，and the capital markets:a review of the empirical disclosure literature[J]. Journal of accounting and economics, 2001, 31(1): 405-440.

[138]刘艳霞,祁怀锦,魏禹嘉.管理者自信会影响审计质量吗?:兼论融资融券制度的公司外部治理效应[J].中央财经大学学报,2020(5):42-52.

[139]DAVID，C,HAY,et al.Audit fees:a meta-analysis of the effect of supply and demand attributes[J].Contemporary accounting research,2006, 23(1):141-191.

[140]BEHN B K,KANG C T.Audit quality and properties of analyst earnings forecasts[J].Accounting review,2008(5):395-327.

[141]HACKENBRACK K E,HOGAN C E.Market response to earning surprises conditional on reasons for an auditor change[J]. Contemporary accounting research，2002,19(2):195-223.

[142]冯银波,叶陈刚.审计师声誉、行业专长与审计定价[J].西安财经学院学报,2018(5):32-40.

[143]李璐,万怡,杨敬静.事务所转制、审计师声誉与IPO市场反应:基于审计需求方视角[J].审计与经济研究,2017(5):20-29.

[144]郑莉莉,郑建明.制度环境、审计声誉机制与收费溢价[J].审计研究，

2017(5):78-86.

[145]韩星.行政处罚机制对中国审计市场的影响[D].上海:上海交通大学,
2017:26-27.

[146]CAREY,PETER,SIMNETT,et al.Voluntary demand for internal and
extemal auditing by family business[J].Auditing:a journal of practice
& theory,2000,19(5):37-52.

[147]CASTILLO M D,GARCIA B J,MARTINEZ B M.Auditor independ-
ence,current and future NAS fees and audit quality:were European
regulators right? [J].European accounting review,2020,29(4):45-71.

[148]CARTER R,MANASTER S.Initial public offerings and underwriter
reputation[J].The journal of finance,1990,45(4):1045-1067.

[149]许钊.审计师声誉作用机制研究:从审计需求的视角出发[J].北京交通
大学学报.2016(6):77-85.

[150]KRISHNAN J,KRISHNAN J,SONG H.PCAOB international inspec-
tions and audit quality[J].The accounting review,2017(5):99-135.

[151]刘峰,许菲.风险导向型审计·法律风险·审计质量:兼论"五大"在我国
审计市场的行为[J].会计研究,2002(2):21-27,65.

[152]刘明辉,李黎,张羽.我国审计市场集中度与审计质量关系的实证分析
[J].会计研究,2003(7):37-41.

[153]高凤莲,董必荣,王杰,等.独立董事背景特征与审计质量的实证研究
[J].审计与经济研究,2020(2):27-39.

[154]周泽将,汪帅.董事会权威性、内部控制和审计质量:新时代背景下国有
企业的经验证据[J].审计研究,2019(5):95-102.

[155]KANAGARETNAM K,KRISHNAN G V,LOBO G J.Is the market
valuation of banks' loan loss provision conditional on auditor reputa-
tion? [J].Journal of banking & finance,2009,33(6):1039-1047.

[156]刘桂良,牟谦.审计市场结构与审计质量:来自中国证券市场的经验证据
[J].会计研究,2008(6):85-92,96.

[157]刘峰,张立民,雷科罗.我国审计市场制度安排与审计质量需求:中天勤
客户流向的案例分析[J].会计研究,2002(12):22-27,50-65.

[158]马宁,姬新龙.风险投资声誉、智力资本与企业价值[J].科研管理,2019
(9):96-107

[159]KRISHNAMURTHY S,ZHOU J,ZHOU N.Auditor reputation,auditor in-

dependence，and the stock-market impact of andersen's indictment on its client firms[J]. Contemporary accounting research,2010,23(2):465-490.

[160]余冬根.公司及审计师声誉与成本资本研究[D].天津财经大学,2017：12-65.

[161]高凤莲,张天宇.声誉激励、财务重述与审计费用[J].南京审计大学学报,2019(2):1-9.

[162]GRAMLING A A,KRISHNAN J,ZHANG Y. Are PCAOB identified audit deficiencies associated with a change in reporting decisions of triennially inspected audit firms?［J］. Auditing：a journal of practice&theory,2011，30(3):59-79.

[163]喻小明,聂新军,刘华.事务所客户重要性影响审计质量吗?:来自 A 股市场 2003—2006 年的证据[J].会计研究,2008(10):66-72,97.

[164]胡南薇,曹强.审计师群体、群际互动与审计质量:基于客户重要性的经验证据[J].中央财经大学学报,2019(8):69-82.

[165]陈俊,韩洪灵,陈汉文.审计质量的双维研究范式及其述评[J].会计研究,2009(12):76-84,97.

[166]马德功,雷淳,贺康.企业声誉与税收规避:抑制还是促进[J].财经科学,2019(9):73-85.

[167]刘峰,赵景文,涂国前,等.审计师聘约权安排重要吗?:审计师声誉角度的检验[J].会计研究,2010(12):49-56.

[168]刘行健,王开田.会计师事务所转制对审计质量有影响吗?［J].会计研究,2014(4):88-94,96.

[169]李晓慧,曹强,孙龙渊.审计声誉毁损与客户组合变动:基于 1999—2014 年证监会行政处罚的经验证据[J].会计研究,2016(4):85-91,96.

[170]CHAN K,HUNG D,WU H.Aggregate quasi rents and auditor independence：evidence from audit firm mergers in China[J]. Contemporary accounting research，2009，28(1):175-213.

[171]PIOT C.Agency costs and audit quality：evidence from France[J].European accounting review,2001(9):98-123.

[172]张然,陈思,汪剑锋.PCAOB 审计检查、审计师声誉与中概股危机[J].会计研究,2014(2):71-78,95.

[173]FRANCIS J R,DECHUN W.The joint effect of investor protection and Big 4 audits on earnings quality around the world[J].Contemporary ac-

counting research，2008,25(1):157-191.

[174]FRANCIS J R,MAYDEW E L,SPARKS H C.The role of Big 6 audi-tors in the credible reporting of accruals[J].Auditing：a journal of practice and theory,1999,19(2):17-34.

[175]方军雄,洪剑峭,李若山.我国上市公司审计质量影响因素研究:发现和启示[J].审计研究,2004(6):35-43.

[176]宋衍蘅,张海燕.继任审计师关注前任审计师的声誉吗?:前任会计师事务所的审计质量与可操控性应计利润[J].审计研究,2008(1):61-66,52.

[177]朱红军,何贤杰,孙跃,等.市场在关注审计师的职业声誉吗?:基于"科龙电器事件"的经验与启示[J].审计研究,2008(4):44-52.

[178]王少飞,唐松,李增泉.盈余管理、事务所客户资源控制权的归属与审计质量:来自中国证券市场的经验证据[J].审计研究,2010(2):55-34.

[179]王晓祺,胡国强.绿色创新、企业声誉与盈余信息含量[J].北京工商大学学报(社会科学版),2020(1):50-63.

[180]杨扬.人工智能技术对审计质量的影响:基于会计师事务所视角的实证研究[J].技术经济,2020(5):9-17,34.

[181]刘笑霞.审计师惩戒与审计定价:基于中国证监会 2008—2010 年行政处罚案件的研究[J].审计研究,2013(2):90-98.

[182]陈佳声.上市公司、审计师与监管机构的财务舞弊博弈研究[J].审计研究,2014(4):89-96.

[183]吴昊旻,吴春贤,杨兴全.惩戒风险、事务所规模与审计质量:来自中国审计市场的经验证据[J].审计研究,2015(1):75-83.

[184]张晓冉.国内个人声誉机制的规范研究:以信誉和声誉的区别为切入点[J].征信.2019(11):38-43.

[185]刘文军.会计师事务所执业质量检查提高审计质量了吗?[J].审计研究,2016(6):98-104.

[186]郭照蕊.国际四大与高审计质量:来自中国证券市场的证据[J].审计研究,2011(1):98-107.

[187]孔宁宁,李雪.制度环境、会计师事务所转制与审计质量[J].审计与经济研究,2016(2):33-41.

[188]杨雪,张俊民.会计师事务所产权组织形式、审计师声誉和审计定价[J].财经问题研究,2016(5):83-88.

[189]肖艳玲,生艳梅,佟秉钧.基于企业识别的企业信誉管理系统[J].系统科

学学报,2020(3):76-79.

[190]谌嘉席,伍利娜,王立彦.价格管制、审计收费与审计质量[J].当代财经,2016(7):108-117.

[191]雷宇.声誉机制的信任基础:危机与重建[J].管理评论.2016(2):227-239.

[192]刘俊,冯倩.客户依赖度与审计质量:声誉机制的调节效应[J].河南社会科学,2016(7):23-30.

[193]李明辉,刘笑霞.会计师事务所合并对审计质量之影响:来自中国资本市场的经验证据[J].管理工程学报,2015(1):169-182.

[194]刘明辉,汪玉兰.中国审计市场的管制、监管与发展[J].财经问题研究,2015(2):86-94.

[195]唐建新,付新宇,陈冬.会计师事务所扩张方式对审计质量的影响[J].审计与经济研究,2015(2):3-12.

[196]郭葆春,徐露.声誉与治理机制影响自愿性审计需求的实证研究基于内部控制鉴证的分析[J].财经理论与实践,2015(3):90-94.

[197]李建标,殷西乐,任雪.实验市场中的审计博弈与审计质量:审计师声誉和企业内部监督的比较制度实验研究[J].财经研究,2015(10):132-144.

[198]王崇锋.审计师和客户私人关系对审计质量的影响:基于两家内资事务所的跨案例研究[J].管理案例研究与评论.2019(3):290-300.

[199]CHANEY P K, PHILIPICH K L. Shredded reputation: the cost of audit failure [J]. Journal of accounting research, 2002, 40 (5): 1221-1246.

[200]CHENC J P, XIJIA S U, ZHAO R. An emerging market's reaction to initial modified audit opinions: evidence from the Shanghai Stock Exchange[J]. Contemporary accounting research, 2000, 17(3):429-455.

[201]杨永淼.客户重要性、会计师事务所声誉与财务重述[J].山东社会科学.2019(9):142-146.

[202]CRASWELL A, STOKES D J, LAUGHTON J. Auditor independence and fee dependence [J]. Journal of accounting and economics, 2002, 33 (2):253-275.

[203]FIRTH M. LAU T. Audit pricing following mergers of accounting practices: evidence from Hang Kong[J]. Accounting and business research 2004, 34(3): 201-213.

[204]郑石桥,许玲玲.审计师行业专长对审计重要性水平的影响:基于股权性

质的调节作用研究[J].审计与经济研究,2020(4):19-27.

[205]BARTON J.Who cares about auditor reputation? [J].Contemporary accounting research,2005(22):549-586.

[206]BEATTY R P,VERRECCHIA R E. The effect of a mandated accounting change on the capitalization process[J].Contemporary accounting research,1989,5(2):472-493.

[207]TIMOTHY,J,FOGARTY.The imagery and reality of peer review in the U.S:insights from institutional theory[J].Accounting,organizations and society,1996(21):243-267.

[208]SKAIFE H A,WARFIELD T D.Audits as a corporate governance mechanism:evidence from the german market[J].Journal of international accounting research,2003(2):1-21.

后　记

　　2021 年 9 月中国证监会发布了《2020 年度证券审计市场分析报告》，发现部分具有证券审计资格的会计师事务所疏于审计质量管理，部分注册会计师缺乏职业怀疑态度及专业胜任能力，未能有效识别和应对重大错报风险，希望未来积极引导会计师事务所规范执业、进一步提高审计质量。

　　审计质量的内外部治理一直是学术研究的热点问题，本书通过多种研究方法对审计师声誉对审计质量的内部驱动力实证检验、对政府监管对审计质量的外部压力实证检验、对政府监管与审计师声誉对审计质量的耦合效应实证检验，得到了审计质量的内外部治理体系，特别是政府监管与审计师声誉对审计质量的耦合效应的一系列研究结论。

　　作为西藏民族大学审计学专业的建设成果，本书可以作为高校的审计、会计、财务管理等相关专业，以及经济类、管理学专业大类的本科及研究生拓展教材，能给学生提供更多审计治理理论的前沿知识和讨论材料。本书也可作为审计理论研究者、审计相关专业实务工作者的参考资料，为审计质量治理提供新的思路。

　　本书编写过程中，特别感谢西藏民族大学研究生黄沁、王瑾、徐祥兵、张岩松、李思雨、邓美利、张梦琦、刘天琦、彭文睿同学为本书进行基础数据收集，并对全书进行了多次校稿工作。

　　在本书历时 2 年多的写作过程中几易其稿，曾参阅了大量的国内外文献资料。在此，向这些文献资料的作者表示衷心的感谢！对书中的不妥或错误之处，敬请读者批评指正。

乔鹏程于咸阳

2021 年 9 月